심층 직업상담

사례적용 접근

황매향 · 김계현 · 김봉환 · 선혜연 · 이동혁 · 임은미 공저

Employment Counseling

학지사

머리말

『심층 직업상담 –사례적용 접근–』이 책으로 나오기까지 꽤 오랜 시간이 걸렸다. 이미 진로상담이론을 설명하는 책이 다양하게 나와 있는 상황에서도 새로운 책에 대한 요구가 있었고, 그 요구에 부합할 책을 준비하는 일은 많은 시간이 필요한 도전이었다. 책이 나오기까지의 과정을 간단히 살펴보면, 『사례로 배우는 진로 및 직업상담』이라는 번역서가 소개되어 많이 읽히고 있던 때로 거슬러 올라간다. 그 당시에는 사례를 통해 진로상담이론을 배울 수 있게 되었다는 사실만으로도 반갑다는 반응이었다. 그러나 시간이 지나면서 점점 '우리 실정에는 조금 맞지 않는 것 같다.'라는 피드백을 주는 상담자들이 늘기 시작했다. 자연스럽게 우리나라 구직자의 사례를 통해 이와 같은 책을 써 보면 좋겠다는 데 의견을 모았고, 저자 중 3명이 새로운 책의 기획에 착수하였다. 마침 고용센터의 심층 상담 강화 정책과 맞물려 '고용서비스전문가' 과정을 운영하게 되면서 책을 쓰기 위해 필요한 사례라는 소중한 기초자료를 다수 확보할 수 있었다. 그러나 이론을 정리하고 그 이론을 이미 수행된 사례에 적용하는 과정을 다시 글로 정리하는 작업은 그리 만만치 않았다. 특히 동일한 사례를 서로 다른 이론에서 조망하고 분석하는 일에 예상보다 많은 시간과 노력이 들었다. 결국 보다 세밀하고 타당한 사례 분석을 위해 3명의 저자가 더 가세하여 3가지 서로 다른 사례를 9가지 이론에 적용해 보는 지금의 틀을 완성하게 되었다.

이러한 책의 기획 및 집필 과정에서 알 수 있듯이, 이 책은 이론의 내용을 사례에 적용하는 과정을 보여 줌으로써 어떻게 상담할 것인가에 대한 답을 제공한다는 점이 가장 큰 특징이다. 최근 절충적 접근이 상담의 대세를 이루면서 오히려 이론에 소홀한 면이 적지 않은데, 이는 진로 및 직업상담의 실제에서도 마찬가지다. 하나의 이론 틀에서 벗어나지 않음으로써 내담자를 제대로 돕지 못하는 것도 문제지만, 자칫 이론보다는 경험과 상식에 의존하면서 서비스의 전문성이 떨어질 수도 있다는 것은 또 다른 문제다. 특히 초보자의 경우 이론을 익히고, 그것을 사례에 적용해 보고, 그에 대한 피드백(또는 슈퍼비전)을 받는 과정을 통해 전문성을 키워 나가야 한다. 물론 초보자가 한 번에 여러 이론을 배우고 하나의 사례에 다양한 이론을 모두 적용하는 것은 쉽지 않다. 또한 그러다 보면 어느 하나의 이론도 제대로 배우지 못하게 되고, 자신의 사례개념화나 개입전략에 대한 자신감도 없어지게 된다. 따라서 이 책에서는 이론을 배우면서 그 이론을 사례에 적용하는 방법도 함께 배울 수 있는 기회를 제공한다. 하나의 사례에 서로 다른 3가지 이론을 적용하는 과정을 보여 주어, 각 이론이 갖는 장점과 한계점을 함께 알 수 있도록 했다. 그뿐만 아니라 이 책에서 제시하는 사례가 우리나라의 고용센터를 통해 취업 지원을 받았던 '구직자'의 사례로 구성되어 있다는 점도 현장의 요구를 반영한 것이다. 즉, 실제 사례의 내용을 일부 수정하고 각색하긴 했지만 고용센터에서 진행했던 사례에 기초하고 있어 무엇보다 우리 실정에 맞는다. 또한 각 이론마다 다른 사례를 사용할 경우 이론의 차이점을 학습할 기회가 없기 때문에 대표적인 3개의 사례만을 선정하여 한 사례당 3가지 이론을 적용하는 구조를 선택했다. 따라서 사례의 대표성에 대한 많은 논의를 거쳐, 성별, 연령, 학력, 사회경제적 수준, 흥미 영역, 발달단계 등에 따라 사례를 가능한 다양하게 구성했다. 특히 그 연령 범위도 지금까지 진로와 관련된 논의에서 집중했던 청소년 또는 대학생에서 성인으로 확대하였다.

이 책에 사용한다는 의도를 가지고 특정 이론의 입장에 입각하여 진행한 사례가 아니라 그러한 의도 없이 일반적인 현장에서 이루어진 사례를 그대로 수집했기 때문에 부족한 정보는 추가하였고 상담목표나 개입전략에서도 필요한 내용을 추가·수정하였다. 그러나 가능한 한 상담 사례 보고서의 내용에서 크게 벗어나지 않도록 하여 현장을 최대한 잘 반영하려고 노력했다. 따라서 이 책에서 소개하는 사례 적용은 그러한 제한점에서 시도한 하나의 예로서, 정답이라고 생각하지 않기 바란다. 이론을 학습한 후에 사례 적용 부분을 바로 읽기보다는 먼저 사례를 적용해 보고 나서 저자들이 적용한 내용을 확인하면 공부에 더욱 도움이 될 것이다.

마지막으로 이 책이 완성되기까지 도움을 준 많은 분에게 감사의 뜻을 전하고자 한다. 긴 여정이어서 일일이 누구의 도움을 받았는지 모두 기억하지는 못하지만 길었던 기간만큼이나 많은 분이 도움을 주었다. 특히 고용서비스전문가 과정에서 공부하면서 현장의 사례를 잘 정리해 준 고용센터의 직업상담전문가분들에게 가장 깊은 감사의 뜻을 전하고 싶다. 끝으로 책의 기획에서부터 출판에 이르기까지 긴 시간 동안 지속적으로 많은 도움을 주신 학지사에 깊이 감사드린다.

2013년 봄

저자 대표 황매향

차 례

제9장 사회인지진로 이론 | 219

제10장 구성주의 진로발달 이론 | 251

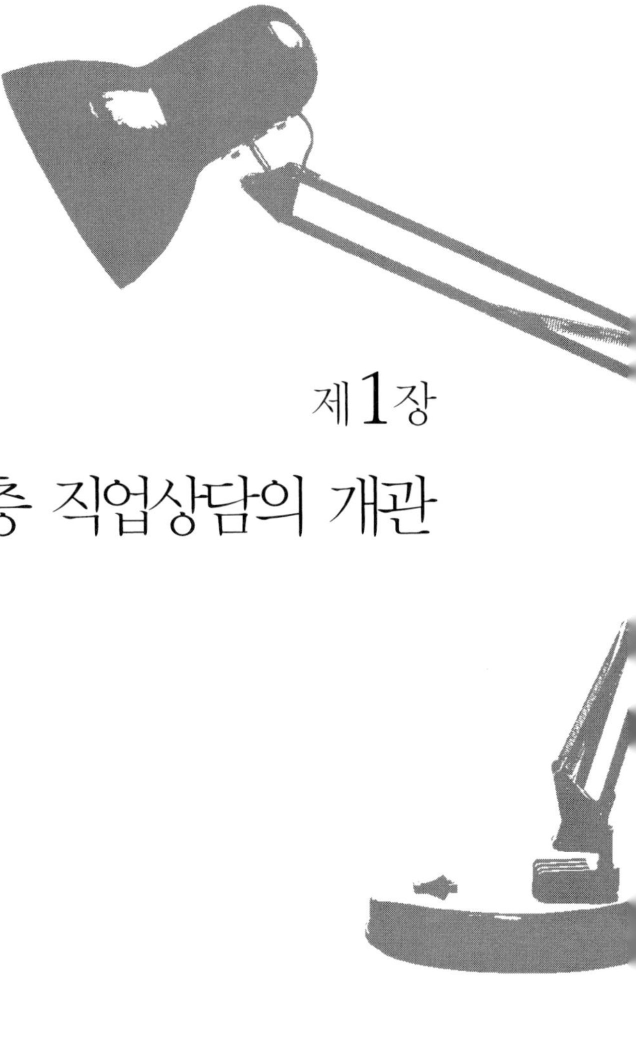

제1장
심층 직업상담의 개관

employment counseling

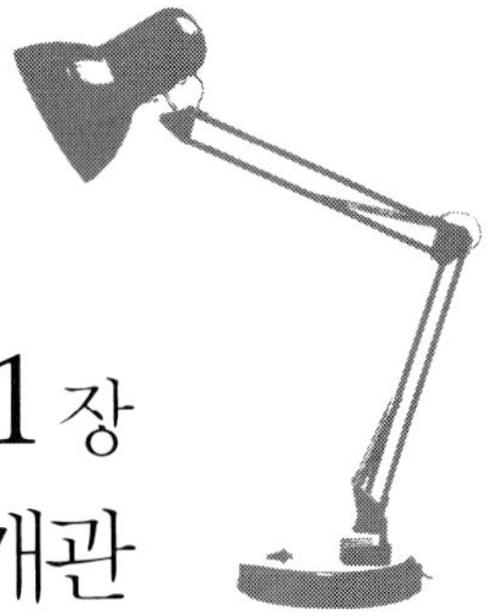

제 1 장 심층 직업상담의 개관

직업상담은 전통적으로는 직업 소개, 취업 알선 등과 같은 활동으로 간주되었다. 고용지원센터에서의 직업상담 역시 초창기에는 구직자에게 적합한 직업이 무엇인지 알아내서 그가 조속히 취업할 수 있도록 알선해 주는 활동으로만 인식하고 있었다. 그러나 2005년의 고용 서비스 선진화 정책 수립을 계기로 직업상담에 대한 인식에도 변화가 생기기 시작했다. 심층 직업상담의 개념이 도입되기 시작한 것이다. 대학의 해당 부서 역시 단순한 직업 보도 업무에서 탈피하여 학생의 진로발달을 종합적으로 도모하는 서비스를 제공하기 시작하였다. 그렇다면 심층 직업상담이란 무엇일까?

심층 직업상담에 관한 오해

심층 직업상담이 무엇인지 개념을 정의하기 전에 이 개념에 관한 몇 가지 중요한 오해, 즉 잘못된 인식에 대해 설명하고자 한다.

심층 직업상담에 대한 첫 번째 오해는, 사람들이 그것을 오랜 시간이 걸리는 상담이라고 인식한다는 것이다. 어떤 근거에서 나온 것인지 알 수는 없지만, 심층 직업상담은 30분 이상 지속해야 한다고 하여서 30분을 기준으로 삼았던 경우도 있었다. 그런 인식은 아직도 존재하며, 따라서 심층 직업상담에 60분을 기본 단위로 배정해야 한다는 기준을 만들기도 한다.

하지만 시간이 길다고 해서 심층 직업상담이 되지는 않는다. 상담이 깊이가 있으려면 물론 시간이 필요하기는 하다. 하지만 그럼에도 최근 들어 굳이 심층 직업상담에 소요하는 시간을 60분 단위로 설정하려고 하는 것은 일반 개인 심리 상담이 50~60분 정도를 한 회기로 운영하는 데에서 영향을 받지 않았나 짐작된다. 그러나 개인 심리 상담의 회기 단위 역시 그 근거가 희박하다는 비판을 받고 있는 실정임을 고려하면 직업상담에서 굳이 60분을 기본 단위로 운영할 필요는 없다고 생각된다.

심층 직업상담에 대한 두 번째 오해는, 상담에서 다루는 내용에 심리적인 내용이나 가족과 관련된 내용을 많이 포함한다고 인식한다는 것이다. 그러한 인식은 과거의 심리치료 이론에서 비롯한 것으로 짐작된다. 과거에 정신분석학자들은 내담자의 가족과 관련한 어린 시절의 경험 및 그런 경험에서 비롯된 감정을 탐색하곤 하였는데, 그들은 그러한 치료 방법을 '심층 면담', 즉 'in-depth interview'라고 불렀다. 그래서 상담에서 심층적인 자료를 다룬다고 하면 주로 어린 시절 가족과의 경험에서 발생한 감정을 다룬다고 인식했던 것이다.

그러나 그러한 인식에도 중대한 오해가 있음을 알아야 한다. 다음과 같은 질문을 해 보면 그것이 잘못된 인식임을 쉽게 알 수 있다. 즉, '심층이 아닌' 상담은 무엇인가? 어린 시절의 내용, 즉 오래전 과거의 내용이 아닌 청년 시절의 내용이나 현재의 내용을 다루면 '비심층 상담', 즉 '표피적 상담'이 되는가? 어린 시절의 가족과 관련한 내용이 아닌 다른 내용을 다루는 상담은 어떠한가? 가족과 관련한 경험에서 비롯된 감정을 다루지 않으면 표피적 상담이 되는가? 그렇다면 인지치료나 행동치료 등은 표피적 상담인가? 그렇지는 않을 것이다. 결론적으로, 오래전 과거, 가족과의 경험, 감정 등을 다루어야만 심층 상담이 될 수 있다는 인식은 잘못된 것이라고 보아야 옳다.

심층 직업상담에 대한 세 번째 오해는, 심층 직업상담을 도입하면 그 이전의 방법으로는 구직이 어려웠던 사람도 취업시킬 수 있을 것이라는 생각이다. 하지만 심층 직업상담은 결코 '만병통치약'이 될 수 없다. 오히려 상담자의 업무 부담을 늘리거나 공연히 시간만 많이 투자하게 할 뿐, 기대하는 성과는 얻지 못할 위험도 있음을 알아야 한다. 직업상담에서 어떤 내담자에게 심층적인 접근법이 유효할지 판단하는 기준을 제대로 적용하지 못한다면, 불필요하게 시간을 낭비하는 경우도 발생할 수 있을 뿐만 아니라 다룰 필요가 없는 가족과의 감정 내용까지 다루어서 내담자의 마음에 상처만 남길 위험성마저 존재함을 알아야 한다.

그러한 오해의 원천은 '심층'이라는 단어가 가지는 비유적 속성과 관련이 있는 것으로 보인다. 즉, '심층'이라고 하면 '마음속 깊은 곳'에 있는 내용을 다룬다고 생각하기 때문인데, 사실 그것은 철저하게 비유법적인 단어다. 마음을 물에 비유했을 때 물에 표면이 있고 깊은 곳이 있듯이 마음에도 표면이 있고 심연(深淵)이 존재한다고 착각한 것이다. 한때 심리학자조차 심층이라는 단어가 가지는 비유법적 속성을 착각하여 감정은 마음 깊은 곳의 내용이고 인지나 생각은 감정보다 얕은 곳의 내용이며, 행동은 가장 얕은, 즉 표피적인 내용이라는 그릇된 이론을 펴기도 하였다. 아마 행동은 겉으로 드러나서 관찰할 수 있는 반면, 감정은 관찰할 수 없으므로 감정이 '마음속'에서 이루어지는 내면적 과정이라고 생각하면서 비롯된 오해인 것 같다. 하지만 비유법은 어디까지나 비유로 이해해야 할 뿐, 그것을 마치 현실인 것처럼 오해하여서는 곤란하다.

심층 직업상담의 조건

직업상담 분야에서 '심층 직업상담'이라는 용어를 사용하는 배경에는 직업상담이 내담자(민원인)에게 직장을 알선해 주는 역할을 위주로 해온 것에서 나아가, 그들의 진로 개발 및 직업선택 등 더 어려워 보이는 역할을 수행하는 것으로 서비스의 범위를 확대해야 한다는 당위성이 내재해 있다. 그렇다면 직업상담이 '심층적'이라는 의미를 가지려면 어떤 조건을 만족해야 할까? 이 질문은 직업상담학의 발전을 위해 중요하게 논의될 수 있다. 여기서는 질문에 대한 답변으로 이론 기반과 균형 잡힌 정보 기반 그리고 기술 기반의 3가지 주요 조건을 논의한다.

조건 1: 이론 기반

이론에 기반한 상담이라는 말을 정확히 이해하려면 이론의 의미, 이론의 기능, 이론과 실제의 관계 등에 관해서 먼저 이해해야 할 것이다.

이론이란 무엇인가

이론이 무엇인지를 정확하게 설명한다는 것은 결코 쉬운 일이 아니지만, 여기서 이론이 왜 심층 직업상담의 기반이 되는지를 설명하려면 일단 그것이 무엇인지를 알아보아야 할 것이다. 학문에서 이론은 크게 2가지 의미를 지닌다. 첫째, 과학적으로 밝혀진 가설, 즉 사실(facts)에 대한 상대적 의미다. 다시 말해, 이론은 과학적 가설을 도출하기 위한 가정과 전제 등을 포함한다. 그리고 이론은 몇 가지 가설을 아우르는 보편적인 진술문으로 구성되기 때문에 가설보다 더 추상적인 용어를 사용한다. 이론이 추상적이고 애매하게 들리는 이유는 바로 이 때문이다. 둘째, 상담의 전략이나 기법 등을 설명하기 위한 원리를 이론이라고 하기도 한다. 우리가 배우고 있는 대부분의 상담이론은 대체로 그런 의미로 사용된다. 예를 들어서 '전이'나 '역전이'라는 개념은 정신분석의 이론적 개념인데, 이 이론적 개념에 기초하여 정신분석적 상담의 전략과 기법이 나온다. 이론과 전략 간의 이런 관계는 행동수정, 인지치료, 인간중심상담 등 거의 모든 상담이론에서 성립한다.

이론과 실제의 관계

현장에서 상담을 실제로 수행하는 상담자는 '상담의 실제는 이론과 많이 다르다.'라는 말에 공감할 것이다. 그렇다. 상담의 이론과 실제는 다르다. 왜 그럴까? 이 질문에 효과적으로 답하기 위해 비유법을 사용하고자 한다. 즉, 이론은 종종 지도(map)에 비유된다. 지도는 도시, 국가, 심지어 세계 전체를 한 장의 종이에 그린 것이다. 그보다는 작은 범위인 한 동네를 종이에 담기도 하지만 어쨌든 지도는 현실, 즉 실제의 축소판인 것이다. 그렇기 때문에 실제에 있는 모든 것을 지도에 표기하지는 못한다. 예를 들어, 지도에 길과 도로를 표시할 수는 있지만 길에 있는 크고 작은 돌멩이까지 표시하지는 않는다. 마찬가지로 상담의 실제에서 발생하는 크고 작은 사건들도 이론에 모두 담지 않는다. 그것은 이론을 만드는 목적이 아니다. 요컨대, 상담의 실제를 효율적이고 능률적으로 설명하기 위해서 이론을 만드는 것이다.

직업상담에서 이론의 기능

앞에서 이론은 지도와 같은 것이라고 비유적으로 설명하였다. 이론이 실제와 다른 것이라면, 상담에서 이론은 실제에 대해서 어떤 기능을 가지는가? 이론은 왜 필요한가? 이론의 존재 가치는 무엇인가? 이와 같은 질문에 대해 직업상담을 중심으로 생각해 보자.

이론의 가장 핵심적 기능은 실제를 이해하는 데 도움을 준다는 점이다. 예를 들면, 한 내담자가 경험하고 있는 불안이나 우울 감정을 이해하기 위해서 인지이론, 대인치료이론 등이 많은 도움이 된다. 상담에서는 사례개념화(case conceptualization)가 매우 중요한 절차인데, 정확한 사례개념화를 위해서는 이론에 기반하는 것이 효과적이다. 이론의 또 다른 기능은 상담의 전략을 수립하거나 그 방법을 선택할 때 원칙을 제시해 준다는 것이다. 상담의 전략과 방법은 주먹구구식으로, 임의적으로 선택되는 것이 아니기 때문에 원칙을 제시하는 것이 필수다. 하나의 이론은 처음 제안된 이후에 반복해서 실증적 검토를 받으면서 발전을 이룰 수 있다. 반대로 실증적 검토를 받지 않아서 해당 근거가 미약한 이론은 그만큼 신뢰롭지 못한 이론이라고 말할 수 있다. 요약하면, 이론은 사례를 이해하고 개념화할 뿐 아니라 사례를 다루는 전략과 방법을 선택하는 과정에서 나침반의 기능을 해 준다.

참고 **지도와 내비게이션의 차이**

'이론은 내비게이션이 아니라 지도에 가깝다'

이론은 지도에 비유할 수 있다. 하지만 이때 지도를 내비게이션과 혼동하면 안 된다. 다시 말해서, 이론을 내비게이션에 비유하면 이는 매우 부적절한 비유라는 말이다. 왜 그런가? 운전자의 입장이 되어 보자. 목적지에 도달하기 위해서 지도를 이용하는 것과 내비게이션을 이용하는 것은 인지적으로 전혀 다른 작업이 발생한다는 것을 알 수 있을 것이다. 지도를 이용한다는 것은 운전을 시작하기 전에 먼저 현재 위치와 목적지를 인지한 후 목적지에 이르는 경로를 파악해야 하며, 그 다음에는 해당 경로를 두뇌에 입력하고 기억해야 한다는 것을 의미한다. 즉, 운전자가 지도를 이용한다는 것은 매우 고차원적이고 복잡한 인지 작업을 한다는 것이다. 반면에 내비게이션을 이용할 때는 지도의 경우와는 매우 다른 작업을 한다. 현재의 위치와 목적지를 인지하는 것까지는 같다. 그러나 내비게이션을 이용하는 운전자는 현재 위치로부터 목적지에 이르는 경로를 파악할 필요가 없다(실제로 그 경로를 파악하려고 노력하는 운전자는 많지 않을 것이다). 그 중간 경로를 기억할 필요도 없다. 따라서 이론을 공부하고 상담에 활용한다는 것은 운전자가 지도를 이용하는 것에 비유할 수 있지만 그것을 내비게이션을 이용하는 것에 비유하는 것은 맞지 않다.

조건 2: 균형 잡힌 정보 기반

상담에서 '균형 잡힌 정보'에 기반을 둔다는 것은 무엇을 의미할까? 그리고 왜 정보에 기반을 둘 때 균형이 필요하다는 것일까? 과거의 직업상담은 종종 직업의 소개나 알선에 치중하였으므로 상담자는 내담자를 충분히 이해하기도 전에 성급히 직업 혹은 직장을 제시하는 경향이 있었다. 그러한 문제점에 대한 반성으로, 직업상담에서도 심층 상담이 필요하다는 운동이 발생하였다고 보인다. 따라서 심층 직업상담이 이루어지기 위해서는 내담자에 대한 충실한 정보와 직업에 대한 충실한 정보가 균형을 이루어야 한다.

내담자에 대한 충실한 이해

사설 직업소개소는 물론 공공기관으로서의 직업상담센터(예: 고용지원센터, 여성센터 등)에서 종사하는 상담자는 직업에 대한 지식과 정보를 많이 가지고 있다. 반면에 내담자에 대한 정보를 수집하고 그들의 욕구나 적성, 가치관 등을 파악하는 방법에 대해서는 상대적으로 적은 지식을 가지고 있다. 그렇게 된 데에는 현실적인 이유가 있다. 즉, 취업을 성공시킨 실적이 상담사를 평가하는 주요 잣대가 되기 때문이다. 그러나 직업은 돈을 버는 수단일 뿐만 아니라 개인의 욕구와 동기를 충족시켜 주고, 가족과의 좋은 관계와 행복감을 증진시켜 주며, 장기적인 꿈을 위한 설계 조건에 부합하게 해 주는 것이기도 하다. 그러므로 빨리 취업을 하도록 돕는 것도 중요하지만, 내담자가 그 직업과 직장에서 만족감이나 행복감을 느끼고 장기간 머무르면서 미래를 설계하도록 돕는 것 또한 상담자의 매우 중요한 책무다. 그렇게 하기 위해서는 내담자에 대한 정보를 다각도에서 수집하고 종합하여 그들에 대한 충실한 이해를 도모해야 한다.

검사 정보

직업상담에서는 다양한 검사를 활용한다. 고용노동부의 웹사이트(www.moel.go.kr 혹은 www.work.go.kr)는 10개 가량의 검사를 제공하고 있으며 그중에는 이용자가 스스로 검사를 받고 해석을 확인할 수 있는 것도 있다. 그 외에 직업진로상담소 자체에서 개발하거나 구입해서 사용하는 검사도 있다. 상담에서 검사는 내담자를 이해하는 데에 많은 도움을 준다는 점에서 정보 기반이라는 심층 직업상담의 조건에 잘 부합한다. 다음과 같은 상담자가 있다고 가정해 보자. "나는 수많은 내담자, 즉 구직자를 봐 왔기 때문에 몇 마디 질문에 대한 대답을 들어 보면 금세 그들을 정확하게 파악할 수 있다." 물론 부분적으로는 맞는 말일 것이다. 하지만 상담자 본인의 개인적 경험, 안목, 지식에만 의존하는 것보다는 과학적 연구에 기초하여 만들어지고 표준화 과정을 거친 후 활용 방법이 체계화된 검사를 함께 활용하는 것이 내담자에 대한 이해를 더 충실하게 하는 데 도움이 될 수 있다. 뿐만 아니라 검사는 내담자에 대한 이해를 돕는 것 이외에도 직업상담의 방향을 제시하는 정보를 담고 있으므로, 상담자가 검사를 잘 활용하는 것은 상담을 그만큼 심층적이게 하고 결과적으로 그 효과성을 증진하는 데 공헌할 수 있다.

직업 정보

대학원에서 상담학을 전공한 후 직업상담소 현장에 배치된 신임 상담자는 금세 현실의 벽에 부딪히곤 한다. 그 현실의 벽이란 곧 상담자가 직업의 종류와 성격, 그 직업을 제공하는 직장 등에 대해서 매우 무지하다는 점이다. 그러나 내담자는 어떤 직업이 가장 전망이 있는지, 당장 취업이 가능한 직장은 어디에 있는지, 자신이 희망하는 연봉을 보장받으려면 어떤 직업을 가져야 하는지 등 매우 구체적인 질문을 쏟아낸다. 다시 말해서, 직업상담사가 직업에 대한 정보를 많이, 정확하게 가지고 있지 못하다면 그가 하는 직업상담은 '반쪽짜리' 상담에 그칠 우려가 있으며 그것이 추구하는 심층 상담으로부터 그만큼 거리가 멀어질 수밖에 없다. 심층 직업상담은 내담자에 대한 심층적 이해만으로 충족되는 것이 아니기 때문이다.

내담자 개개인은 직업과 관련하여 욕구, 흥미, 적성, 목표 의식, 가치관, 가족 관계, 미래 계획, 희망 등을 가지고 있다. 상담자가 그런 것을 충실하게 이해하는 것은 심층 직업상담을 하는 데에 당연히 필요하다. 그러나 그것만으로 심층 직업상담을 달성할 수 있는 것은 아니다. 직업에 대한 정보란 직업 사전을 통달하여 그 이름을 많이 아는 것만으로는 부족하다. 직업에 대하여 충실히 안다는 것은 어떤 직업이 내담자 개인의 욕구, 흥미, 적성, 목표 의식, 가치관에 부합하는지를 평가할 수 있고, 내담자의 가족 관계를 개선해 줄 수 있으며, 내담자가 장기적으로 미래를 계획하고 희망을 가질 수 있도록 하는지 예측할 수 있는 것까지를 의미한다. 그렇게 하기 위해서 직업상담사는 직업에 대한 전문적 이해를 비롯해서 각 직업의 전망에 이르기까지 깊이 있는 정보 수집을 지속해야 한다. 종합하면, 심층 직업상담에서 말하는 '정보 기반'이란 우선 충분한 양과 양질의 내담자 정보, 검사 정보, 직업 정보를 균형 있게 가져야 한다는 것을 의미한다.

조건 3: 기술 기반

상담자는 이론 지식과 실제적 정보를 보유해야 함은 물론이고 그 지식과 정보를 실제 사례에서 적용할 수 있는 기술 또한 보유해야 한다. 그렇다면 심층 직업상담을 위해 필요한 기술에는 무엇이 있는지 알아보자.

상담 기술

상담을 위해서 상담의 기술이 필요하다는 것은 너무도 당연한 말이다. 그런데 직업상담사가 상담에 관한 교육보다 직업에 관한 교육을 주로 받은 경우, 상담 기술이 부족함을 발견할 수 있다. 따라서 상담자가 직업상담의 사례를 심층적으로 운영하고 진행하기 위해서는 상담학 교육을 받아서 상담 기술을 보유할 필요가 있다. 심층적 상담을 요하는 구직자는 대체로 이른바 '취약 계층'에 해당하므로 즉각적인 취업 알선보다는 그 개인이 현재 직업을 가지지 못한 전후좌우 사정을 상담자가 잘 파악하는 것이 중요하기 때문이다. 특히 장기적으로 실업 상태이거나 취업 실패를 겪고 있는 구직자 또는 취업 포기자의 경우는 더욱 그러하다. 그러한 사례는 단순한 취업 알선만으로는 바람직한 결과를 얻을 수 없다. 따라서 상담자는 구직자가 장기적으로 취업에 실패하고 있는 원인이 무엇인지, 장기 실업으로 인하여 그들이 받게 되는 심리적 · 가정적 · 사회적 스트레스는 무엇인지에 충분히 공감해 줄 수 있어야 할 것이다. 그리고 아직 입직을 하지 않은 학생의 사례 및 출산과 육아 등으로 장기간 경력 단절을 경험한 주부의 사례도 심층 상담을 요한다. 그러한 사례의 내담자는 아직 자기가 어떤 직업과 직장을 택할지 구체적으로 결정하지 않은 진로 미결정 상태이며, 이로부터 진로결정 상태에 이르기 위해서는 합리적인 자기 이해와 직업 이해를 바탕으로 적절한 탐색 과정을 거쳐야 한다. 그러므로 성급한 취업 알선보다는 심층적인 접근이 바람직하며, 그럴 경우 상담자는 상담의 기술을 가지고 있어야 소기의 목적을 달성할 수 있다.

정보 기술

IT 기술을 이용하여 직업 관련 정보를 검색하는 역량은 직업상담사에게 필수적인 부분이다. 직업상담사 자격 심사에는 바로 이 정보 기술에 대한 평가가 큰 비중을 차지한다. 하지만 상담학 전공 과정은 진로상담의 이론들을 가르치면서도 정보와 관련한 교육에는 매우 소홀하다는 점을 지적하지 않을 수 없다. 물론 사회와 기술이 급변하기 때문에 정보와 관련한 지식 역시 매우 빠른 시간 내에 변화하는 것이 사실이지만, 그럴수록 직업상담사는 직업에 관한 급변하는 정보를 구체적이고 실용적으로 검색할 수 있는 기술을 보유해야 한다.

정보와 관련한 기술에는 정보를 검색하는 기술 이외에 정보를 제공하는 기술도 포함된다. 즉, 상담에서 정보 제공 기술은 검색 기술 못지않게 중요하다. 상담학에서는 공감, 해석, 조언, 정보 제공 등 다양한 기술을 사용하는데, 상담자가 그러한 기술을 사용할 때 내담자가 그것을 어떻게 받아들이느냐가 매우 중요하다. 아무리 좋은 정보라 하여도 그 정보를 내담자에게 제공하는 기술에 따라서 아무 효과를 내지 못하는 무용지물이 될 수도 있기 때문이다. 그러나 유감스럽게도 상담학에서는 정보를 제공하는 기술에 관한 연구가 그동안 매우 부족하였으며, 심지어는 정보나 조언을 제공하는 것 자체를 금기시하는 경향마저 있었다. 어쩌면 진로직업상담이 정보 검색과 정보 제공의 비중이 아주 높아야만 하는 분야임에도 그러한 주제가 고도로 발전하지 못한 것은 상담학의 이와 같은 경향성과 관련이 있을 것으로 짐작된다.

네트워킹 기술

대학 내 커리어센터에서 일하는 상담자든 고용지원센터의 심층 상담실에서 일하는 상담자든 관계없이 네트워킹 역량은 매우 필요하다. 특히 지역의 공공기관 및 사설 직업상담소 상담자에게는 더욱더 필요한 능력이다. 직업상담에서 심층 상담 사례의 내담자는 일반 다른 내담자에 비해 더 많은 관심과 보살핌을 요한다고 보아야 하기 때문이다. 경우에 따라서는 취업을 연결할 때, 상담자가 특별히 구인담당자에게 전화해 주거나 동행 면접을 하는 등 특별한 서비스를 제공해야만 취업이 성공하는 경우도 있다. 그렇기 때문에 심층 직업상담을 담당하는 상담사는 다양한 구인담당자를 알아야 하며, 그들과 효율적인 업무 관계를 유지하고 있어야 한다.

과거에는 대학이나 공공기관의 직업상담사에게 주로 상담 역량보다는 네트워킹 역량과 정보 관련 역량만을 강조하였다. 한편, 상담학을 수련한 상담자에게는 반대로 정보 및 네트워킹 역량보다 상담 역량에만 치중하며 강조하는 경향이 있었다. 이는 모두 바람직한 준비라고 볼 수 없다. 즉, 직업상담사는 상담 기술, 정보 기술, 네트워킹 기술의 3가지를 모두 겸비하여야 직업상담 시 심층적 서비스를 제공할 수 있다는 것이다.

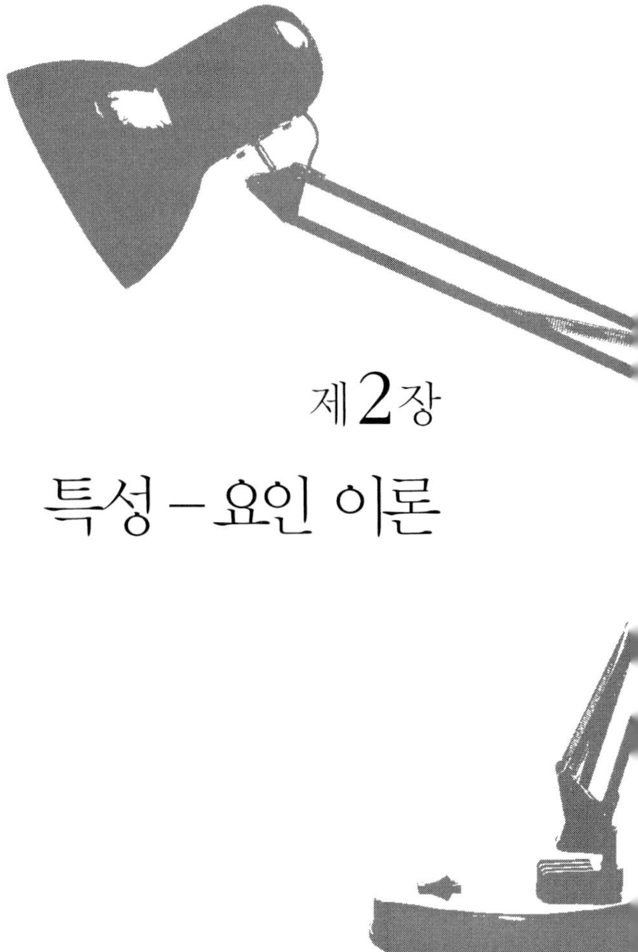

제2장

특성-요인 이론

employment counseling

제 2 장
특성 – 요인 이론[1)]

특성–요인 이론 개관

파슨스(Frank Parsons)가 제안한 특성–요인 이론은 진로상담과 관련된 초창기의 이론으로, 매우 원론적인 내용을 다루고 있어서 이것을 토대로 여러 이론 및 진로상담 과정에서 활용하는 수많은 검사가 탄생할 수 있었다. 이와 같은 특성–요인 이론의 선구자로 지칭되는 파슨스는 개인의 이해, 직업 세계의 이해 그리고 이들 정보에 기초한 합리적인 선택 등 3가지 요소로 구성된 직업지도 모형을 제시하였다(Zunker, 2002). 이후 개인차 심리학과 검사 도구의 발달로 인해 특성–요인 이론은 학문적으로나 실제적으로 커다란 성장을 하였으며, 많은 진로상담 프로그램의 기초가 되기도 하였다.

1) 이 장의 일부 내용은 한국상담학회의 『상담학연구』 제13권 제5호에 '특성–요인 이론의 한국 구직자에 대한 적용가능성 탐색'으로 게재된 것임.

특성-요인 이론의 주요 개념

이 이론은 고도로 개별적이고 과학적인 방법을 통해 개인과 직업을 연결하는 것으로서, 과학적인 측정 방법을 통해 개인의 특성을 식별한 후 직업 특성에 연결하는 것을 핵심으로 하고 있다. 특성-요인 이론의 기본적인 가정은 다음과 같이 요약할 수 있다(Klein & Weiner, 1977). 첫째, 사람들은 누구나 신뢰롭고 타당하게 측정될 수 있는 독특한 특성을 지니고 있다. 둘째, 비록 다양한 특성을 지닌 종사자가 주어진 직무를 성공적으로 수행하는 경향이 있더라도, 직업은 그들에게 성공적인 적응에 필요한 매우 구체적인 특성을 지닐 것을 요구한다. 셋째, 직업선택은 직접적인 인지 과정이기 때문에 개인의 특성과 직업의 특성을 연결하는 것이 가능하다. 넷째, 개인의 특성과 직업의 요구 사항이 서로 밀접하게 관련을 맺을수록 생산성 증가와 직무만족도 향상 등의 직업적 성공 가능성은 커진다.

또한 파슨스는 자신의 저서 『직업의 선택(*Choosing a Vocation*)』(1909)에서 현명한 직업선택과 관련되는 3가지 주요 요인을 다음과 같이 제시하고 있다. 첫째, 자신에 대한 명확한 이해, 즉 자신의 적성, 능력, 흥미, 포부, 환경 등에 대한 이해, 둘째, 다양한 직업에 대한 자격 요건이나 각 직업의 장단점, 보수, 취업 기회, 전망 등에 관한 지식, 셋째, 앞서의 두 요인 간의 합리적인 연결, 즉 내담자의 개인적 요인에 관한 자료와 직업에 관한 자료를 중심으로 진로상담을 통해 내담자가 현명한 선택을 하도록 도와주는 활동이다. 따라서 특성-요인 이론에서는 개인의 특성 및 직업의 특성에 관한 객관적인 자료를 중시한다. 즉, 개인의 적성, 지능, 사회경제적 지위, 흥미, 가치관, 성격 등에 관한 과학적인 자료와 직업의 특성에 관한 자료를 개인에게 제시하여 그가 가장 합리적이고 현명한 선택 및 결정을 할 수 있도록 조력하는 것을 중시한다는 것이다.

특성-요인 이론의 쟁점

특성-요인 이론과 관련된 근원적인 쟁점에는 다음과 같은 것이 있다. '특성이란 무엇인가?' '특성은 직업 행동을 예측하는 데 관심이 있는 사람들에게 유용할 만큼 안정적이고 지속적인 것인가?' '특성을 효과적으로 측정할 수 있는가?'

1930년대까지 특성은 '정신이나 신경 조직에 있는 지속적인 정신적 · 신경학적 구조'라고 가정되어 왔다(Hogan, DeSoto, & Solano, 1977). 그러한 가정 때문에 심리학자들은 개인의 내면적 특성을 측정하는 도구를 개발할 수 있다고 믿었다. 그리하여 써스톤(Thurstone)부터 젠슨(Jensen)에 이르기까지 심리학자들은 특성을 지능처럼 개인의 내적 특질을 반영하는 검사 점수와 같은 것으로 믿어 왔다. 그러나 트리온(Tryon, 1979)과 아나스타시(Anastasi, 1983) 등은 특성이란 학습된 것이며 특정한 임무나 상황에 한해서만 타당하다고 본다. 특히 아나스타시(1983)는 '특성이란 숨어 있는 특질이나 원인이 아니라 기술적인 범주'라고 언급하였다. 이처럼 특성이 학습되는 것이라고 가정한다면 새로운 학습에 따라 특성도 분명 변화할 것이다. 따라서 특성의 안정성과 지속성에 의문이 제기될 수 있고, 그에 따른 논쟁은 해결의 실마리를 찾을 수 없게 된다. 하지만 진로상담자들과 직업심리학자들이 가정하는 특성은 비교적 안정적인 것으로 간주된다. 그렇다면 과연 특성을 연구할 만한 가치가 있거나 활용 가치가 있을 만큼 정확하게 측정할 수 있는가? 그에 대해서 일부 연구자는 그렇지 않다고 대답한다. 즉, 모든 특성-요인적 접근이 통계적 정교함과 발달된 검사에도 불구하고 개인의 특정 직업에서의 성공을 예언하는 것은 부정확하다는 것이다.

특성-요인 관점의 관심사가 비단 성공의 예언에만 국한된 것은 아니다. 지난 50여 년간 관심의 초점은 구인타당도를 포함하는 것과 검사 점수 및 일련의 점수를 근거로 피검자를 추론하는 데까지 나아가고 있다. 예를 들어, 내담자에게 직업흥미검사를 실시할 때 상담자는 그 질문지가 직업의 선택과 후속되는 만족을 어느 정도 예언할 수 있는지(예언 타당도) 궁금한 것은 물론, 내담자가 그것을 통해 자신의 가치를 확인하는지 여부와 일에 대한 선호 및 의사결정 방식 등은 어떠한지에 대해서도 관심을 갖는다. 이때, 그 검사가 구인타당도와 예언타당도 중 어느 쪽에 더 관심이 있는가는 그 상담자가 검사 결과를 어떻게 사용하느냐에 달려 있다. 선발과 배치 프로그램을 설계하는 기업상담자는 아마도 예언타당도에 가장 큰 관심이 있을 것이고, 자기인식을 촉진하고자 하는 상담자는 구인타당도에 초점을 맞출 것이다. 특성-요인 관점을 채택했던 진로상담자들은 직업선택이 비교적 간단한 인지 과정이라고 보았다. 그러나 윌리엄슨(Williamson, 1939)은 정서 불안이 직업선택을 불확실하게 할 수 있다고 보고, 그러한 경우 개인이 자신의 생각을 명료화하도록 도와야 한다고 제언하였다.

특성-요인 이론의 진로상담 적용

사례개념화

특성-요인 진로상담의 기본은 변별진단(differential diagnosis)이다. 윌리엄슨(1939)은 진단을 '일련의 유관 또는 무관한 사실들로부터 그 일관된 형식이 갖는 의미를 논리적으로 사고하는 과정'이라고 보았다. 또한, 진단은 '내담자의 미래에 대한 방향 설정과 적응을 위하여 그와 같은 일관된 형식이 갖는 의미를 판단하고 예측하며, 내담자의 장점과 경향성을 이해하는 것'이라고 정의하고 있다. 진로의사결정에 나타나는 여러 문제를 진단하는 데 도움을 주기 위하여 윌리엄슨(1939)은 다음과 같은 진로선택의 4가지 범주를 제시하였다.

첫째는 진로 무선택이다. 이것은 공식적인 교육과 훈련을 마친 후에 내담자에게 어떤 직업을 갖고 싶은지 물었을 때, 그가 자신의 선택의사를 표현할 수 없고 또 자신이 무엇을 원하는지조차 모른다고 대답하는 것이다.

둘째는 불확실한 선택이다. 내담자는 직업을 선택했고 또 그것을 특정 직업의 명칭으로 말할 수도 있지만, 자신의 결정에 대하여 의심을 나타내는 것이다.

셋째는 현명하지 못한 선택이다. 이것은 한편으로는 내담자의 능력과 흥미 간의 불일치, 또 한편으로는 내담자의 능력과 직업이 요구하는 것 간의 불일치로 정의되며, 그러한 변인들의 가능한 모든 결합 중에서도 내담자 자신이 그것을 수행하는 데 필요한 충분한 능력을 가지고 있지 않은 직업을 결정하는 것을 의미한다.

넷째는 흥미와 적성 간의 모순이다. 흥미를 느끼는 직업은 있으나 그 직업을 가질 능력이 부족한 경우, 즉 흥미가 있는 직업에는 적성이 낮고 적성이 있는 직업에는 흥미가 적은 경우 등이 여기에 속한다.

앞서의 4가지 범주 중에서 내담자가 가지고 있다고 생각되는 문제에 따라 적절한 진로상담 과정이 선택된다. 이와 같이 특성-요인 진로상담에서 진단의 역할은 매우 중요하다. 그러므로 진단을 진로상담의 필수 요건으로 한다는 것은 내담자의 진로선택 문제를 분류하고 식별하는 데 상당한 확신이 있음을 의미한다. 따라서 크리티스(Crites, 1969)는 이 이론을 상담의 실제에 적용하여 내담자가 직업선택 시 지니는 여러 가지 문제를 해결하기 위해서 독립성 있고 상호배타적인 진단 체계를 고안하였는데, 그 내용을 살펴보면 다음의 3가지로 나누어 볼 수 있다.

첫째, 적응에 관한 문제다. 적응된(adjusted) 사람은 자신의 흥미 분야와 적절한 적성 수준에서 직업을 선택한다. 만약 다양한 흥미 유형을 가지고 있더라도 직업선택에서는 가장 적합한 하나의 유형과 일치시킨다. 반대로 부적응된(maladjusted) 사람의 직업선택은 그의 흥미 분야나 적성 수준과 일치하지 않는다. 따라서 의사결정 과정과 관련된 변인들 사이에서도 불일치를 보인다.

둘째, 우유부단의 문제다. 가능성이 많은(multi-potential) 사람은 여러 번의 선택을 하는 경우도 있지만 그러한 선택은 모두 그 자신의 흥미 분야나 적성 수준과 일치한다. 또한 그들의 흥미 유형 역시 다양할 수 있지만 직업선택 시에는 자신의 흥미 유형 중 하나와 일치하는 직업을 선택한다. 반대로 우유부단한(undecided) 사람은 선택을 하지 못한다. 즉, 여러 흥미 유형을 가지고 있을 수 있고, 적성 수준이 높거나 보통이거나 낮을 수도 있으나 그런 변인들의 수준에 관계없이 미래의 직업에 대한 확신이 없다는 것이다.

셋째, 비현실성의 문제다. 비현실적인(unrealistic) 사람은 자신의 흥미 분야에 일치하는 직업을 선택하든 일치하지 않는 직업을 선택하든, 자신의 적성 수준보다 높은 적성을 요구하는 직업을 선택한다. 그 중에서도 수행 불가능한(unfulfilled) 사람은 자신의 흥미 분야와는 일치하지만 자신의 적성 수준보다는 낮은 적성을 요구하는 직업을 선택하며, 강요된(coerced) 사람은 적절한 적성 수준에서 선택을 하지만 자신의 흥미 분야와는 일치하지 않는 직업을 선택한다. 이러한 문제는 적응이나 우유부단의 문제로도 보이지만 선택이 이루어졌다는 점으로 미루어 여기에 해당한다. 내담자의 선택이 비현실적이게 되는 이유는 적절하지 못한 흥미 영역에서 선택을 하기 때문이다. 스트롱(Strong, 1943)은 개인이 스스로 적절한 흥미를 갖지 못하는 직업을 가질 때 다른 직업으로 전환할 가능성이 높아진다고 하였다.

상담 목표

앞서 파슨스가 자신의 저서 『직업의 선택(*Choosing a Vocation*)』(1909)에서 제시한 것으로 언급한 '현명한 직업선택에 관련되는 3가지 주요 요인'을 상기한다면 특성-요인 이론에서의 상담 목표는 쉽게 이해할 수 있다. 그에 따라 특성-요인 이론에서는 내담자의 많은 호소문제를 개인의 특성과 환경적(직업적) 특성이 합리적으로 연결되지 못하는 이유 또는 의사결정에서 나타나는 문제와 관련된 내용으로 개념화한다. 따라서 특성-요인 이론은 내담자가 자신의 특성과 직업의 특성에 대하여 어느 정도 이해하고 있는지 탐색하고, 의사결정을 어떤 방식으로 하고 있는지 탐색함으로써 진로상담을 통해 그가 현명한 선택을 하도록 도와주는 활동을 상담의 목표로 삼을 수 있다.

개입 전략

특성-요인 접근법에서 진로상담의 과정은 '합리성'이라는 단어로 특징지을 수 있다. 이 접근법은 잘 알려진 문제 해결의 과학적 방법을 따르고 있다. 윌리엄슨(1939)은 그 과정을 다음의 6단계로 기술한다.

첫째, 분석 단계에서는 여러 자료로부터 태도 · 흥미 · 가정 환경 · 지식 · 교육적인 능력 · 적성에 대한 자료를 주관적 · 객관적 방법으로 수집한다.

둘째, 종합 단계에서는 내담자의 독특성이나 개별성을 강조하기 위해 사례 연구 기술과 검사 목록에 의하여 자료를 수집하고 요약한다.

셋째, 진단 단계에서는 내담자의 문제 및 뚜렷한 특징을 묘사하고 개인 목록과 학문적 · 직업적 능력의 목록을 비교하여 문제의 원인을 탐색한다.

넷째, 예측 단계에서는 문제의 여러 결과와 조정 가능성을 판단한 후, 그에 따라 문제 해결을 위해 내담자가 고려해야 할 대안적 조치와 중점 사항을 예측한다.

다섯째, 상담 단계에서는 미래 혹은 현재에 바람직한 적응을 하려면 무엇을 해야 하는가에 대해서 내담자와 함께 협동적으로 이야기한다.

여섯째, 추수지도 단계에서는 새로운 문제가 발생했을 때 앞의 단계를 반복한다. 그리고 내담자가 바람직한 행동계획을 실행하도록 계속적으로 돕는다. 이 과정의 처음 네 단계는 상담자가 일방적으로 주도하고 나머지 두 단계에서 내담자가 능동적으로 참여한다. 그러므로 상담 과정의 대부분이 내담자에 대한 자료를 수집하고 분석하며 평가하는 상담자의 전문성을 요구한다고 할 수 있다.

특성-요인 상담에 있어서 상담자는 주로 교육자의 역할을 수행한다. 따라서 중재 과정은 내담자를 교육하고 설득하며, 그가 상담자의 축적된 자료로부터 추론하는 것이 합리적이라고 확신하게 하는 것을 강조한다. 이처럼 상담자는 내담자에게 상당한 영향력을 행사하므로, 스트롱과 슈미트(Strong & Schmidt, 1970)는 상담자의 특성을 여러 차원에서 강조하였다. 그들은 그 중에서도 우선 상담자의 '전문성(expertness)'이 가장 중요하고 '신뢰(trustworthiness)'가 두 번째로 중요하며 '매력(attractiveness)'이 세 번째로 중요하다고 보았다. 이는 상담자에게 매력이 덜 중요하다는 것이 아니라 전문성과 신뢰가 무엇보다 더 중시되어야 한다는 것을 의미한다.

특성-요인 이론에 입각한 진로상담의 과정은 크게 세 단계로 구분할 수 있다. 첫 번째 단계는 초기면담이라고 부르며, 이 단계에서 가장 중요한 것은 촉진적 관계의 형성이다. 상담자는 내담자가 말하는 문제를 경청하고, 내담자 개인의 배경과 교육 문제를 통하여 그를 알게 되며, 내담자에게 필요한 검사가 무엇인지 탐색한다. 두 번째 단계는 주로 검사 실시에 할당되는데, 이때 내담자를 이해하기 위한 면담을 병행한다. 내담자는 상세하고 종합적인 정신측정학적 · 인구통계학적 자료와 모아진 사례들에서 추론한 자료를 기초로 상담자에게 진단을 받는다. 즉, 상담자는 능동적인 역할을 하고 내담자는 수동적인 역할을 한다. 이 단계에서 상담자는 대부분의 시간을 적성검사나 흥미검사 등을 실시하고 그 검사 결과를 해석하는 데 활용한다. 마지막 단계는 내담자에게 직업 정보를 주는 단계다. 상담자는 내담자의 특성과 요인에 알맞은 직업에 대하여 그에게 직접 알려 주거나 직업사전, 직업 전망서, 직업 안내에 관한 소책자 등의 관련 정보를 제시해 준다.

특성-요인 이론을 이병수 씨 사례에 적용하기

사례개념화

특성-요인 이론에서는 개인의 흥미, 성격, 가치관, 적성 등에 관한 과학적인 자료와 직업의 특성에 관한 자료를 개인에게 제시해 주어 그가 가장 합리적이고 현명한 선택 및 결정을 하도록 조력하는 것을 중시한다. 윌리엄슨(1939)은 특성-요인 진로상담의 기본은 변별진단이라고 하면서, 진로의사결정에 나타나는 여러 문제를 진단하는 데 도움을 주기 위하여 4가지 범주를 제시하고 있다. 이러한 특성-요인 이론의 기본적 내용을 이병수 씨의 사례에 적용해 보면서 사례개념화를 시도해 본 결과는 다음과 같다.

먼저 구직자 개인의 특성과 종사하였던 직업적 특성 간의 일치 여부를 점검하여 구직자의 문제를 이해하는 것이 필요하다. 검사 및 구직자의 자기 보고 자료 등을 통하여 구직자의 흥미, 성격, 가치관, 적성 및 능력 등의 개인적 특성을 확인해 보고, 구직자가 지각하는 자신의 적성과 능력의 객관성도 파악한다. 그 다음으로, 이전에 종사하였던 식품 영업 및 영업 관리직의 특성과 비교함으로써, 진로의사결정에 나타나는 문제를 진단한다. 또한 이병수 씨의 경우 자신의 의사와는 상관없이 회사의 구조조정으로 인해 직장을 그만두게 되었기 때문에 이 부분에 대한 점검이 중요하고, 이를 통해 이병수 씨의 문제를 파악할 수 있다. 이를 위하여 이병수 씨에게 검사를 실시하고, 아울러 학창 시절부터 최근 실직에 이르기까지의 진로 및 직업 경력에서 해 왔던 일 경험, 그 일을 할 때 좋았던 점과 잘했던 점, 힘들거나 어렵고 싫었던 점, 개선하고 싶은 점 등에 대해 질문한다. 특히 최근 실직한 회사를 다니면서 어떤 점이 힘들었는지, 영업 관리가 전산화되면서 어떤 어려움을 겪었는지, 회사가 다국적 기업으로 변화하면서 보다 경쟁력 있는 영업 파트로 옮기지 못했던 사정은 무엇인지, 최근 신입 사원의 학력이 높아지면서 자신의 고졸 학력에 대해 어떤 어려움을 지니는지 물었다.

이를 통하여 성격 및 흥미, 적성과 관련해 이병수 씨는 어린 시절부터 사회형과 진취형, 관습형의 특성을 나타내어 해당 영역의 활동을 추구해 왔음을 알 수 있었다. 그는 학창 시절부터 열심히 노력하는 성실한 학생이었고, 친구들 사이에서 인기도 좋아 가끔씩 반장을 맡아 지도력을 발휘했으며, 농구부 특별활동을 꾸준히 할 정도로 활동적인 학생이었음을 보고하였다. 일찍이 고등학생 시절에는 불우이웃돕기를 위해 1주일간 찹쌀떡을 들고 가가호호 방문 판매를 했었는데, 친구들 중에서 가장 많은 찹쌀떡을 팔아 부러움을 샀고 그 일은 농구부 전체를 이끄는 계기가 되기도 하였다. 고등학교 졸업 즈음에는 중소기업 경리과에 취업하였으며 회사의 규모가 작아 경리 업무 이외에 거래처에 수금이나 배달을 가는 일도 동시에 배웠는데, 그러한 일들이 재미있었고 또 잘한다는 칭찬도 곧잘 받았다. 군 제대 후에는 고등학교 선배의 소개로 식품 회사에 입사하였고, 그곳에서도 영업에 대한 남다른 능력 및 동료와 후

배를 잘 이끄는 대인관계 능력을 인정받아 20년간 꾸준히 한 직장에 머물 수 있었다. 이러한 이병수 씨의 자기 보고 자료는 성격검사 및 흥미검사 결과와 잘 일치하고 있으며, 그에 따라 적성 및 능력에 관련한 이병수 씨의 자기 보고 내용도 객관적으로 수용할 만하다고 판단된다. 이병수 씨의 흥미, 성격, 적성의 특성으로 보면 영업 직종에서 요구하는 직업 특성과 상당히 잘 일치하고 있는 것으로 이해할 수 있다.

다만, 이병수 씨의 회사가 지역사회 소매상이 아닌 대형 할인점을 대상으로 하는 영업 전략 등을 요구하고, 경력이 쌓임에 따라 담당 직무의 영역도 확장되어 영업 이외에 영업 관리를 위한 전산 능력 등을 요구하는 등 새롭게 변화하면서 그러한 변화에 고졸이라는 상대적으로 낮은 학력으로는 회사의 요구에 부응하는 능력을 발휘하기가 부족했을 것이다. 그러한 직업 환경은 또한 사회형 특성보다는 진취형이나 관습형 특성을 더욱 요구하는 방향으로 변화하면서 사회형을 주된 특성으로 가지고 있는 이병수 씨 개인과 불일치를 보이기 시작한다.

이병수 씨가 직업을 통해 얻고 싶은 것이 무엇인가에 대한 보다 객관적인 평가를 하기 위해 직업가치관 검사를 실시하였다. 그 결과, 이병수 씨는 13가지 직업가치 가운데 직업을 추구하는 과정에서 봉사, 금전적 보상, 직업안정의 순으로 3가지 직업가치를 중요하게 생각하는 것으로 나타났고, 애국, 성취, 인정 등의 직업가치는 상대적으로 덜 중요하게 생각하는 것으로 나타났다. 특히 이병수 씨가 가장 중요하게 생각하는 봉사라는 직업가치는 사회형 흥미와 부합하는 것으로서, 그것이 실제 직업 환경과 얼마나 일치하는가를 검토해 보면 최근 대형 할인점을 대상으로 하는 영업보다는 이전의 지역사회 작은 소매상을 대상으로 영업하던 직업 환경이 이병수 씨의 봉사라는 직업가치 및 사회형 흥미와 더 일치했을 가능성이 있다. 또한 직장생활을 통해 가족의 기대에 부응할 수 있었다는 사실도 이병수 씨가 추구하는 봉사라는 직업가치를 충족시켜 주었을 것이다. 그리고 이병수 씨는 첫 직장에서의 경험 가운데 무엇보다 돈을 번다는 사실 자체가 좋았다고 보고하였다. 그러한 언급은 금전적 보상을 중요한 가치로 여기고 있는 이병수 씨의 직업가치를 잘 나타내고 있다. 입사 후 계속 대기업 수준의 회사에서 매우 높은 연봉을 받았으므로 이병수 씨의 중요한 직업적 가치는 잘 충족되어 그가 오랫동안 근속할 수 있는 근간이 되었을 수 있다. 그러나 갑작스러운 구조조정으로 20년간 다녔던 회사를 그만두면서 직업안정이라는 직업가치를 충족하지 못하게 되었으며, 구조조정으로 인한 충격이 앞으로 갖게 될 직업에서 직업안정을 더 중요하게 만들었을 수 있다.

지금까지 살펴본 자료를 종합해 보면 이병수 씨는 자신의 흥미, 성격, 가치관, 적성 등의 특성과 잘 일치하는 영업직을 선택(취업)함으로써 같은 직종에서 20년 넘게 만족스럽게 일해 온 것으로 이해할 수 있다. 그러나 회사의 규모가 변화하고 이병수 씨의 경력과 직위도 변화하면서 그러한 직업 환경의 변화에 따라 발생하는 직업에서의 새로운 요구에 충분히 부응하지 못하게 되었다. 그로써 이병수 씨는 윌리엄슨(1939)의 진로의사결정에서 나타나는 문제점 중 하나인 흥미와 능력 간의 불일치, 즉 직업이 요구하는 충분한 능력을 자신이 가지고 있지 않은 '현명하지 못한 선택'의 문제 범주로 재평가받게 된 것이다. 그리고 현재는 이미 구조조정을 통해 회사를 떠난 상태이므로 이전 직장을 퇴사하게 된 상황에 대한 이해를 바탕으로 다음 직업을 선택해야 하는 과제가 남아 있다.

특성-요인 이론에서는 직업선택에서 개인의 특성과 직업의 특성이 일치하는 직업을 선택하여야 한다는 것을 강조하고 있다. 하지만 현실적으로 볼 때 지금까지 쌓은 경력을 인정받을 수 있는 동일한 직종의 유사한 직위로의 재취업은 어려운 상황이라고 하겠다. 현재로서는 이전 직장에서 요구하던 영업 및 영업 관리에 필요한 직무수행능력을 충분히 갖추지 못했기 때문이기도 하고, 대규모 회사의 관리 직종에 해당하는 직업은 사회형보다는 진취형이나 관습형의 특성을 요구하므로 사회형을 주된 특성으로 지니고 있는 이병수 씨의 개인 특성과 불일치가 나타나기 때문이기도 하다. 혹시라도 동일한 직종의 유사한 직위로의 재취업을 고집한다면 현재 이병수 씨가 가지고 있는 직업능력에 맞는 일자리를 찾기란 어려울 수 있다. 즉, 직업 전환을 위한 직업능력 개발이 필요한 상황으로 판단되며, 현재의 자신에 대한 이해 및 변화하는 직업적 특성과 요구에 대한 객관적 이해를 바탕으로 자신이 원하는 직업으로 전환하기 위해 강점으로 활용해야 하는 특성과 보완해야 할 측면을 검토하고, 이를 신장하기 위한 직업훈련 관련 정보도 찾아보아야 할 것이다.

상담 목표

특성-요인 이론에서는 자신의 흥미, 성격, 가치, 적성, 능력 등에 대한 명확한 이해 및 다양한 직업에 대한 자격 요건, 장단점, 보수, 취업 기회, 전망 등에 관한 지식을 바탕으로, 내담자가 두 요인이 일치할 수 있는 현명한 선택과 의사결정을 하도록 조력하는 것을 상담의 목표로 상정한다. 이병수 씨의 경우 이미 회사를 퇴사한 상태이기 때문에 새로운 직업을 선택하도록 돕는 것이 중심이 된다. 이를 위해 먼저 심리검사 등을 통하여 직업 생활과 관련된 자신의 특성을 객관적으로 이해하는 과정이 이루어져야 할 것이다. 다음으로는 어떠한 직업이 자신의 특성에 잘 부합하는지 탐색하고, 그 직업들의 장단점, 요구하는 자격 요건, 보수, 취업 기회, 전망 등에 대한 정보를 탐색할 것이다. 그리고 그러한 직업에 진입하기 위하여 자신의 어떤 특성을 강점으로 활용하고 어떤 점을 보완해야 하는지, 또 새롭게 습득해야 할 직무수행능력은 무엇인지를 알아보고 직업훈련에 필요한 적성, 시간, 경비 등을 통해 그 경제성을 비교해 보면서 가장 합리적인 직업 대안을 선택할 것이다. 이렇게 해서 앞으로 선택할 직업이 결정되고 나면, 그 직업에 진입하기 위한 준비 과정을 계획하고 점검할 필요가 있다. 특성-요인 이론을 근간으로 이병수 씨와의 진로상담에서 세울 수 있는 상담 목표를 정리하면 다음과 같다.

- 자신의 흥미, 성격, 가치, 적성, 능력 등에 대한 이해
- 자신이 일해 왔던 직업의 특성 및 변화에 대한 이해를 기초로 한 퇴사 과정의 이해
- 다양한 직업에 대한 정보 탐색
- 자신의 흥미, 적성 등 특성에 적합한 직업대안의 결정
- 선택한 직업에 진입하기 위한 준비

상담 개입

특성-요인 이론의 입장에 입각한 진로상담의 과정에 따라 이병수 씨와의 상담 과정을 정리하면 다음과 같다. 우선, 첫 번째 단계인 초기 면담 단계에서는 모든 상담 과정과 마찬가지로 촉진적 협력 관계를 수

립하는 것이 가장 중요하다. 따라서 상담자는 이병수 씨를 따뜻하게 맞이하고, 공감과 경청의 기술을 사용하여 그가 자신의 문제를 이야기할 수 있도록 도왔다. 또한 상담이 가능한 환경을 제공하고, 회기 수와 상담 시간 등에 관해 구조화하였다. 특성-요인 이론에서는 첫 회기를 종결하기 전에 구직자에게 줄 수 있는 과제를 제안하는데, 그러한 과제로는 기본적인 개인정보 서식 채워 오기, 호소문제와 관련하여 구직자가 직업에서 경험한 사건을 목록으로 나열해 보기 등이 있다. 실제 상담에서는 첫 회기에 구직표를 작성하고 앞으로의 상담 과정에 대해 안내하였으며 갑작스러운 실업으로 인한 정서적 충격에 공감하면서 촉진적 관계를 형성하였다. 이때 상담자는 내담자가 말하는 문제를 경청하며 주 호소문제를 파악하고 개인의 배경과 교육 문제를 통하여 내담자에게 필요한 검사가 무엇인지 탐색하였다.

상담의 두 번째 단계에서는 이병수 씨의 진로선택 문제를 분류하고 원인을 식별하는 진단을 위하여 주로 검사를 실시하는데, 이때 내담자를 이해하기 위한 면담을 병행하게 된다. 내담자는 상세하고 종합적인 정신측정학적 · 인구통계학적 자료와 모아진 사례에서 추론한 자료들을 기초로 하여 상담자의 진단을 받는다. 이때 상담자는 능동적인 역할을 하고 내담자는 수동적인 역할을 한다. 이 단계에서 상담자는 대부분의 시간을 흥미검사나 성격검사 등을 실시하고 검사 결과를 해석하는 데 활용한다. 이병수 씨의 사례에서는 직업적 성격 특성과 자기 이해를 평가하는 데 초점을 맞춘다. 이 단계에서 상담자는 심리검사가 상담에서 어떤 역할을 하는지에 대해 구직자가 이해할 수 있도록 하기 위해 어떤 심리검사가 사용되는지 알리고, 동시에 자신의 흥미, 능력, 적성 등에 대해 스스로 평정해 보라고 한다. 상담자는 이병수 씨의 자기 이해를 돕기 위해 직업흥미와 성격 및 생활사를 이해할 수 있는 직업선호도검사 L형과 구직효율성검사, 직업가치관검사를 실시하며, 이전 단계에서 부여한 과제를 검토함으로써 직업 생활의 경험에 나타난 이병수 씨의 흥미, 성격, 가치관, 적성 등의 특성을 탐색하기 시작한다. 이병수 씨는 학창 시절부터 최근 실직 전까지의 경험을 통하여 성실하고 적극적이며 리더십 있는 성격을 잘 보여 준다. 또한 그는 사회형–진취형–관습형의 특성을 발휘함으로써 영업에 대한 남다른 능력과 동료 및 후배들을 잘 이끄는 뛰어난 대인관계 능력을 인정받아 왔다. 이병수 씨가 받은 구직효율성검사는 그가 실업의 충격으로부터 벗어나 직업선택을 할 수 있는 상태인지를 점검하기 위해 실시된 것으로, 그 결과 경제적으로는 어려움이 없지만 심리사회적으로 어려움을 겪고 있으므로 성급한 결정을 내리기보다는 차근차근 절차를 밟아가는 것이 좋을 것이라고 판단할 수 있었다. 이병수 씨가 직업을 통해 추구하는 가치가 무엇인지를 객관적으로 확인하기 위해 실시한 직업가치관검사에서 그가 가장 중요하게 생각하는 가치는 봉사, 금전적 보상, 직업안정의 순인 것으로 나타났다. 3가지 심리검사 결과 모두 이병수 씨가 스스로 생각하는 결과와 일치하였다. 이를 통해 이병수 씨는 비교적 자신을 잘 이해하고 있음을 확인할 수 있었고 이에 따라 적성과 능력에 대해서는 검사를 실시하기보다는 이병수 씨 스스로의 평정에 근거하여 판단하기로 하였다.

이어서 구조조정과 관련한 문제를 진단하기 위하여 상담자는 이병수 씨에게 "20년을 넘게 한 직장에서 일하기는 쉽지 않은데, 어려움은 없었나요? 이전 직장에서 경험한 문제에 대해서 좀 더 이야기해 주세요."라고 질문하였고, 이병수 씨는 영업 관리가 전산화되면서 겪었던 어려움, 회사가 다국적 기업으로 변화되면서 보다 경쟁력 있는 영업과 트로 옮겨가지 못했던 사정, 최근 들어 신입사원들의 학력이 높아지면서 자신의 고졸 학력에 대한 자신감 부족으로 받았던 스트레스 등의 문제를 호소하였다. 그리고 무엇보다 갑작스러운 구조조정으로 아무런 대비도 없이 회사를 떠나게 되었던 것이 가장 힘들었다고 했다. 이와 같은 어려움과 적응과정에 대해 탐색하면서 이병수 씨가 20년 동안 한 가지 일을 꾸준히 해 왔지만 그 일의 성격이 변화되면서 그에게 요구된 능력도 달라졌음을 확인할 수 있었다. 또한 이병수 씨의 높은 임금에 대한 회사 측의 부담만이 아니라 이병수 씨가 변화된 회사의 요구에 부응하지 못한 것이 구조조정 대상이 된 원인임을 확인할 수 있었다. 이를 통해 자신의 특성에 대한 이해와 그동안 일해 왔던 직업의 특성 및 변화에 대한 이해를 기초로 하여 억울하기만 했던 퇴사 과정에 대하여 객관적으로 이해하는 상담의 목표가 어느 정도 달성되었다.

세 번째 단계에서는 이병수 씨에게 다양한 직업정보를 주는 것이 초점이다. 상담자는 이병수 씨의 특성에 알맞은 직업에 대하여 그에게 직접 알려 주거나 구인정보에 대한 자료, 직업전망서, 직업안내에 관한 소책자와 팸플릿, 온라인으로 탐색할 수 있는 인터넷 사이트 주소 등의 정보를 제시해 준다. 이 단계에서 상담자는 직업탐색을 통해 관심을 갖게 된 직업의 장단점, 요구 조건, 보수, 직업전망 등에 대한 정보를 수집하고 그러한 직업특성들이 이병수 씨 자신의 특성과 어느 정도 일치하는지 평가하는 데 초점을 맞춘다. 개인을 평가하였던 것과 비슷한 방식으로 직업을 평가하는 것이다. 이러한 작업은 전문적 평가와 기존 연구를 바탕으로 하고 또한 구직자가 제공한 정보를 해석함으로써 이루어진다. 이병수 씨는 이전 직장에서 자신의 특성과 영업직의 특성이 일치하여 만족스러운 직장생활을 하였으나, 회사의 규모가 변화하고 자신의 경력이 쌓이면서 직위가 상승함에 따라 직업에서 요구되는 능력에 변화가 생겼음을 이해하였다. 그리고 그러한 직업이 요구하는 충분한 능력을 자신이 갖추지 못함으로써 갑작스러운 구조조정의 대상이 되었고 직업안정의 위기를 맞이하게 되었으며 동일한 직종의 유사한 직위로 취업할 경우 그런 일이 다시 발생하게 될 것이라는 것을 확인하게 되었다. 따라서 상담에서는 이병수 씨가 대안으로 선택할 수 있는 여러 직업에 대한 정보를 탐색하고, 각 직업으로의 전환이 이병수 씨의 특성과 얼마나 일치하는지 비교분석하는 과정을 반복하였다. 이러한 과정을 통해 이병수 씨에게 가장 적합한 직업을 선택하였는데, 그의 경우 개인의 흥미, 성격, 적성 등의 특성이 영업직의 특성에 상당 부분 일치하므로, 부족한 전산능력을 직업훈련으로 보완하여 그의 경력과 강점인 중소규모 가게 대상의 영업능력을 활용할 수 있도록 음식료 영업, 유통, 관리 등으로 재취업 직종을 선택하였다. 선택 후에는 그 직업에 진입하기 위한 준비에 들어갔다. 여러 직업훈련 중 전산능력을 보완하기 위한 훈련을 희망하여 직업훈련에 참여하고 자격증을 취득하였다. 자격증 취득 후 구직등록과 취업알선을 지속했으나 고용센터의 구인정보만으로는 취업이 쉽지 않았다. 따라서 이병수 씨는 예전 직장의 선·후배 및 동창 등의 관계를 적극 활용하여 구인정보를 능동적으로 수집하고 지인의 추천을 받으며 지원하기를 성실히 반복하였다. 마침내 그는 중소규모의 치킨 영업 가맹점을 관리하고 확장하는 역할을 담당하는 영업 및 영업 관리직으로 취업하게 되었다.

마지막 단계에서는 호소문제에 대한 상담의 효과를 평가한다. 이 단계에서 상담자는 구직자에게 호소문제를 요약하게 하고, 지금 상태와 문제 사이의 차이를 평가하게 한다. 이병수 씨의 경우 구조조정으로 인한 자존감 상실 그리고 중년의 나이에 예상치 못한 실직을 경험하며 직업선택 및 적응에서의 많은 갈등과 불안감을 갖고 있었다. 그러므로 이병수 씨에게는 심리적인 안정과 자존감 회복이 우선 해결해야 할 문제였다. 따라서 심리적인 어려움에 대해 충분히 수용하고, 특성-요인 이론의 상담 과정에 따라 자신과 퇴사 경위에 대해 이해하였으며, 직업정보 탐색 및 직업선택, 직업훈련 등의 과정을 거쳐 전직에 성공할 수 있었다. 이병수 씨가 취업이 되면서 상담을 종결하였지만, 이병수 씨는 그동안 고마웠다면서 고용센터를 한 번 더 방문하였다. 그는 만면에 웃음을 띠며 그동안의 어려움을 잊은 모습으로 '물 만난 물고기처럼 활기차게 생활하고 있다.'는 근황을 전했다.

참고문헌

Anastasi, A. (1983). Evolving trait concepts. *American Psychologist*, *38*, 175-184.

Crites, J. O. (1969). *Vocational Psychology*. New York: McGraw-Hill.

Hogan, R., DeSoto, C. B., & Solano, C. (1977). Traits, tests, and personality research. *American Psychologist*, *32*, 255-264.

Klein, K. L., & Weiner, Y. (1977). Interest congruency as a moderator of the relationships between job tenure and job satisfaction and mental health. *Journal of Vocational Behavior*, *10*, 91-98.

Parsons, F. (1909). *Choosing a vocation*. Boston, MA: Houghton Mifflin.

Strong, E. K. (1943). *Vocational interests of men and women*. Stanford, CA: Stanford University Press.

Strong, S. R., & Schmidt, L. D. (1970). Expertness and influence in counseling. *Journal of Counseling Psychology, 17* (2), 81-87.

Tryon, W. W. (1979). The test-trait fallacy. *American Psychologist*, *34*, 402-406.

Williamson, E. G. (1939). *How to counsel students*. New York: McGraw-Hill.

Zunker, V. G. (2002). *Career counseling: Applied concepts of life planning*. Pacific Grove, CA: Brooks/Cole.

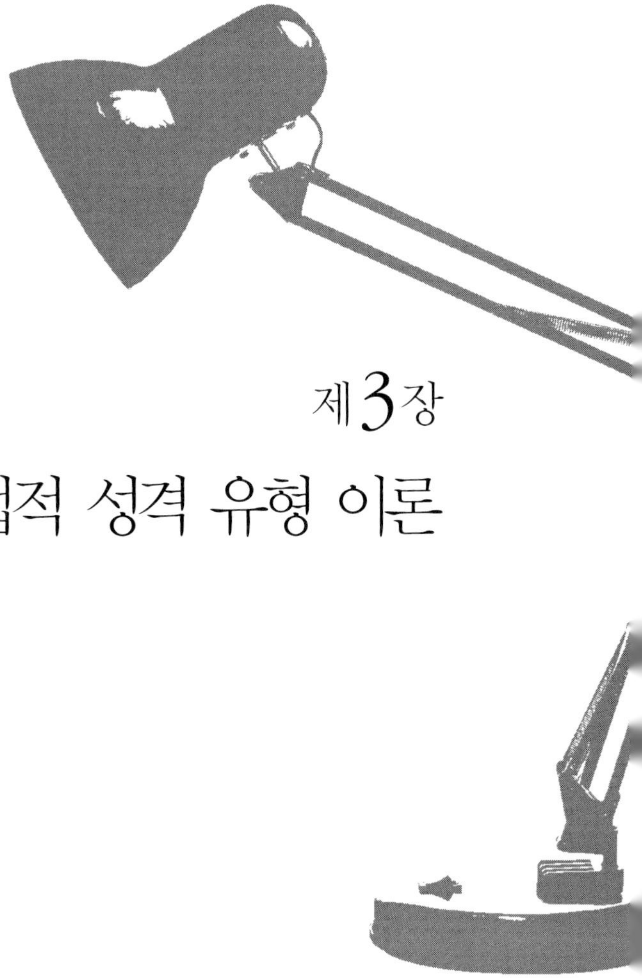

제3장

직업적 성격 유형 이론

employment counseling

제 3 장
직업적 성격 유형 이론

홀랜드 이론 개관

개인과 환경의 일치를 지향하는 홀랜드(John L. Holland)의 이론은 20세기의 사회개혁운동에 뿌리를 두고 있는 특질-요인 상담을 기초로 하여 발전된 이론이다(Chartrand, 1991; Round & Tracy, 1990). 개인-환경 심리학은 개인과 환경 간에 상호관계가 존재한다는, 즉 개인이 환경에 영향을 미치고, 환경도 개인에게 영향을 미친다는 기본적인 가정에 기초한다(Walsh, Price, & Craik, 1992). 아마도 이러한 가정은 직업심리학의 영역에서 가장 잘 구현되어 왔을 것이다. 실제적으로 학문적 영역으로서의 직업심리학 역사는 진로관련 행동에 적용된 개인-환경 모형의 발전과 긴밀하게 연관되어 있다(Swanson & Chu, 2000).

30년 전에 처음 소개된 홀랜드의 개인-환경 일치이론은 지금까지 계속 직업심리학에 강력한 영향을 미쳐 왔다. 홀랜드 이론이 그러한 힘을 가질 수 있었던 것은 간결하면서도 직관적으로 의미 있는 가정에 기초를 두고 있었기 때문이다. 홀랜드(1997)는 그의 이론을 3가지의 기초적인 질문에 대한 답이라고 설명하고 있다. 즉, 홀랜드 이론은 첫째, '개인과 환경의 어떤 특성이 진로결정의 만족과 같은 긍정적인 결과를 이끌어 내는가?' 그리고 '개인과 환경의 어떤 특성이 미결정이나 결정에 대한 불만족 같은 부정적인 결과를 이끌어 내는가?' 둘째, '개인과 환경의 어떤 특성이 생애진로안정성을 변화시키는가?' 셋째, '진로 관련 문제를 가진 사람들에게 도움을 줄 수 있는 가장 효과적인 방법은 무엇인가?'에 답하려고 한다.

홀랜드 이론의 기본 가정

홀랜드(1997)는 진로선택이란 개인의 성격이 표현된 것이므로 한 직업군에 있는 사람들은 유사한 성격과 개인사를 가지고 있을 것이라고 생각했다. 따라서 다음과 같은 4가지 기본 가정을 바탕으로 자신의 이론을 구성하였다.

첫째, 대부분의 사람들은 6가지 성격 유형인 현실형(Realistic), 탐구형(Investigative), 예술형(Artistic), 사회형(Social), 진취형(Enterprising), 관습형(Conventional) 등으로 설명될 수 있다. 아마도 이 성격 유형은 개인을 묘사하는 이론적인 유형들 중에서 가장 많이 쓰이는 유형일 것이다. 각각의 성격 유형은 환경에 직면했을 때 문제에 대한 반응으로 태도와 기술을 포함한 일련의 특징들을 나타낸다. 또한 각각 직업 활동과 여가활동에 대한 선호, 삶의 목표와 가치, 자신에 대한 신념, 문제해결 방식 등을 포함한다(〈표 3-1〉). 한 사람이 순수하게 하나의 유형에만 속하는 경우는 드물다. 오히려 사람들은 개개인이 하나의 유형이 가장 우세하고 다른 유형들이 부차적으로 있는, 여러 유형이 조합된 형태에 해당하기 쉽다. 성격 유형은 '생물학적인 유전, 부모, 친구, 사회적 지위, 문화, 물리적인 환경을 포함한 다양한 문화적 요소 간의 상호작용의 산물'로서 발달한다(Holland, 1997, p. 2). 이러한 경험들은 한 개인이 특정한 활동을 선호하도록 이끈다. 선호는 강한 흥미로 발전하고, 이것은 적성과 연관된다. 적성과 긴밀하게 연관된 개인의 흥미는 나아가 '생각하고, 지각하고, 행동하는 특별한 방식'을 이끌어내는 기질을 형성한다(Holland, 1997, p. 2).

〈표 3-1〉 홀랜드의 성격과 환경 유형

유형	자아개념과 가치	잠재적 능력	유형에 맞는 일과 활동 및 환경
현실형 (R)	• 정서적으로 안정된, 신뢰할 만한 • 실용적인, 검소한, 인내력 있는 • 수줍어하는, 소박한 • 자신에 대해 이야기하는 것을 불편해하는 • 전통적인 가치	• 체계화하는 능력과 정교함 • 연장과 도구를 가지고 문제를 해결하는 • 신체적 기술 • 물리적인 힘	• 현실적인 결과가 있는 일 • 중장비들을 조작하는 일 • 연장을 사용하는 일 • 물리적인 활동이 필요한 일 • 고치고 만들고 수리하는 일
탐구형 (I)	• 독립적인, 스스로 동기가 부여된 • 과묵한, 내향적인 • 분석적이고 탐구심이 많은 • 과제 지향적인 • 독창적이고 창조적이며 비관습적인	• 과학적 능력 • 분석적 능력(기술) • 수학적 능력(기술) • 글 쓰는 기술 • 인내심	• 불명확하고 추상적인 과제 • 사고를 통해 문제를 해결하는 일 • 독립적으로 일하는 것 • 과학적인 또는 연구실 상황에서 일하는 것 • 정보를 수집하고 조직화하는 일
예술형 (A)	• 독립적인, 비관습적인 • 자기표현을 하는	• 창조성, 상상력 • 언어구사력	• 창작 및 예술 활동 • 독립적으로 일하는 것

(계속)

유형	자아개념과 가치	잠재적 능력	유형에 맞는 일과 활동 및 환경
예술형 (A)	• 직관적인, 민감한, 정서적인 • 충동적인 • 심미적인 일에 끌리는	• 음악적 능력 • 예술적 능력	• 비구조화 되어 융통성 있는 환경에서 자기를 표현하는 일
사회형 (S)	• 인간주의적인, 이상적인, 윤리적인 • 타인 복지에 관심 있는, • 재치 있는, 협조적인, 관대한 • 친절하고 쾌활한 • 남을 이해하며 통찰력 있는	• 대인관계 기술 • 말로 표현하는 능력 • 가르치는 기술 • 다른 사람을 이해하고 공감하는 능력	• 가르치고 설명하고 지도하는 일 • 문제를 해결하고 토론을 이끄는 것 • 교육기관, 사회복지기관, 정신보건기관
진취형 (E)	• 지위에 관심이 있는 • 야망이 있는, 경쟁적인 • 사교적인, 말이 많은 • 낙관적인, 열성적인, 인기 있는 • 적극적인, 모험을 좋아하는	• 말하고 설득하고 판매하는 일에 관련된 언어 기술 • 지도력 • 심리적 탄성, 높은 에너지, • 낙관성 • 대인관계 기술	• 판매하고 구매하는 일 • 사람들과 프로젝트를 관리하는 일 • 연설하고 프레젠테이션 하는 일 • 금융, 정부 기관, 정치 조직
관습형 (C)	• 진지하고 인내심 있는 • 실용적인, 보수적인 • 질서정연한, 체계적인, 꼼꼼한, 정확한 • 조심스러운, 절제하는	• 효율성, 조직력 • 체제와 자료를 관리하는 일 • 수학적 기술 • 세부적인 것에 주의를 기울이는, 완벽주의 • 사무기기 작동	• 사무적인 절차를 조직하는 일 • 기록을 관리하고 체계를 구축하는 일 • 보고서를 작성하고 차트를 만드는 일 • 위계질서가 있는 구조화된 조직에서 하는 일

둘째, 직업 환경이 현실형(R), 탐구형(I), 예술형(A), 사회형(S), 진취형(E), 관습형(C)으로 분류되는 6가지 유형 중의 하나로 분류될 수 있다. 이러한 환경유형은 그 환경을 구성하는 대다수의 사람들이 어떤 성격유형인가에 의해 결정된다. 서로 다른 유형의 사람들은 서로 다른 기술이나 능력을 가지고 있으므로, 자신과 비슷한 사람들과 함께 어울려 일하는 것을 더 선호한다. '사람들이 모이는 곳에는 가장 공통점이 많은 유형을 반영하는 환경이 생기게 된다.'(Holland, 1997, p. 3) 각각의 환경은 다른 활동과 능력을 필요로 하고 주어지는 보상도 서로 다르다.

셋째, 사람들은 자신에게 맞는 환경을 찾는다. 즉, '사람들은 자신의 기술과 능력을 발휘하고, 태도와 가치를 표현하며, 자신에게 맞는 역할을 수행할 수 있는 환경을 찾는다.'(Holland, 1997, p. 4) 환경도 사회적 상호작용, 구인, 선발 과정 등을 통해 환경에 맞는 사람을 찾는다.

넷째, 성격과 환경이 상호작용하여 행동으로 나타난다. 개인의 성격 유형과 잘 맞는 환경유형이 무엇인지 알면, 진로선택, 근속기간 및 직업전환, 성취, 직무만족 등과 같은 중요한 결과를 예측할 수 있다. 개인-환경 일치이론은 개인과 환경의 일치 정도를 설명할 수 있는 개념을 필요로 한다. 여기에 대해 홀랜드 이론(1997)은 6가지 유형으로 개인 또는 환경을 설명하고, 유형의 유사성으로 얼마나 개인이 그 환경에 잘 맞는지를 설명한다.

홀랜드 이론의 주요 개념과 육각형 모형

앞서 기술한 4가지 가정과 더불어, 홀랜드(1997)는 개인과 개인 간의 관계, 환경과 환경 간의 관계, 개인과 환경 간의 관계를 설명하는 계측성(calculus), 일치성(congruence), 변별성(differentiation), 일관성(consistency), 정체성(identity) 등의 5가지 주요개념을 제안하였다.

계측성이란 각 유형 간의 상관을 예측 가능한 방식으로 요약하여 설명하는 방식인데 육각형 모형을 통해 잘 드러난다. 육각형 모형에서 서로 근접한 유형들은 반대 위치에 있는 유형들보다 유사성이 더 높다([그림 3-1]). 예를 들어, 각 유형 간의 계측성을 바탕으로, 현실적 유형(R)은 사회적 유형(S)보다 탐구적 유형(I)과 더 유사하다고 설명될 수 있다. 한편, 홀랜드 이론에서 중추적인 역할을 하는 일치성은 6가지 유형에서 볼 때 개인과 환경이 얼마나 일치하는지를 나타내는 것이다. 즉, 진취형(E)의 사람이 탐구형(I) 환경에서 일하는 경우보다 진취형(E)의 사람이 진취형(E) 환경에서 일하는 경우 일치성이 더 높다고 볼 수 있다.

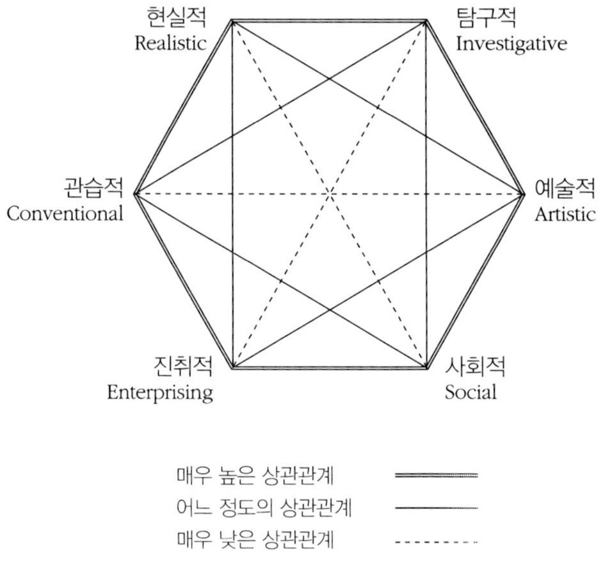

[그림 3-1] 홀랜드 육각형 모형

일치성은 직무만족과 근속기간 등과 정적 상관이 있다고 가정한다. 홀랜드(1997)는 '일치된 환경에 있는 사람은 자신이 좋아하는 행동들을 편안하고 익숙한 환경에서 표현할 수 있게 된다. 반대로 일치되지 않는 환경에서 일하는 사람은 자신들의 행동이 환경에 맞지 않고 부적절하다고 느끼게 된다.'(p. 56) 또한 변별성은 개인의 흥미를 정의하는 정도를 설명해 주는 개념이다. 흥미는 개인이 좋아하는 것과 싫어하는 것 간에 분명한 차이가 있을 때 잘 변별되어 있다고 한다. 일관성은 육각형 배치에서 개인의 흥미들이 얼마나 '내적 일관성'(Spokane, 1996)이 있는지를 반영하는 것이다. 예술적(A)이고 탐구적(I)인 흥미가 있는 사람은 예술적(A)이고 관습적(C)인 흥미가 있는 사람보다 더 일관되었다고 본다. 마지막으로, 정체성은 한 개인이 자아정체감, 목표, 흥미, 재능 등에 대해 '얼마나 명확하고 안정되어 있는가를 나타내 주는 그림'(Holland, 1997, p. 5)을 제공한다. 변별성, 일관성과 같은 홀랜드 이론의 다른 개념들처럼 정체성은 개인과 환경 2가지를 설명할 때 모두 사용된다. 즉, 개인뿐만 아니라 환경도 변별성, 일관성, 정체성 수준으로 특성이 구분된다.

이 5가지의 주요 개념들은 진로선택 후 적응의 결과를 예측하는 데 유용하다. 구체적으로 설명하면, 일관되고 차별성 있고 일치되며 높은 정체감을 가진 사람은 일관되지 않고 차별성이 없으며 일치하지 않고 낮은 정체감을 가진 사람보다 더 만족하고 더 잘 적응한다고 예측할 수 있다는 것이다.

홀랜드 이론에서 육각형 구조는 3가지 기능을 한다. 첫째, 개인의 흥미에 있어 가장 선호되는 유형과 그 다음 선호되는 유형 간의 관계를 표시해 주어서 일관성의 정도를 명확히 알 수 있게 해 준다. 둘째, 개인과 마찬가지로 환경에서도 제1유형과 제2유형 간의 관계를 명확히 보여 줌으로써 환경에서의 일관성 정도를 알려 준다. 마지막으로, 육각형 구조는 개인의 유형과 환경의 유형 사이의 거리를 비교해 주어서 개인과 환경 간의 일치되는 정도를 분명히 해 준다. 요약하자면, 홀랜드 이론은 개인과 환경에 똑같이 중점을 둔다. 더 나아가, 이론의 중요한 초점을 사람과 환경 사이의 상호작용에 두어 개인의 행동을 예측한다.

홀랜드 이론의 상담 과정

모든 내담자에게 홀랜드 이론을 적용하는 것이 유용한 것은 아니다. 홀랜드 이론은 전공, 직업, 직무 혹은 여가활동의 영역을 확실히 정하는 것이 주요 문제인 내담자에게 특히 유용하게 적용될 수 있다. 예컨대, 전공 선택, 새로운 일자리 구하기, 직업선택과 같은 단기적으로 발달상에 나타나는 구체적인 선택에 도움이 필요한 내담자들에게 유용하다. 한편, 홀랜드 이론은 불합리한 신념이나 낮은 자기효능감, 잘못된 자아개념, 비합리적인 의사결정 유형 때문에 진로탐색 및 의사결정에 어려움을 겪고 있는 내담자에게는 유용한 설명체계가 아니다(Amundson, Harris-Bowlsbey, & Niles, 2005). 따라서 여기에서는 구체적인 진로선택 영역에 초점을 둔 상담 과정을 살펴보고자 한다.

사례개념화

전문적인 진로상담자는 내담자의 문제를 파악하는 데 있어 단순히 호소문제를 확인하는 수준을 넘어 왜 호소문제가 발생했는지를 이해해야 한다. 이는 상담의 과정에서 가장 중요한 부분이며 우리는 이것을 흔히 사례개념화로서 설명한다. 홀랜드는 진로변경과 안정성에 관련된 개인 및 환경특성에 대한 설명을 찾는 데 흥미가 있었다. 특히 그는 개인의 성격 유형과 직업 환경 간의 일치에 관심을 기울였는데, 이런 측면에서 홀랜드 이론은 개인-환경 일치 상담에 기초하고 있다고 볼 수 있다. 따라서 홀랜드 이론에 기초한 사례개념화는 개인과 환경 간의 관계를 설명하는 다음과 같은 주요 개념들을 고려하면서 이루어진다.

첫째, 홀랜드 이론을 바탕으로 한 사례개념화에는 내담자의 정체성에 대한 고려를 바탕으로 그의 현재 호소문제를 파악할 필요가 있다. '자신의 자아정체감, 목표, 흥미, 재능 등이 얼마나 명확하고 안정되어 있는가를 나타내 주는 그림'으로 설명되는 정체성은 내담자의 직업적 성격 유형을 명확히 파악하고, 그러한 성격 유형이 어떤 식으로 변화, 발달해 왔는지를 살펴보는 것이다. 내담자의 현재 성격 유형은 어떠하며, 그것이 어린 시절부터 일관되게 유지된 것인지 아니면 계속적으로 다양한 이유에서 변화해 왔는지, 변화했다면 어떠한 이유에서 변화했는지를 파악하는 것이 내담자의 현재 진로고민을 보다 깊이 이해하는 데 단서를 제공할 수 있다.

둘째, 사례개념화를 위해 상담자는 내담자 성격 유형의 일치성을 고려해야 한다. 즉, 개인과 개인 간, 개인과 환경 간, 환경과 환경 간의 일치성을 고려해야 한다. 일치성은 홀랜드 이론에서 매우 중요한 개념인 동시에 내담자 사례를 개념화하는 데에도 핵심 요소가 된다. 진로선택에 관련된 대부분의 어려움은 이러한 일치성의 부족에서 기인하는 경우가 많기 때문이다. 자신의 성격 유형과 유사한 직업 환경에서 생활하는지, 성격 유형에 있어 부모와 같은 유의미 타자와의 일치도는 어떤지,

전공분야와 직업분야가 유사한지 등을 확인하면서 내담자의 진로고민을 설명할 필요가 있다.

셋째, 내담자의 개인 내적인 유형 간 변별성과 일관성을 고려하면서 사례를 개념화해야 한다. 6가지 성격 유형에 대한 개인의 선호도가 분명한지, 즉 개인의 성격 유형에 대한 변별이 분명한지를 확인하고, 분명하다면 혹은 분명하지 않다면 왜 그렇게 되었는지에 대해 내담자의 성장배경이나 흥미의 변천, 관심사 등을 면밀히 분석하여 적절한 가설을 세울 필요가 있다. 동시에 개인 내적인 유형 간의 일관성이 있는지를 살펴보아야 하는데 특히 현실형(R)과 사회형(S) 같이 낮은 일관도를 보이는 두 유형에 대한 선호가 비슷하게 높은 경우, 왜 유사하지 않은 2가지 유형에 대한 선호가 동시에 높게 나타나는지, 이러한 높은 선호가 현재 내담자의 진로 고민에 어떤 영향을 미치는지에 대한 설명을 바탕으로 사례를 개념화할 필요가 있다.

상담 목표

홀랜드의 이론은 개인의 행동이 성격과 환경 간 상호작용의 함수이며, 선택행동은 성격의 한 표출이라는 것을 나타낸다. 그래서 사람들은 자신의 성격 유형을 잘 표현할 수 있는 직업 환경을 선택한다는 것이다. 따라서 홀랜드 이론에 바탕을 둔 상담은 내담자의 성격 유형에 대한 명확한 인식과 수용에서 시작하여 현재 진로고민의 원인을 유형상의 불일치에서 찾아내고, 결과적으로 이러한 개인의 성격 유형과 일치되는 환경 특성을 찾아 나가도록 조력하는 것을 상담 목표로 삼고 있다. 일반적으로 홀랜드 이론에 기초한 상담은 다음과 같은 구체적인 상담 목표를 갖는다(Amundson et al., 2005).

- 내담자의 직업적 성격 유형을 통해 내담자와 일과의 상호작용을 확인한다.
- 변별성, 일관성, 일치성의 개념을 활용하여 의사결정 과정의 어려움을 예측한다.
- 내담자의 유형에 대한 이해를 바탕으로 다양한 진로대안과 개인의 특성을 비교, 검토하면서 적합한 진로대안을 탐색한다.
- 학과 및 직업의 선택 시 '홀랜드 학과/직업 코드표'를 이용하여 내담자의 유형과 일치하거나 유사한 유형의 학과 혹은 직업을 탐색한다.

개입 전략

진로상담을 포함한 모든 상담은 기본적으로 상담자와 내담자의 관계 형성을 기초로 한다. 홀랜드 이론에 기초한 진로상담 역시 개입의 기초는 내담자와의 효과적인 관계형성에서 시작된다. 또한 홀랜드 이론에서는 내담자가 진로를 결정하지 못하는 이유가 정보의 부족이라고 설명한다(김봉환, 정철영, 김병석, 2006). 특히 성격 유형이나 적합한 직업 환경에 대한 정보나 이해의 부족으로 설명하기 때문에 상담은 내담자의 직업적 성격 유형을 명확히 파악하는 것에서부터 개입을 시작한다. 이러한 내담자의 성격 유형을 파악할 수 있는 다양한 방법이 있지만 내담자와 효과적인 상담관계를 수립하면서 동시에 내담자의 직업적 성격 유형을 파악하기 위해 가장 많이 활용되는 것이 바로 내담자의 성격 유형을 평가할 수 있는 객관적인 도구를 사용하는 것이다.

일반적으로 내담자와 환경에 대한 평가의 일환으로 표준화된 직업흥미(선호도) 검사를 실시할 수 있다. 사례개념화 부분에서 기술했던 것과 같이, 이러한 흥미검사를 활용하는 목적은 환경과 개인의 특성 간의 공통점과 차이점을 통해 내담자 자신이 걸어온 경력 과정과 진로고민에 대해 깊이 있는 이해를 가능하게 하는 데 있다. 따라서 검사해석 역시 이러한 목적 하에서 실시해야 하며, 또한 고려하고 있는 진로대안들의 특성을 객관적인 직업정보를 통해 확인해 보고 내담자의 홀랜드 유형과 비교해 보는 개입을 가능하게 하는 토대를 제공할 수 있어야 한다. 검사결과에 대한 해석으로부터 내담자의 진로고민을 이해하고 적합한 대안을 제시하기 위해서는 앞서 살펴본 정체성, 일치성, 변별성, 일관성의 개념을 적극 활용할 필요가 있다. 내담자의 성격적 유형이 발달적으로 어떠한 변화 혹은 안정성을 보이고 있는지, 내담자의 유형과 현재 환경적 유형 간에는 어떤 일치가 있는지 혹은 불일치를 보이는지, 특정한 유형에 대한 좋고 싫음이 변별되는지, 성격 유형 간의 일관성은 있는지 등을 하나하나 해석하는 자체가 내담자에게 중요한 상담적 개입 내용이 될 수 있다. 또한 내담자가 진로선택에 영향을 미치는 자신의 성격 유형을 충분히 이해하고 수용함으로써 이후 고려하고 있는 다양한 진로대안들에 대해 보다 객관적으로 평가할 수 있도록 검사도구를 활용하여 접근할 수 있다. 자신의 성격적 유형과 일치하는 환경 유형에 속하는 진로대안과 그렇지 않은 진로대안들 사이에서 발생할 수 있는 문제와 적응 가능성을 예측하는 것은 내담자의 진로선택에 중요한 정보를 제공해 줄 수 있다.

직업 제목들이 적힌 작은 카드를 내담자에게 주고, 3개의 파일에 분류하게 한다.
① 좋아하는 것, ② 무관심한 것, ③ 싫어하는 것

↓

3개 파일 중 '싫어하는 것'을 선택하여, 공통 주제에 근거하여
더 작은 파일로 나누어 분류해 보고, 그 공통주제가 무엇인지 적는다.

↓

'좋아하는 것'에 분류된 카드들을 모두 앞에 놓고 가장 선호하는
직업 1위부터 10위까지 순위를 매긴다.

↓

1위부터 10위까지 순위를 정한 직업명을
목록에 적고, 그 직업을 선호하는 이유를 직업가치란에 각각 기술한다.

↓

1위부터 10위까지 순위를 정한 직업의 Holland Code를 찾아 적는다.

[그림 3-2] 미주리 직업카드분류법

또한 고려 중인 진로대안의 수가 적어 다양한 진로대안을 탐색해 보고자 할 때, 자신의 성격 유형에 일치하는 환경에 해당되는 직업들을 다양하게 고려해 볼 수 있다는 측면에서도 표준화된 검사도구의 결과는 유용하게 활용될 수 있다. 한편, 이러한 상담목표를 위해 종종 직업카드분류와 같은 질적인 평가도구가 사용되기도 한다. 직업카드분류 활동(career card sorting)은 내담자에게 일련의 직업카드를 분류하게 함으로써 내담자의 적극적인 상담 참여를 유도하고, 진로탐색을 증진시키며,

직업에 대한 자연스러운 호기심을 유발하려는 목적에서 자주 활용되는데, 가장 많이 활용되는 직업카드분류 방법은 '미주리 직업카드분류법(Missouri Occupational Card Sort: MOCS)'이다. 이 방법은 직업을 홀랜드 유형에 기초하여 분류함으로써 내담자가 왜 특정 흥미를 선택하는가에 대해 탐색해 보아야 하는 경우 표준화된 흥미검사에 비해 더 유용하게 사용될 수 있다(김봉환, 정철영, 김병석, 2006).

사람이나 환경을 하나의 홀랜드 유형만으로 설명한다는 것은 불가능한 일이다. 일반적으로 사람들은 학교생활, 취미생활, 가정생활을 통해 특정 유형의 환경에 익숙해지게 되는 수많은 상황을 접하게 된다. 가정에서 어린 아이들을 돌보면서 사회적 환경(S)을 접하거나, 직장에서 부하 직원을 조직하여 팀을 이끌면서 진취적 환경(E)을 접하게 되는 것이 그 예다. 사람들은 이런 활동을 접하면서 특정 환경에 더 많은 흥미를 갖게 되고 특수한 많은 능력을 개발하게 된다. 그런 까닭에 홀랜드 유형론에 기초한 대부분의 검사는 2개 혹은 3개의 유형을 결합시켜 코드를 작성하도록 되어 있다. 진로와 관련된 내담자의 인생사를 들을 때, 그것을 개인과 환경에 대한 홀랜드의 6가지 유형의 견지에서 생각해 보면 도움이 된다. 내담자가 자신의 특별한 경험을 이야기할 때, 성격 유형과 흥미, 경험 간의 적합성이 명확해지게 된다. 내담자가 다른 주제로 넘어가면 또 다른 유형이 나타날 수 있다. 이러한 방식으로 상담자는 내담자의 주된 성격 유형을 대략적으로 평가하거나 확인할 수 있다. 예를 들어, 내담자가 군사 활동과 낙하산에 대해 관심을 보이면 상담자는 현실적 유형(R)의 관점에서 이런 활동들을 개념화한다. 내담자가 고등학교 때 생물수업에 흥미가 있었다고 하면서 대학에서 생물학을 전공하고 싶다고 이야기한다면 탐구적 활동(I)에 대한 흥미와 능력이 나타난다. 상담자가 홀랜드 이론에 친숙해짐에 따라 활동에 대한 설명들이 '떠오르게' 되고, 그 순간에 내담자에게 적절한 유형을 찾아낼 수 있게 된다. 특히 초보상담자는 홀랜드 유형을 의식적으로 기억하여 유형들을 내담자가 이야기한 활동들과 비교할 수 있도록 떠올려 보는 것이 필요하다(Sharf, 2006).

때로는 내담자에게 홀랜드 이론을 설명해 주는 것이 유용할 수 있는데, 이는 내담자들에게 그들 자신과 직업 세계에 대한 그들 자신의 생각을 체계화하는 기회를 제공한다. 그러나 이러한 홀랜드 이론에 기초한 개입에는 유의해야 할 부분이 있다. 즉, 사람들은 현실적으로 홀랜드 유형에 꼭 맞는 직업만을 선택할 수는 없으며, 내담자 성격 유형에 꼭 맞는 직업을 구하지 못한다고 해서 반드시 성공하지 못하는 것은 아니라는 점이다. 또한, 내담자가 자신의 홀랜드 유형에 대해 충분히 이해한 뒤 일치성이 낮은 환경에서 작업할 경우가 자신의 유형에 대해 모르고 일치성이 낮은 직업에서 일할 때보다는 더 성공적으로 직업에 적응할 가능성이 높다. 또한 홀랜드 진로이론을 성공적으로 적용하기 위해서는 성격 유형 이외의 진로에 영향을 미치는 다양한 변인들, 특히 연령, 성, 종교, 지역, 능력, 신체적 조건과 같은 변인들을 충분히 고려해야 한다. 사실상 이러한 변인들이 진로선택에 미치는 영향력은 생각보다 훨씬 더 광범위하다(Holland, 1997).

홀랜드 이론을 정지혜 씨 사례에 적용하기

홀랜드 이론은 개인과 환경 간의 일치를 진로선택의 중심 주제로 본다. 여기에서는 먼저 홀랜드의 주요 개념을 중심으로 정지혜 씨의 사례를 개념화하고, 이후 그러한 사례개념화에 기초하여 상담목표와 가능한 상담적 개입에 대해 살펴보고자 한다.

사례개념화

앞에서 살펴보았듯이 홀랜드 이론에 기초한 사례개념화는 개인과 환경 간의 관계를 설명하는 3가지 주요 개념들을 중심으로 이루어진다. 이러한 3가지 전제를 기초로 정지혜 씨의 사례를 다음과 같이 개념화해 볼 수 있다.

첫째, 내담자의 정체성을 고려하면서 내담자의 현재 호소문제를 파악하는 것으로 사례개념화를 시작할 수 있다. 우선 정지혜 씨의 경력발달과정을 살펴보았을 때, 정지혜 씨는 예술형(A)과 진취형(E)의 성격을 변함없이 계속 유지해 오고 있다. 어린 시절부터 노래하고 춤추기, 그림 그리기를 좋아했던 정지혜 씨가 디자이너의 꿈을 꾸면서 미술을 공부하고, 결국 미대를 졸업하여 현재 액세서리와 소품 공예에 관심과 능력을 보이고 있는 것은 정지혜 씨의 예술적 재능과 관심이 지속적으로 표현되는 것이라 볼 수 있다. 또한 정지혜 씨의 확고한 자기주장과 독립적인 성격 역시 예술형의 특성이라고 볼 수 있을 것이며, 이는 부모로부터 독립적으로 자신의 꿈과 관심을 성취하는데 영향을 끼쳤을 것이다. 또한 정지혜 씨는 예술형적인 특성뿐만 아니라 진취형으로서의 특성도 높은 편인데, 이 역시 정지혜 씨가 초등학교 시절 반장을 하고, 현재 교회에서 중등부 교사로서 청소년을 지도하며, 비록 짧은 경험이지만 부모님의 가게에서 의류판매를 해 온 경력에서 확인해 볼 수 있다. 정지혜 씨가 이러한 경험들에 흥미를 갖고 열성적으로 임하는 동시에, 어린 시절 부모님의 맞벌이를 계기로 시작된 다양한 취미활동(미술, 피아노, 태권도, 웹디자인 등)을 특별한 거부감 없이 해낼 수 있었던 것은 '열성적이고, 적극적이며, 모험을 좋아하는' 진취형으로서의 정지혜 씨 성격이 드러나는 것이라 볼 수 있다.

그러나 현재 정지혜 씨는 대학 졸업 후 자신의 전공을 기초로 한 적절한 직장을 구하지 못한 상태로서 전공을 살리지 않고 계속해서 직장을 구하는 것과 새로운 관심 분야를 개척하기 위해 다시 대학에 진학하는 것 사이에서 고민하고 있는 중이다. 즉, 정지혜 씨의 진로고민은 경영학 전공, 취업을 위해 사촌언니가 추천한 유치원 교사, 일반사무직, 비서직과 같이 자신의 예술적 유형과는 일치도가 낮은 직종을 꿈꾸면서 진로정체감에 혼란이 생기고 자신감이 떨어져 있는 것과 관련이 있다. 결과적으로 정지혜 씨의 호소문제는 정지혜 씨의 빈약한 진로정체성에서 비롯된 것으로 보인다. 즉, 자신의 자아정체감, 목표, 흥미, 재능 등에 대해 충분히 명확하고 안정된 이미지를 갖고 있지 못하여 진로선택에 있어 현재의 어려움을 호소하고 있는 것으로 평가할 수 있다. 어린 시절부터 의상디자인(예술형)에 대한 흥미가 있었으나 대학의 선택에 있어서는 금속공예를 선택하여 금속공예(예술형)에 대한 적성을 키웠고, 막상 졸업 후에는 현재 금속공예 전공을 살린 취업은 원하지 않고 일반사무직 혹은 비서직(관습형 혹은 사회형)과 같은 직종에 관심을 보이고 있다. 또한 교회에서의 활동을 통해 교육활동(사회형)이나 총무업무(관습형)에 대한 적성을 개발한 경험이 있다. 그러나 이러한 다양한 흥미와 경험들이 정지혜 씨의 진로정체감에 통합적으로 조화를 이루고 있지 못하고 여전히 의상디자인(예술형)에 대한 미련이나 경영학과(진취형)나 유아교육(사회형)으로의 편입과 같은 다양한 고민으로 확장되고 있다. 다만, 정지혜 씨가 새로이 관심을 갖고 있는 직종이 정지혜 씨가 싫어하는 현실형과 탐구형의 영역이 아니라 진취형이나 사회형, 관습형의 직종으로, 자신의 예술형적 특성과는 일치도가 다소 낮지만 어느 정도 자신의 흥미 및 경험을 반영하고 있다고 볼 수 있기 때문에 진로정체성이 아주 낮다고 평가하기는 어렵다. 따라서 정지혜 씨의 상담은 이러한 자신의 진로 고민의 원인에 대한 이해와 수용을 기초로 추후 진로계획을 평가해 볼 수 있는 방향으로 진행될 필요가 있을 것이다.

둘째, 사례개념화를 위해 정지혜 씨의 유형 간 일치성을 고려해 볼 필요가 있다. 정지혜 씨의 경우 일치도의 관점에서 살펴보면, 성장과정에서 살펴볼 수 있었듯이 어린 시절부터 미술과 만들기를 잘하면서 예술형에 대한 특성과 흥미가 나타났고 이를 토대로 대학에서 금속공예를 전공하였으며, 여전히 의상디자인에 대한 관심이 높다는 측면에서 어느 정도 일치도는 높다고 볼 수 있다.

한편, 정지혜 씨는 초등학교 때 반장을 하기도 하고 부모님 옷가게에서 판매 경험도 하면서 진취형에 대한 흥미와 관심 역시 높아졌다고 볼 수 있다. 특히 이러한 진취형에 대한 정지혜 씨 본인의 흥미와 관심, 진취형의 특성이 강화될 만한 가족 분위기, 졸업 후 취업이 어려운 사회적 분위기 속에서 예술형으로서의 자신에 대한 혼란과 진로에 대한 고민이 극대화된 것으로 보인다. 홀랜드(1997)는 '어느 정도는 유형이 유형을 재생산한다.'(p. 17)고 제안하는데, 부모들이 자신의 유형과 일치하는 영역에서 활동하게 되면 자녀도 그러한 부모의 유형과 어느 정도 일치하는 영역에서 주로 흥미가 개발되기 때문이라고 설명하였다. 정지혜 씨의 경우에도 부모님이 의류 판매업에 종사하시는데, 특히 성실하고 소신 있는 경영을 하고 있는 아버지(관습형, 진취형)와 사업적 수완이 좋은 어머니의 성격(진취형, 관습형)은 정지혜 씨의 진취적 특성을 보다 강화시켰을 수 있으며, 오히려 예술형적인 특성에 대해서는 지지받지 못하고 스스로에 대해 혼란스러워하며 성장했을 수도 있었을 것이다. 이러한 정지혜 씨의 갈등은 자신의 소질과 흥미를 살려 진학한 미대에 대해 확신을 갖고 적응하는 데 부정적인 영향을 끼쳐 결국 졸업 후 전공을 살리지 않는 방향으로 진로선택을 하도록 영향을 주었을 가능성이 있다. 따라서 예술형의 전공을 살리기보다는 경영학(진취형), 일반사무직이나 비서직(관습형, 사회형)과 같은 직무를 꿈꾸게 된 것으로 볼 수 있다.

마지막으로, 정지혜 씨의 개인 내적인 유형 간 변별성과 일관성을 고려하면서 사례를 개념화해 볼 수 있다. 정지혜 씨의 예술형-진취형(AE)이라는 성격특성을 홀랜드 이론의 개념들로 분석해 보면, 우선 정지혜 씨의 흥미검사 결과 프로파일은 예술형이 최고치를 보이고 현실형이 분명하게 낮은 점수를 보이는 잘 분화된 프로파일이다. 그러나 2번째로 높은 진취형과의 점수가 1점 차이로 서로 비슷해서 잘 분화되어 있지는 않아 보인다. 즉, 전체적으로는 잘 분화된 프로파일이지만 상위 2개 코드(AE)와 하위 2개 코드(RI) 간의 분화도는 떨어진다.

한편, 일관성의 측면에서 정지혜 씨의 이러한 상위 코드 간의 관계를 살펴보면, 예술형과 진취형은 홀랜드 육각형에서 봤을 때 높지도 낮지도 않은, '중간' 정도의 일관성을 보인다고 할 수 있다. 중간 정도의 일관성이라는 것은 두 유형 간에 '독립적으로 과업을 수행하고 자기표현을 잘하는' 등의 공통점이 있는 동시에 '관계 지향적으로 타인을 이끌고 설득하려는' 진취형의 특성과 '독창적인 방식으로 자유롭게 활동하길 바라는' 예술형의 특성이 함께 나타날 수 있다는 것을 의미한다. 따라서 현재 정지혜 씨는 교회에서 교사와 총무직을 통해 관계 지향적으로 타인을 이끌고 설득하는 작업을 진행하기도 하고 경영학을 전공하고 싶다는 마음이 들기도 하지만 여전히 의상디자인을 전공하여 자신의 흥미를 살리고 싶은 욕구가 공존하고 있는 상태가 유지되는 것으로 평가된다.

한편, 직업선호도검사 결과에서 높은 점수만큼이나 낮은 점수에 대한 해석이 중요할 경우가 있다. 보통 낮은 점수의 이유는 그 영역들을 싫어해서일 수도 있고 또는 그 영역에 대한 흥미를 개발할 기회가 없었기 때문일 수도 있다. 정지혜 씨의 경우 현실형과 탐구형의 특성이 낮은 편으로 나타났는데 이는 정지혜 씨가 과묵하고 내향적이거나, 분석적이고 탐구심이 많은 성격이 아닌데다가 기계를 다루고 과제중심으로 문제를 해결하고자 하는 성격특성을 보이지 않기 때문이라고 볼 수 있다. 즉, 정지혜 씨는 현실형과 탐구형의 영역을 싫어하는 것으로 보인다. 예컨대, 정지혜 씨는 공부를 계속한다는 것에 대한 부담을 직접 표현하기도 하고 심지어 소품공예를 하는 이유가 그 자체의 즐거움이라기보다는 다른 사람들에게 선물하려는 목적에서라고 이야기할 정도로 과업보다는 관계 중심적이다. 이러한 정지혜 씨의 낮은 현실형과 탐구형에 대한 관심이 진학보다는 취업을 향하도록 하고 있으며, 취업을 하더라도 일반 사무직이나 비서직과 같이 현실형이나 탐구형과는 무관한 진로를 선택하도록 영향을 미치고 있다.

상담 목표

홀랜드 이론의 관점에서는, 내담자와 일의 상호작용을 확인하는 데 유형론을 사용하고, 변별성, 일관성, 일치성의 개념을 활용하여 의사결정 과정의 어려움을 예측한다. 유형론은 내담자로 하여금 자신의 직업적 특성을 개념화할 수 있게 해 주고, 이것이 일의 세계와 얼마나 일치할 수 있는지 알려 준다. 상담은 '자기 이해를 도와서 보다 건설적인 진로계획을 세울 수 있도록' 돕는 과정이다(Holland, 1997, p. 199). 홀랜드는 개인–환경 일치이론이 지속적으로 인정받고 있는 이유를 사람들이 "어떤 일을 하면 행복할까?"와 "내가 일을 잘해낼 수 있을까?"라는 질문을 계속 던지기 때문이라고 보고 있다. 홀랜드 이론에서는 이러한 질문에 대한 답으로 '일치성'을 매우 중요하게 생각하기 때문에 홀랜드 이론에 기초한 진로상담에서도 '일치성'은 중요한 상담목표가 된다. 진로선택을 원하는 내담자는 자신의 성격에 일치하는 환경을 찾고자 할 것이다. 내담자의 성격을 평가하고 홀랜드 유형에 따라 내담자에게 적합한 환경을 찾도록 도와주는 것이 상담자의 역할이다. 진로상담의 주요 목표는 일치하는 직업을 찾기 위해 작업하는 것이다. 정지혜 씨와의 상담에서는 다음과 같은 구체적인 목표가 설정될 수 있다.

- 정지혜 씨가 현재 자신의 상황을 어떻게 보고 있는지, 왜 상담에 오게 되었는지, 정지혜 씨가 고려하고 있는 다양한 진로대안(취업, 4년제 대학으로의 편입 등)에 대해 확인한다.
- 진로미결정 상태로 인한 정지혜 씨의 복잡한 정서 상태

를 공감해 주고 정지혜 씨의 불안을 안정시킨다.

- 다양한 검사 및 면담을 토대로 정지혜 씨의 직업적 성격 유형과 변별도, 일관성, 일치도 등을 확인한 후, 정지혜 씨가 자신의 진로정체성에 대해 충분히 이해할 수 있도록 한다.
- 정지혜 씨의 유형에 대한 이해를 바탕으로 다양한 진로 대안과 개인의 특성을 비교, 검토하면서 적합한 진로대안을 탐색한다. 즉, 홀랜드 직업코드표를 이용하여 정지혜 씨의 다양한 진로대안의 일치성을 확인한다.

상담 개입

내담자의 홀랜드 유형을 이해함으로써, 상담자는 내담자와 상담자 간의 상호작용 정도나 내담자의 상담에 대한 태도와 같은, 상담이 진행되는 방식을 예언할 수 있다. 정지혜 씨의 예술형 및 진취형의 성격 특성은 상담 과정에서도 표현될 수 있는데, 예컨대 정지혜 씨의 첫인상에서도 느낄 수 있다시피 다소 도도한 인상, 세련된 옷차림, 어린 시절부터 독립적이고 간섭받기 싫어했던 모습들은 상담 과정에서 정지혜 씨와 의사소통하는 데 중요한 단서를 제공해 줄 수 있다. 즉, 상담자가 정지혜 씨에게 구조화된 상담방향을 직접적으로 전달하거나 지시적으로 대하기보다는 정지혜 씨의 적극성과 진취성을 격려하며 스스로 탐색하고 결정하는 것을 조력하는 방식으로 의사소통하는 것이 정지혜 씨에게는 더욱 효과적일 수 있을 것이다. 또한 진취형과 더불어 사회형에 대한 선호가 높은 것을 감안해 볼 때, 정지혜 씨에게는 직업정보를 수집하는 데 있어서 다양한 인적 네트워크를 통한 방식이 효과적일 수 있을 것이다. 인쇄자료나 컴퓨터를 이용하는 방법이 효율적일 수도 있으나 진취형이나 사회형의 사람들에게는 타인과의 관계 속에서 얻은 정보가 더 유의미하게 느껴질 수 있기 때문이다.

홀랜드 이론에서는 전형적으로 내담자와 내담자의 환경에 대한 평가로 첫 번째 상담개입을 시작한다. 홀랜드 이론을 따르는 상담자는 우선 직업선호도검사와 같이 정지혜 씨의 유형을 평가할 수 있는 객관적인 도구를 사용하는 것으로부터 개입을 시작할 것이다. 개념화 부분에서 기술했던 것과 같이, 환경과 개인의 특성 간의 공통점과 차이점을 통해 자신이 걸어 온 경력 과정과 진로고민에 대해 깊이 있는 이해를 할 수 있도록 검사해석을 함께 하며, 동시에 이후 고려하고 있는 진로대안들의 특성을 객관적인 직업정보를 통해 확인해 보고 정지혜 씨의 홀랜드 유형과 비교해 보는 개입이 이어질 것이다.

홀랜드 이론을 활용하여 정지혜 씨와 상담을 하는 데 있어 상담자가 주목해야 할 부분은 정지혜 씨가 보이는 예술적 유형의 특성과 지난 경력들, 그리고 이제는 그러한 경력을 벗어나고자 하는 정지혜 씨의 마음을 보다 구체적으로 탐색해 보아야 한다는 점이다. 즉, 몇 년 동안 미술에 대해 애쓰면서 공부해 왔던 모습, 아직도 미련이 남는 의상디자인 공부, 소품을 만들면서 느끼는 기쁨과 같은 정지혜 씨의 예술형적 특성과 이제는 그러한 미술로부터 도망치고 전혀 다른 세상(일반사무직, 비서직 취업)을 경험하고 싶은 모습이 취업이 어려운 현실을 감안하여 합리적인 타협의 과정을 거친 것인지, 아니면 자신감 상실로 인한 충동적인 도피 행동인지를 상담자와 함께 이야기해 볼 필요가 있다. 이러한 부분에 대해 보다 효과적으로 살펴볼 수 있는 방법 중 하나가 앞서 살펴본 직업카드분류다. 새로운 전공을 탐색하거나 전공과 무관한 분야에 진출하고자 할 때 직업카드분류 활동을 통해, 특히 각 직업분야의 홀랜드 코드와 정지혜 씨의 예술형-진취형 코드 간의 적합성에 기초한 분류활동을 통해 자신의 유형과 직업 세계의 상호작용에 대한 깊이 있는 탐색이 가능하도록 조력할 수 있다. 더불어 직업카드에서 제공하는 다양한 카드목록을 통해 현재 자신이 고려하고 있는 분야에 대한 보다 구체적인 탐색이 가능할 수 있다.

현실적으로 자신의 홀랜드 유형에 꼭 맞는 직업만을 선택할 수는 없으며 또한 자신의 홀랜드 유형에 꼭 맞는 직업을 구하지 못한다고 해서 반드시 성공하지 못하는 것은 아니다. 하지만 자신의 홀랜드 유형에 대해 충분히 이해한 뒤 일치도가 낮은 환경에서 작업하는 사람이, 자신의 유형에 대해 모르고 일치도가 낮은 환경에서 작업하는 사람보다는 그러한 직업 환경에 보다 수월하게 적응할 수 있다는 것을 상담자는 기억하고 정지혜 씨의 상담 과정을 함께할 필요가 있다.

참고문헌

김봉환, 정철영, 김병석(2006). 학교진로상담. 서울: 학지사.

Amundson, N. E., Harris-Bowlsbey, J., & Niles, S. G. (2005). *Essential elements of career counseling: Process and techniques*. London, UK: Pearson.

Chartrand, J. M. (1991). The evolution of trait-and-factor career counseling: A person X environment fit approach. *Journal of Counseling and Development, 69*, 518-524.

Holland, J. L. (1997). *Making vocational choices: A theory of vocational personalities and work environments* (3rd ed.). Odessa, FL: Psychological Assessment Resources.

Rounds, J. B., & Tracey, T. J. (1990). From trait-and factor to person-environment fit counseling: Theory and process. In W. B. Walsh, & S. H. Osipow (Eds.), *Career counseling: Contemporary topics in vocational psychology* (pp. 1-44). Hillsdale, NJ: Lawrence Erlbaum.

Sharf, R. S. (2006). *Applying career development theory to counseling*. Belmont, CA: Brooks/Cole

Spokane, A. R. (1996). Holland's theory. In D. Brown, L. Brooks, & Associates (Eds.), *Career choice and development* (3rd ed., pp. 33-74). San Francisco, CA: Jossey-Bass.

Swanson, J. L., & Chu, S. P. (2000). Applications of person-environment psychology to the career development and vocational behavior of adolescents and adults. In W. E. Martin, Jr. & J. L. Swartz (Ed.), *Person-environment psychology and mental health: Assessment and intervention*(pp. 143-168). Mahwah, NJ: Lawrence Erlbaum.

Walsh, W. B., Price, R. H., & Craik, K. H. (1992). Person-environment psychology: An introduction. In W. B. Walsh, K. H. Craik, & R. H. Price (Eds.). *Person-environment psychology: Models and perspectives* (pp. vii -xi). Mahwah, NJ: Lawrence Erlbaum.

제4장

직업적응 이론

employment counseling

제 4 장 직업적응 이론[1)]

직업적응 이론 개관

직업적응 이론(Theory of Work Adjustment: TWA)(Dawis & Lofquist, 1984)은 1964년에 처음 소개되었다. 미국의 건강 · 교육 · 복지부의 사회 · 재활국 산하 재활서비스실(Rehabilitation Services Administration, Social and Rehabilitation Service, U.S. Department of Health, Education, and Welfare)의 지원을 받아 실시된 '직업적응 프로젝트(Work Adjustment Project)'를 통해 초기 이론이 확립되었고, 관련 변인에 대한 측정 도구도 그때 개발되었다. 이후 직업적응 이론은 계속 수정 · 보완되고 경험적 연구를 통해 지지받는 과정을 거쳐 1984년에 이론과 적용 영역을 포괄하는 단행본인 『직업적응에 관한 심리학적 이론(*A Psychological Theory of Work Adjustment*)』(1984)으로 출간되었다.

직업적응 이론은 홀랜드 이론처럼 '개인-환경 일치이론'에 속하며, 개인-환경 일치이론으로 명명(Lofquist & Dawis, 1991)하기도 한다. 두

1) 이 장의 일부 내용은 한국진로교육학회의 『진로교육연구』 제24권 제3호에 '직업적응 이론의 한국 구직자에 대한 적용가능성 탐색'으로 게재된 것임.

이론은 유사한 면이 많지만, 홀랜드 이론이 직업선택을 조금 더 강조하는 반면, 직업적응 이론은 직업적응을 더 강조한다는 면에서 차이가 있다(Dawis, 1994). 따라서 두 이론은 경쟁하는 이론이라기보다는 보완적인 견해를 제공한다고 볼 수 있다.

직업적응 이론에서는 '직업에서 요구하는 능력과 그와 관련된 개인의 능력' 그리고 '개인의 욕구 및 일이 제공하는 보상과 관련된 직업가치'라는 2가지 차원에서 개인과 환경의 일치를 설명한다(Dawis & Lofquist, 1984). 개인과 환경은 서로 보완적으로 상호작용하는데, 환경은 개인에 대해 '그 일을 할 수 있는 개인의 능력'이라는 필요조건을 요구하고, 개인은 환경에 대해 '개인의 욕구를 충족해 줄 수 있는 환경'이라는 필요조건을 요구한다. 예를 들어, 트럭 운전사의 직업 환경이 트럭 운전사 개인에게 요구하는 필요조건은 트럭을 운전할 수 있고, 트럭에 짐을 실을 수 있으며, 일정을 지킬 수 있는 사람이어야 한다는 것이 될 수 있다. 동시에 트럭 운전사가 고용주에게 요구하는 필요조건 중에는 안정된 고용, 자율성, 높은 임금 등이 있을 수 있다.

직업적응 모형

직업적응 이론은 개인이 자신의 직업 환경에 얼마나 만족하는가를 나타내는 '개인의 만족도(satisfaction)'와 직업 환경이 개인에게 얼마나 만족하는가를 나타내는 '조직의 만족도(satisfactoriness)'를 모두 강조한다. 다시 말해 '개인의 만족도'란 개인의 욕구가 그 업무를 통해 얼마나 충족되는지를 의미한다. 예를 들어, 높은 안정성, 자율성, 높은 임금에 대한 욕구가 있는 사람이라면 트럭 운전이라는 일에 만족할 것이라고 예상할 수 있다. 한편, 개인에 대한 '조직의 만족도'란 개인의 능력과 기술이 얼마나 그 업무에 부합하는지, 조직이 그 사람을 필요로 하는지, 즉 개인을 그 일에 고용한 것에 대해 고용주가 얼마나 만족하는지를 의미한다. 이는 앞서의 예에서 한 개인이 트럭 운전사로 얼마나 업무를 잘 수행하는가를 조직의 만족으로 나타내는 것과 같다. 이때 조직의 만족과 개인의 만족은 [그림 4-1]로 설명할 수 있다.

[그림 4-1]에서 보면 조직은 일에 필요한 능력과 자격 요건을 갖춘 사람에 대해 만족하게 된다. 그러한 조직의 만족도에 기초해서 개인은 승진하거나, 전근되거나, 해고되거나, 새로운 직업으로 이동할 수 있다. [그림 4-1]의 아래쪽은 개인의 만족을 표현하고 있다. 개인은 가치와 욕구를 가지고 있고 직업은 강화 또는 보상 체제를 가지고 있어서, 환경과 개인이 일치를 이룬다면 개인은 만족한다. 이처럼 스스로 만족하면

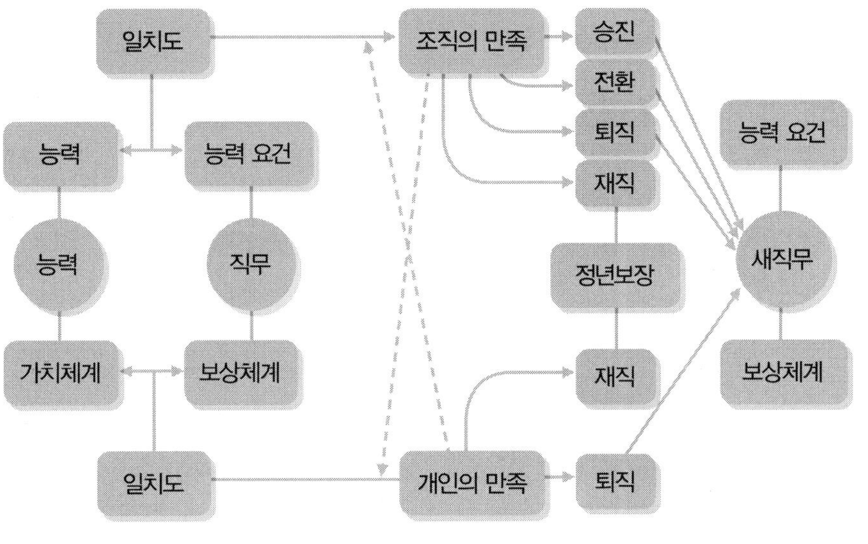

[그림 4-1] **직업적응의 예언**(Dawis & Lofquist, 1984)

서 회사도 만족시키는 개인은 그 직업을 계속 유지하게 된다. 만약 개인이 만족하지 않는다면 일을 그만둘 것이고, 새로운 일을 찾으려고 할 것이다. 더 나아가, 개인의 만족과 조직의 만족은 서로를 예언하는 데 영향을 준다. 또한, 개인이 일에 만족하는 것은 역으로 그 일을 할 수 있는가를 예언하는 데 도움을 준다. 따라서 직업적응 이론의 중요한 특성인 조직의 만족과 개인의 만족이라는 두 개념은 직무만족의 예언에 있어 똑같이 중요한 개념인 것이다. '각 부분이 서로의 필요조건을 충족할 때, 즉 일치를 이룰 때 조직의 만족과 개인의 만족을 조직과 개인이 함께 가질 수 있다.'(Dawis, 1996, p. 81)

개인과 환경 모두에 중점을 두면서도, 직업적응 이론은 개인이 자신의 일로 만족하는 경우뿐만 아니라 자신이 업무 환경을 만족시킬 때에도 만족을 경험하며 만족이라는 단어를 사용하게 된다고 분명하게 강조한다. 따라서 정년 보장은 개인의 만족과 더불어 개인이 그 업무를 할 수 있는 능력이 있을 때 고려된다(Dawis, 1996). 즉, 그 직업에 얼마나 머물 것이냐는 개인의 만족과 그 일을 할 수 있는 능력에 따른다고 할 수 있다.

직업선택 모형

개인의 가치와 환경이 줄 수 있는 보상 간의 일치 정도에 따라 그 개인의 현재 직업적응 상태만이 아니라 미래의 만족을 예언할 수 있고, 그러한 개인의 만족은 직업을 그만둘 가능성과 부적 상관이 있다(Dawis & Lofquist, 1984). 또한 직무를 수행하는 데 필요한 개인의 능력은 그 개인이 가지고 있는 능력과 환경이 요구하는 능력 간의 일치로 예언할 수

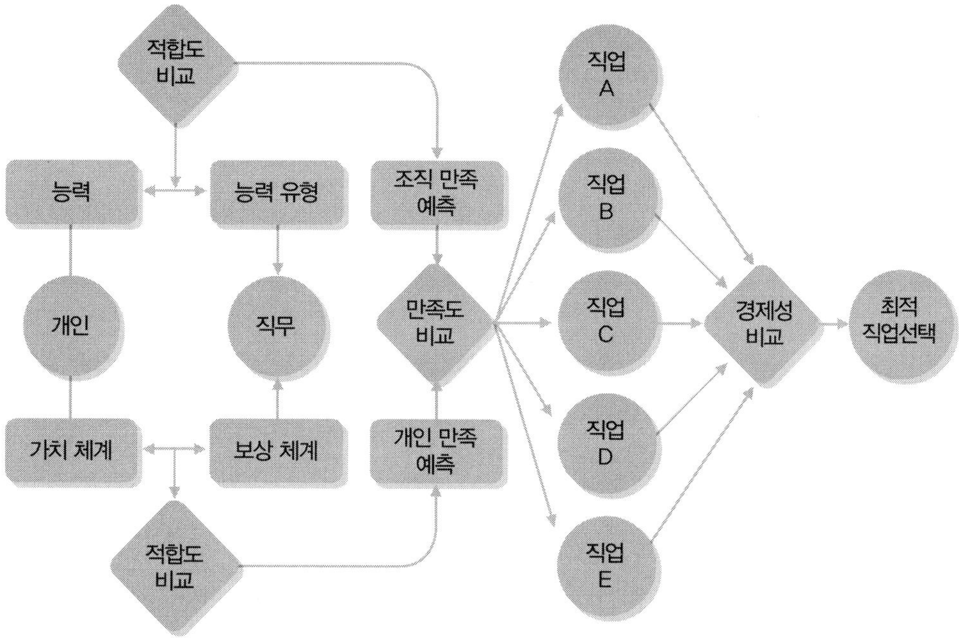

[그림 4-2] **직업적응 이론을 활용한 직업선택 과정**(Dawis, 1996)

있으며, 그것은 개인이 해고될 가능성과 부적으로 상관이 있다. 즉, 사람들은 자신의 일을 성공적으로 할 수 있다면 거의 그 일을 그만두지 않는다. 따라서 일에 적응하고 일정 기간 지속하는 것은 개인의 만족 수준과 특정 기간에 그 일을 할 수 있는 능력이 모두 있기 때문이다. [그림 4-2]는 앞으로 직업을 선택할 경우 어떤 만족을 예언해 줄 것인가를 근거로 진로를 선택하는 과정을 나타내고 있다.

직업적응 이론은 개인이 능력과 환경에 얼마나 잘 맞는지를 알기 위해 개인의 업무 수행 능력과 직업가치에 대해 객관적으로 측정할 것을 강조한다. 여기서 능력은 '직업기술의 집합체'(Dawis & Lofquist,

1984, p. 233)라고 본다. 다시 말해, 능력은 습득한 기술의 집합체다. 이와 마찬가지로, 가치는 필요의 집합체다. 다위스와 로프퀴스트(Dawis & Lofquist, 1984)는 6가지 중요한 가치를 정의하는데, 성취(achievement), 보상(comfort), 지위(status), 이타심(altruism), 안전감(security), 자율성(autonomy) 등이 그것이다. 이처럼 직업적응 이론에서 개인의 능력과 가치의 객관적 측정을 중요시하는 만큼, 미국에서는 다양한 직업의 직업적 능력 유형과 보상 유형을 구별하는 노력을 꾸준히 해 오고 있다. 따라서 이 이론은 직업이 개인에게 필요로 하는 능력은 무엇이며, 개인이 직업을 통해 충족할 수 있는 필요와 가치는 무엇인가를 정의하고 있는데, 직업적성검사(GATB)와 미네소타직업가치검사(MIQ)가 개인이 가진 능력과 추구하는 가치가 무엇인가에 대한 정보와 함께 각 직업이 어떤 능력을 요구하고 있고 어떤 보상을 제공해 주는지에 대한 정보도 제공한다. 우리나라에서도 고용노동부에서 개발한 성인용 직업적성검사(김명소, 김아영, 2004)와 직업가치관검사(한태영, 이병관, 이상희, 2006)를 활용하여 개인의 능력 및 가치를 측정할 수 있으며, 그 결과를 토대로 현재 종사하고 있거나 앞으로 선택할 직업이 요구하는 능력 및 제공하는 보상체계와 비교할 수 있다.

직업적응 유형

개인과 환경은 일을 시작하자마자 만족감을 평가하지도 않고, 불만족스러운 상황이 되자마자 해고 또는 퇴사를 결정하지도 않는다. 그렇다면 개인과 환경은 각각 어떻게 만족감을 확인하고 그에 따라 의사결정을 하게 되는가? 개인과 환경은 서로 그 특성에 따라 만족감을 확인하고 그것을 높이기 위해 노력하는데, 직업적응 이론은 그러한 상호작용 특성을 신속성, 속도, 지속성, 규칙성 등 4가지로 제안하고 있다. 우선, **신속성**(celerity)은 개인이 자신의 욕구를 만족시키기 위해 얼마나 빨리 일에 뛰어드는가와 관련이 있다. 성공적인 근로자는 일을 그만두기 이전에 자신의 욕구를 충족하기 위해 보다 신속하고 치열하게 노력한다고 한다. 직업 환경 역시 근로자가 만족감을 보이지 않을 때 거기에 얼마나 신속하게 대처하는가에 있어 서로 차이가 나타난다. **속도**(pace)는 개인과 직업 환경이 각각 만족감을 높이기 위해 노력하는 활동 수준 또는 강도를 나타내며 **지속성**(endurance)은 개인과 환경이 불만족스러운 직업 또는 그러한 직업 환경을 얼마나 견디면서 오랫동안 유지하는지를 나타낸다. 마지막으로 **규칙성**(rhythm)이란 개인과 환경이 각각 욕구를 충족하기 위해 노력하는 과정의 어떤 패턴을 의미하는 것으로 '얼마나 꾸준하고 주기적으로 나타나는가 또는 불규칙하게 나타나는가'와 관련된다. 이 요소들은 비슷한 능력과 가치를 가진 개인이 주어진 업무 환경에서 왜 서로 다른 방식으로 행동하는지 그리고 고용주 역시 왜 서로 다른 행동을 보이는지에 대해 설명하는 데 도움을 준다. 즉, 직업적응 과정에서의 신속성, 속도, 규칙성, 지속성의 수준은 각 개인마다 다르고 환경에 따라서도 다르다.

이러한 4가지 특성과 더불어 직업적응 이론에서 개인의 적응 과정을 이해하기 위해 중요하게 다루는 요인 가운데 하나는 개인이 불만족 상태에 대처하는 적극성이다. 직업적응 이론에서 불만족이라는 용어는 동기적 역할의 핵심이기도 하다. 개인 또는 환경에 대한 불만족은 시스템 내에서의 불균형을 의미하고, 그것은 균형을 회복하기 위한 적응의 추진력으로 작용한다. '만족은 유지행동을 동기화시키고, 불만족은 적응

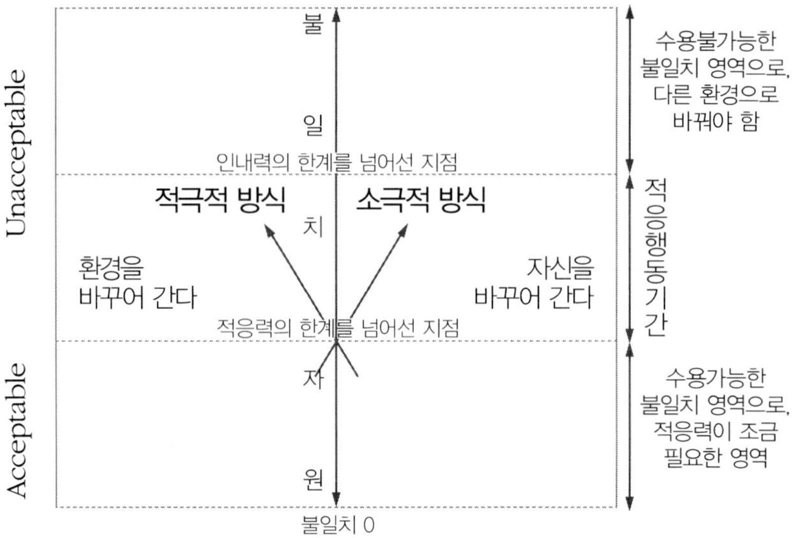

[그림 4-3] 적응유형의 관계(Dawis & Lofquist, 1984)

행동을 동기화시킨다.'(Davis, 1996, p. 87) [그림 4-3]은 개인의 욕구 및 가치와 일이 주는 보상 사이의 불일치에서 나타나는 적응의 과정을 표현한 것이다.

직업적응 이론에서는 **적응력**(flexibility)과 **인내력**(perseverance)의 적응유형 변인이 개인의 만족, 조직의 만족, 적응을 매개한다고 가정한다. 우선, 적응력은 개인의 욕구와 조직의 보상 사이의 불일치에 대해 어떤 조치를 취하기 이전에 그 상태에 적응하기 위하여 견디는 능력이다. 그러나 개인의 욕구와 조직의 보상 간 불일치 정도가 어느 선을 넘어설 경우 적응 단계로 넘어가게 되는데 [그림 4-3]의 밑에서 두 번째 가로줄이 그 지점이다. 이때 개인은 자신의 욕구 수준을 낮추어 조직에 적응하거나, 보상을 올려 조직을 자신에게 맞추려고 노력할 것이다. 그것을

[그림 4-3]에서 벡터로 표현했는데, 적극성(activeness)은 조직에 대해 행동하는 것을 의미하고, 소극성(reactiveness)은 자신을 변화시키는 것을 의미한다. 또한 인내력은 불일치가 확인되었지만 적응하기 위해 계속 일을 하면서 조직에 머무는 상태로, [그림 4-3]의 밑에서 세 번째 가로줄이다. 예를 들면, 자율성에 대한 욕구가 높은 개인이 어느 정도까지는 감독을 받더라도 견딜 수 있다면 적응력을 보여 주는 것이 된다. 그러나 자율성에 대한 욕구와 감독 사이의 불일치가 너무 커서 더 이상 참아낼 수 없다면 불일치를 감소시킬 수 있는 방향으로 적응하기 위해 적응 단계에 머물면서 조직에 남아 인내력을 발휘하게 된다. 물론 어느 시점에서 개인이 불일치에 대한 적응에 실패하면 조직을 떠나게 될 것이다. 이와 같은 적응력과 인내력은 변화가 가능한 구인으로 개념화된다. 즉, 개인은 어느 날은 적응력을 발휘하여 불일치를 견디다가도 다음날은 그럴 수 없어 그 시점에서 적응 단계로 넘어갈 수 있다.

앞서 언급하였듯이 적응은 2가지 형태로 나타난다. 적극적 방식(active mode)에서 개인은 조직의 요구 수준이나 조직이 제공할 수 있는 보상을 바꾸는 작업 환경의 변화를 통해 불일치를 경감시키려고 한다. 예를 들면, 업무량이 과다하다고 느낄 경우 업무량을 줄여 달라고 요구하거나 임금 상승 또는 승진을 요구할 수 있다. 또한 소극적 방식(reactive mode)에서 개인은 자신의 기술이나 욕구에 대한 애착 정도를 조정함으로써 불일치를 감소시키는 스스로의 변화를 시도한다. 앞의 예에서처럼 업무량이 과다하고 느낄 경우, 작업 효율성을 증진시킬 수 있는 시간관리 기술을 배우거나 우선순위를 바꿔서 일에 대한 중요성을 줄일 수도 있다. 따라서 개인의 기술과 욕구 및 환경의 능력 요구와 보상이라는 4가지 가운데 어느 하나에 초점을 두어 적응행동을 할 수 있다.

적응적 방식과 소극적 방식의 개념 및 적응력과 인내력의 개념은 개인이 불만족 상태에서 어떻게 행동할 것인지 또는 조직이 근로자에 대해 만족하지 못할 때 어떤 조치를 취할 것인지를 예측하게 하는 중요한 예언 변인이다. 뿐만 아니라 개인은 스스로 독특한 적응 유형을 발달시켜 나간다는 보다 넓은 관점에서 고려해 볼 수 있는 중요한 개념이기도 하다. 그리고 이러한 개인의 적응 유형 발달 과정은 진로상담에서 중요한 정보가 될 수 있다.

직업적응 이론의 상담 과정

직업적응 이론의 상담 모형은 진로선택, 직업적응, 직업전환, 직업재활, 실업 극복, 결혼 문제, 가족 문제, 스트레스, 중독, 자기존중감 등 다양한 영역에 적용될 수 있다(Lofquist & Dawis, 1991). 여기에서는 진로선택, 직업적응, 직업전환 등 진로 및 직업상담 영역에 초점을 둔 상담 과정을 살펴보고자 한다.

사례개념화

기본적으로, 개인-환경 일치 상담은 환경과 내담자 경험의 불일치에 초점을 맞춘다. 직업적응 이론에서는 내담자가 스스로 자신이 경험하는 불일치를 찾을 수 있도록 돕기 위해 상담자가 고려해 볼 수 있는 7가지 가정을 제시하고 있는데 그것은 다음과 같다(Lofquist & Dawis, 1991).

첫째, 내담자의 실제 능력과 직업에서 요구되는 능력의 불일치로서, 내담자의 능력은 요구되는 능력보다 더 높거나 더 낮을 수 있다. 예를 들어, 어떤 간호사는 직업이 요구하는 능력보다 더 다양한 능력을 가지고 있을 수 있고, 어떤 비서는 직업에서 요구되는 컴퓨터 활용능력이 부족할 수 있다.

둘째, 내담자가 지각하는 자신의 능력에 대한 주관적인 평가와 환경에서 요구되는 능력의 불일치다. 이때 내담자는 자신의 능력을 실제보다 높거나 낮게 지각할 수 있고, 환경에서 요구하는 자격 조건도 역시 실제보다 더 어렵거나 혹은 덜 어렵게 지각할 수 있다.

셋째, 능력과 자격 조건은 일치하지만 내담자가 적절한 수행을 보이지 않는 경우로서 이 경우는 다른 일반적인 환경에서의 불일치를 수반한다. 다시 말해서, 내담자는 직무를 수행할 수 있지만 다른 생애역할 때문에 과업을 제대로 수행하지 못할 수 있다.

넷째, 능력과 자격 조건은 일치하지만 욕구-보상의 불일치 결과로 수행이 부적절한 경우다. 이런 상황에서 내담자의 부적절한 직무 수행은 능력이 부족하기 때문이 아니라 내담자의 욕구가 충족되지 못하기 때문에 일어나는 결과다.

다섯째, 내담자의 욕구와 보상이 일치하지 않는 경우다. 보상은 욕구보다 높거나 낮을 수 있다. 따라서 내담자의 욕구가 직업 환경에서 충족되지 않는 상황이다.

여섯째, 평가 도구를 통하여 밝혀진 욕구는 실제로 개인에게 중요한 욕구라기보다는 대리학습에 의해 형성된 것일 수 있다. 예를 들어, 어떤 내담자가 타인에 대한 모방을 통해 다양성에 대한 욕구를 갖게 되었다면, 다양성에 대한 욕구는 이 내담자에게는 사실 강한 욕구가 아닐 수 있다. 그래서 내담자가 다양성에 대한 높은 보상을 주는 직업에 종사하고는 있지만 그것이 내담자의 진정한 심리적 욕구가 아니기 때문에 그 직업에서 실제로 만족하지 않을 수 있다.

일곱째, 내담자가 회사에 만족스러워하고 회사도 내담자에게 만족하고 있다면, 내담자가 다른 영역의 문제에도 잘 대처하고 있는지 확인해 보아야 한다. 이런 경우에 내담자의 문제는 직장보다는 삶의 다른 영역, 예를 들어 부부 관계나 일과 가족의 균형에서 만족해 하지 않고 있는 것일 가능성도 있다.

상담 목표

직업적응 이론의 기본 명제는 '개인-환경 일치' 상담에서 발전하였다(Lofquist & Dawis, 1991). 여기에서는 내담자의 많은 호소문제를 개인과 환경의 불일치로 개념화할 수 있다고 제안한다. 또한 개인-환경 일치 이론이 진로상담뿐만 아니라 부부 상담, 재활 상담, 스트레스 관리 상담과 같은 다양한 상담 분야에 적용될 수 있다고 설명한다(Ton & Hansen, 2001). 진로상담은 진로선택을 구체화하고, 의사결정을 명료화하며, 내담자가 적응을 위한 기회를 찾을 수 있도록 돕고, 내담자가 환경을 변화시킬 수 있는 다양한 방법을 선택하도록 돕는 등 다양한 목적을 가지고 있다. 그러나 진로상담은 무엇을 목표로 정하든 '자기 이해가 첫 번째 목표다.'(Dawis, 1996, p. 107)

직업적응 이론에서는 내담자가 직업 환경에 적응하도록 돕는 것을 상담의 목표로 포함한다. '상담자는 전형적으로 내담자에게 접근할 수 있기 때문에 내담자 측면의 변화를 불러일으키려고 생각한다. 그러나 변화는 직업 환경에서도 가능하다.'(Dawis, 1996, p. 109) 따라서 진로

상담은 직업 환경이 변화될 가능성이 있는지 혹은 내담자가 적극적으로 적응하고자 노력하는 것이 가능한지에 대해 탐색한 후, 2가지 중 어느 하나 또는 2가지 모두를 목표로 삼을 수 있다.

개입 전략

직업적응 이론에서는 상담의 전 과정을 다섯 단계로 나누고, 각 단계별로 구체적 개입 방법을 제시한다(Lofquist & Dawis, 1991). 따라서 각 단계에서 상담자가 취해야 할 구체적 행동을 기술하고 있으며 각 단계의 상담 목표가 달성되었는지 여부를 알아보는 지침을 제시하고 있다. 효과적 상담을 위한 토대로, 내담자는 상담실에 찾아올 때 자신에게 어떤 문제가 있는지를 인식하고 있어야 하며 다른 사람과 의사소통할 수 있는 능력이 있어야 함을 기본 전제로 지닌다. 상담자는 훈련을 통해서 의사소통, 관계 형성 및 평가와 교육을 할 수 있는 능력을 지녀야 하며, 내담자의 개인차를 이해하고 비밀을 보장해 주는 등 윤리적 규정을 지켜야 한다.

직업적응 이론에 근거한 진로상담의 첫 번째 단계는 협력 관계를 수립하는 것이다. 이 단계에서 상담자는 내담자를 따뜻하게 맞이하고, 공감과 경청의 기술을 사용하여 내담자가 자신의 문제를 이야기할 수 있도록 돕는다. 또한 상담이 가능한 환경을 제공하고, 회기 수 및 시간 등에 관해 구조화한다. 이때 상담자는 내담자에게 평가 과정에 적극적으로 참여하고 과제를 충실히 해 오기를 바라는 자신의 기대를 다음과 같이 전달할 수 있다. "지금부터 해 나갈 직업상담의 과정에서 당신의 능력과 욕구를 찾아내기 위해 여러 가지 심리검사를 사용할 것입니다. 그 결과에 대해 이야기를 나누고 그것을 가지고서 당신의 능력과 욕구에 보다 잘 부합하는 직업이 무엇일지 고민해 볼 것입니다. 이를 위해 과제를 충실히 해 오는 것이 중요합니다." 첫 회기를 종결하기 전에 내담자에게 줄 수 있는 과제에는 기본적인 개인정보 서식 채워 오기, 호소문제와 관련하여 내담자가 직업에서 경험한 사건을 목록으로 나열해 보기 등이 있다.

상담의 두 번째 단계에서는 내담자의 호소문제를 탐색하는 데 초점을 둔다. 이 단계에서 상담자는 과제(예: 개인정보 서식과 사건 목록)를 검토하고, 내담자가 가장 어려워하는 환경을 탐색하기 시작한다. 상담자는 내담자에게 "현재 직장에서 어려움은 없나요? 이전 직장에서 경험한 문제에 대해서 좀 더 이야기해 주세요."라고 답을 요청할 수 있다. 일단 다양한 문제를 확인하고 나면, 상담자는 여러 가지 문제를 심각성의 정도에 따라 순서대로 정리하고, 각 문제가 생겨나는 환경을 확인한다. 그리고 내담자의 평가를 상담자의 평가와 비교하는데, 이때 상담자는 이후 상담의 초점이 될 가장 핵심적인 환경을 확인하도록 도와야 한다.

상담의 세 번째 단계는 내담자의 직업적 성격 특성과 자기상을 평가하는 데 초점을 맞추는 것이다. 상담자는 심리검사가 상담에서 어떤 역할을 하는지에 대해 내담자가 이해할 수 있도록 어떤 심리검사가 사용되는지 알리고, 동시에 내담자에게 자신의 능력과 욕구에 대해 스스로 평정해 보도록 한다. 상담자는 내담자와 함께 심리검사 결과와 내담자의 자가 평정 결과를 비교해 보고 그 두 결과가 얼마나 일치하는지에 대해서 이야기한다. 이 단계에서는 내담자가 평가한 자기상과 검사 결과 간의 불일치를 줄이기 위해서 해석과 직면의 기술을 사용하기도 한다. 이 단계를 통해 내담자는 심리검사와 자가 평정을 마치고, 이 두 결과 간의 불일치를 극복하며, 보다 일치하도록 자신을 묘사할 수 있게 된다.

네 번째 단계에서는 전 단계에서 개인을 평가하였던 것과 비슷한 방식으로 환경을 평가하게 된다. 이 단계에서 상담자는 회사가 내담자에게 요구하는 능력과 그 회사가 제공하는 보상에 대해서 평가한다. 그 과정에서 선행연구의 결과, 관찰 보고서, 전문가 평정, 관련 자료로부터의 추론 등 다양한 근거를 활용한다. 상담자는 내담자의 능력에 대한 자기상 및 욕구가 목표 환경이 그에게 요구하는 능력 및 제공하는 보상과 일치하는지 일치하지 않는지 평가할 수 있도록 내담자를 돕는다. 또, 내담자가 그러한 일치 · 불일치 상태에서 어떻게 행동하는지 질문하여 그의 성격 유형과 적응 유형을 파악하고, 환경과의 상호작용에 대해서도 탐색한다. 나아가 내담자가 일치한 환경에서 일을 하고 있으면서도 만족도가 떨어진다면 그의 가족 문제, 직장 동료 문제(동료로부터의 부담감, 동료와의 업무 유형 불일치 등) 등 다른 요인을 찾아보아야 한다. 이를 통해 내담자는 자신의 만족도를 높이기 위해 어떻게 행동해야 하는지 확인할 수 있을 것이다. 마지막으로는 지금까지 살펴본 개인-환경 일치의 상태, 고려하거나 실행한 적응행동, 그러한 행동의 전반적 효과 등을 내담자에게 요약해 보게 한다. 만약 직업선택을 목표로 한다면, 내담자가 대안으로 선택할 수 있는 여러 직업에 대한 정보를 탐색하고, 각 직업으로의 전환이 내담자의 요구와 얼마나 일치하는지 비교 분석하는 과정을 반복하게 될 것이다. 그러한 과정을 통해 내담자에게 가장 적합한 직업을 선택하게 하고, 선택한 후에는 그 직업에 진입하기 위해 준비하도록 돕는다.

다섯 번째 단계에서는 문제에 대한 상담의 효과를 평가한다. 이 단계에서 상담자는 내담자에게 호소문제를 요약하게 하고, 지금 상태와 문제 사이의 차이를 평가하게 한다. 마지막 단계에서 상담자는 필요할 경우 내담자와 추수 상담을 약속하고 상담을 종결한다.

직업적응 이론을 이병수 씨 사례에 적용하기

사례개념화

앞서 살펴본 '내담자가 자신이 경험하는 불일치를 찾을 때 상담자가 고려해 볼 수 있는 7가지 가정'(Lofquist & Dawis, 1991)을 이병수 씨의 사례에 적용해 보면서 사례개념화를 해 볼 수 있을 것이다.

첫째부터 셋째까지의 가정은 내담자의 실제 능력과 직업에서 요구하는 능력 간의 불일치와 관련된 내용이다. 먼저, 내담자의 능력이 요구

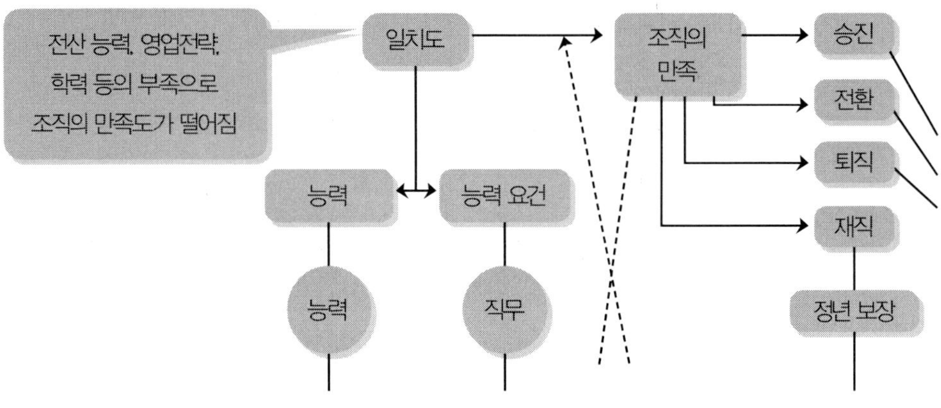

[그림 4-4] **이병수 씨의 능력과 관련된 사례개념화 과정**

되는 능력보다 더 높거나 더 낮을 가능성에 대해 확인해 보고, 내담자가 지각하는 자신의 능력에 대한 객관성도 파악한다. 또한 불일치가 나타나지 않을 경우, 다른 문제가 내담자의 능력 수행을 방해하고 있는 것은 아닌지 확인한다. 즉, 이것은 [그림 4-1]에서 윗부분의 경로에 대해 먼저 점검해 보면서 내담자의 문제를 이해하는 과정이다([그림 4-4]). 이병수 씨의 경우 자신의 의사와는 상관없이 회사의 구조조정으로 인해 직장을 그만두게 되었기 때문에 이 부분에 대한 점검이 중요하며, 이를 통해 이병수 씨의 문제를 파악할 수 있다. 이병수 씨는 회사가 무엇보다 자신의 높은 연봉을 감당하기 힘들었으며 승진, 전직 또는 연봉 재협상 등의 다른 선택보다 해고라는 방법을 선택한 것이라고 보고하였다. 그러나 연봉이 높다는 이유 이외에 회사가 어떤 다른 이유로 이병수 씨를 구조조정 대상에 포함시켰는지도 파악할 필요가 있다. 이를 파악하기 위해 회사를 다니면서 어떤 점이 힘들었는가를 질문하였고, 이병수 씨는 영업 관리가 전산화되면서 겪었던 어려움, 다국적 기업으로 변화하면서 보다 경쟁력 있는 영업 직무로 옮겨가지 못했던 사정, 신입 사원의 학력이 높아지면서 자신의 고등학교 졸업 학력에 대한 자신감이 떨어지고 그에 따른 스트레스를 받았던 것 등을 얘기했다. 또한 20년 동안 한 가지 일만 꾸준히 해 왔는데, 그 일의 성격이 변화되면서 이병수 씨에게 요구되는 능력도 달라졌을 것이다. 예를 들면, 지역사회의 작은 소매상을 대상으로 영업하던 예전 시기와 달리 최근 대형 할인점을 대상으로 영업을 하는 경향은 이병수 씨에게 다른 능력을 요구했을 가능성이 있다. 즉, 이병수 씨는 회사가 새롭게 요구하는 영업 관리를 위한 전산 능력, 대형 할인점을 대상으로 하는 영업 전략, 고졸이라는 낮은 학력 등에서 회사의 요건에 부응하지 못했을 가능성이 있다.

다음으로 넷째부터 여섯째까지의 가정은 내담자의 욕구와 회사의 보상 체계 간 불일치와 관련되는 것으로, [그림 4-1]의 아랫부분의 경로에 대해 점검하는 과정이다([그림 4-5]). 먼저, 이병수 씨가 같은 직장에서 20년 이상 재직했다는 사실은 그가 현재의 직업에 만족해 왔음을 보여 준다. 따라서 이병수 씨가 직업을 통해 얻고 싶은 것이 무엇인지 보다 객관적으로 평가하기 위해 직업가치관 검사를 실시하였다. 그 결과 이병수 씨는 13가지 직업가치 가운데 직업을 추구하는 과정에서 봉사, 금전적 보상, 직업안정의 순으로 중요하게 생각하고 있었고, 애국, 성취, 인정 등은 상대적으로 덜 중요하게 생각하는 것으로 나타났다. 그렇다면 이병수 씨가 가장 중요하게 생각하는 봉사라는 직업가치가 실제 직장 생활을 통해 얼마나 충족될 수 있었는지 검토해 보아야 하는데, 최근 대형 할인점을 대상으로 하는 영업보다는 이전의 지역사회 작은 소매상을 대상으로 영업하던 시기가 이병수 씨의 봉사라는 직업가치를 더 충족시켰을 가능성이 있어 보인다. 또한 직장 생활을 통해 가족의 기대

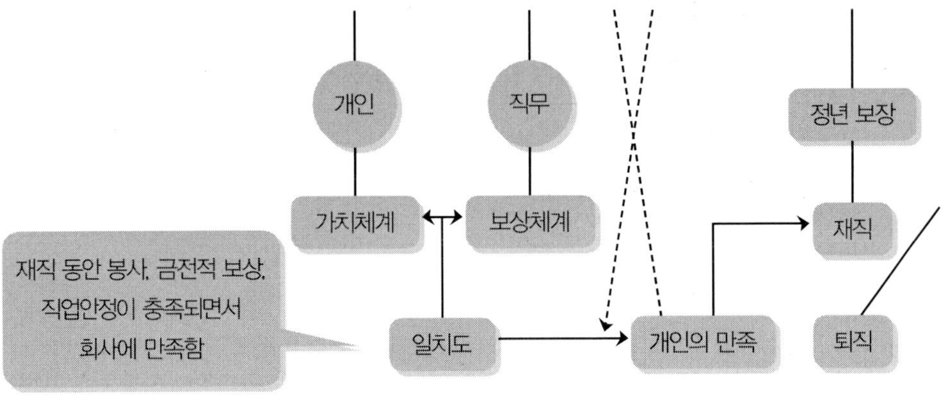

[그림 4-5] **이병수 씨의 직업가치와 관련된 사례개념화 과정**

에 부응할 수 있었다는 사실도 이병수 씨가 추구하는 봉사라는 직업가치를 충족시켜 주었을 것이다. 그리고 첫 직장에서의 경험 가운데 '무엇보다 돈을 번다는 사실 자체가 좋았다.'고 이병수 씨는 보고하였다. 그러한 언급은 금전적 보상을 중요한 가치로 여기고 있는 이병수 씨의 직업가치를 잘 나타내고 있다. 군제대 후부터 최근까지 다녔던 회사의 경우, 거의 대기업 수준의 회사였으며 그곳에서 매우 높은 연봉을 받았으므로 이병수 씨의 중요한 직업적 가치는 잘 충족되어 오랫동안 근속할 수 있는 근간이 되었을 수 있다. 그러나 갑작스러운 구조조정으로 20년간 다녔던 회사를 그만두면서 직업안정이라는 직업가치를 충족시키지 못했으며, 그로 인한 충격이 앞으로 갖게 될 직업에서 직업안정을 더 중요하게 여기도록 만든 요인이 되었을 수도 있다.

즉, 지금까지 살펴본 것과 같이 이병수 씨는 자신이 추구하는 직업가치가 일을 통해 충족되지 못했다기보다 회사가 요구하는 것에 자신이 충분히 부응하지 못함으로써 회사를 퇴사하게 된 것이다. 그렇다면 이미 구조조정을 통해 회사를 떠난 상태이므로, 이전 직장에서 퇴사하게 된 상황에 대한 이해를 바탕으로 다음 직업을 선택하는 과제가 남아있다.

직업적응 이론에서는 직업선택 시 개인의 능력과 직업가치가 일치하는 직업을 탐색해야 한다. 이병수 씨의 상황을 정리해 보면, 검사 결과에서도 확인할 수 있고 스스로도 보고하고 있는 것과 같이 현재 경제적으로는 큰 어려움이 없기 때문에 다급하게 취업을 해야 하는 상황은 아니다. 그러나 실업에 대한 충격으로 인해 정서적으로 불안정한 상태에 있고 좀 더 자신감을 가질 필요가 있다. 실직 당시 가족에게 알리지 않았을 정도로 가족의 기대를 중요시하고 있고, 특히 아들에게 모범적인 모습을 보이고 싶어한다. 하지만 현실적으로 볼 때 지금까지의 경력을 인정받을 수 있는 동일한 직종으로의 재취업은 어려운 상황이라고 하겠다. 이전 직장에서도 회사가 요구하는 직무수행능력을 갖추지 못했고 더구나 이병수 씨는 가능한 20년 정도 안정적으로 고용을 보장받을 수 있는 직업으로의 전환을 원하고 있기 때문이다. 동일한 직종으로의 재취업이 어렵다면, 현재 이병수 씨가 가지고 있는 직업능력에 맞는 일자리를 찾기란 어려울 수 있다. 즉, 직업전환을 위한 직업능력개발이 필요한 상황으로, 자신이 가진 능력에 맞는 직업을 탐색하기보다는 자신이 원하는 조건(봉사, 금전적 보상, 직업안정)을 갖춘 직업에 진입하기 위한 직업훈련을 알아보아야 할 것이다.

상담 목표

직업적응 이론에서는 진로상담이 진로선택을 구체화하고, 의사결정을 명료화하며, 내담자가 적응을 위한 기회를 찾을 수 있도록 돕고, 내담자가 환경을 변화시킬 수 있는 다양한 방법을 선택하도록 돕는 등 다양한 목적을 가지고 있다고 본다. 그리고 이 모든 과정이 내담자의 정확한 자기 이해를 바탕으로 이루어져야 한다고 하였다. 이병수 씨의 경우, 이미 회사를 퇴사한 상태이므로 새로운 직업을 선택하도록 돕는 것이 중심이 되어야 한다. 따라서 이를 위해 먼저 자신의 퇴사 과정에 대한 이해가 이루어져야 할 것이다. 다음으로 자신이 직업을 통해 추구하고자 하는 중요한 가치가 무엇인지 명료화하고, 그것을 충족시킬 수 있는 직업 대안을 탐색해야 할 것이다. 각 직업에 진입하기 위해 새롭게 습득해야 할 직무수행능력을 알아보고 직업훈련에 필요한 적성, 시간, 경비 등을 통해 그 경제성을 비교해 보면서 가장 적절한 직업 대안을 선택해야 한다. 그 과정은 앞에서 살펴본 [그림 4-2]의 과정을 반복적으로 거치는 것을 의미한다. 그리하여 앞으로 선택할 직업이 결정되고 나면, 그 직업에 진입하기 위한 준비과정을 계획하고 점검할 필요가 있다. 직업적응 이론을 근간으로 한 이병수 씨와의 진로상담에서 세울 수 있는 상담 목표를 정리하면 다음과 같다.

- 자신의 직무수행능력과 직업가치를 기초로 한 퇴사 과정에 대한 이해
- 자신의 직무수행능력과 직업가치에 대한 객관적 이해
- 가능한 직업대안의 직무수행능력과 보상체계에 대한 탐색 및 결정
- 선택한 직업에 진입하기 위한 준비

상담 개입

앞서 살펴본 직업적응 이론의 진로상담 과정(Lofquist & Dawis, 1991)에 맞추어 이병수 씨와의 상담 과정을 정리하면 다음과 같다. 우선, 첫 번째 단계는 다른 상담 과정과 마찬가지로 협력관계를 수립하는 것이다. 이 단계에서 상담자는 이병수 씨를 따뜻하게 맞이하고, 공감과 경청의 기술을 사용하여 이병수 씨가 자신의 문제를 이야기할 수 있도록 돕는다. 또한 상담이 가능한 환경을 제공하고, 회기 수와 상담 시간 등에 관해 구조화한다. 직업적응 이론에서는 첫 회기를 종결하기 전에 내담자에게 과제를 제안하는데, 기본적인 개인정보 서식 채워 오기, 호소문제와 관련하여 내담자가 직업에서 경험한 사건을 목록으로 나열

해 보게 하기 등이 있다. 실제 상담에서는 첫 회기에 구직표를 작성하게 하고 앞으로의 상담 과정에 대해 안내하였으며 갑작스러운 실업으로 인한 정서적 충격에 공감하면서 촉진적 관계를 형성하였다. 별도로 과제를 부여하지는 않았다.

상담의 두 번째 단계는 이병수 씨의 호소문제를 탐색하는 데 초점을 두는 단계다. 이 단계에서 상담자는 과제(예: 개인정보 서식과 사건 목록)를 검토하고, 이병수 씨가 가장 어려워하는 환경을 탐색하기 시작한다. 이병수 씨에게는 첫 회기에 과제를 부여하지 않았으므로 질문을 통해 탐색을 시작하였다. 상담자는 이병수 씨에게 "20년을 넘게 한 직장에서 일하기는 쉽지 않은데, 어려움은 없었나요? 이전 직장에서 경험한 문제에 대해서 좀 더 이야기해 주세요."라고 요청하였다. 이병수 씨는 영업관리가 전산화되면서 겪었던 어려움, 다국적 기업으로 변화하면서 보다 경쟁력 있는 영업 직무로 옮겨가지 못했던 사정, 신입 사원의 학력이 높아지면서 자신의 고등학교 졸업 학력에 대한 자신감이 떨어지고 그에 따른 스트레스를 받았던 것 등의 문제를 호소하였다. 그리고 무엇보다도 갑작스러운 구조조정으로 아무런 대비도 없이 회사를 떠나게 되었던 것이 가장 힘들었다고 했다. 이와 같은 어려움과 적응 과정에 대해 탐색하면서, 20년 동안 한 가지 일을 꾸준히 해 왔지만, 그 일의 성격이 변화하여 이병수 씨에게 요구되는 능력도 달라졌음을 확인할 수 있었다. 또한 이병수 씨의 높은 임금에 대한 회사 측의 부담만이 아니라 이병수 씨 자신이 변화된 회사의 요구에 부응하지 못한 것이 구조조정 대상이 된 가장 큰 원인임을 확인할 수 있었다. 이를 통해 '자신의 직무수행능력과 직업가치를 기초로 한 퇴사 과정에 대한 이해'라는 목표는 어느 정도 달성되었다.

세 번째 단계에서는 이병수 씨의 직업적 성격 특성과 자기상을 평가하는 데 초점을 맞춘다. 이 단계에서 상담자는 심리검사가 상담에서 어떤 역할을 하는지에 대해 내담자가 이해할 수 있도록, 사용하는 심리검사에 대해 알리는 동시에 내담자가 자신의 능력과 욕구에 대해 스스로 평정해 보도록 한다. 여기서 상담자는 이병수 씨의 자기 이해를 돕기 위해 구직효율성 검사와 직업가치관 검사를 실시하였다. 구직효율성 검사는 실업의 충격으로부터 벗어나 직업을 선택할 수 있는 상태인지를 점검하기 위해 실시된 것으로, 이병수 씨의 경우에 경제적으로는 어려움이 없지만 심리사회적으로 어려움을 겪고 있는 상태이므로 성급한 결정을 내리기 보다는 차근차근 절차를 밟아가는 것이 좋을 것이라고 판단할 수 있었다. 이병수 씨가 직업을 통해 추구하는 가치가 무엇인지를 객관적으로 확인하기 위해 실시한 직업가치관 검사에서는 가장 중요하게 생각하는 가치가 봉사, 금전적 보상, 직업안정의 순으로 나타났다. 이렇듯 2가지 심리검사 결과 모두 이병수 씨가 스스로 생각하는 결과와 일치하였다. 즉, 이병수 씨는 비교적 자신을 잘 이해하고 있음을 확인할 수 있었다. 따라서 직무수행능력에 대해서는 검사를 실시하기보다 이병수 씨 스스로의 평정에 근거하여 판단하기로 하였다. 또한 지금까지 하고 있던 일과 동일한 직무를 수행하는 곳으로의 전직은 어려울 것으로 판단하여 직무수행능력 개발을 위한 직업훈련을 받을 것을 가정하고 직업대안을 탐색해 보자고 합의하였다.

네 번째 단계는 개인을 평가하였던 것과 비슷한 방식으로 환경을 평가하는 단계다. 이 단계에서 상담자는 회사가 내담자에게 요구하는 능력과 그 환경이 내담자에게 제공하는 보상에 대해서 평가한다. 그러한 작업은 전문적 평가와 기존 연구를 바탕으로 하고 또한 내담자가 제공한 정보를 해석함으로써 이루어진다. 이병수 씨는 이전 직장에서 자신의 욕구가 충족되었으나, 갑작스런 구조조정으로 직업안정의 위기를 맞이하였고, 동일한 직종으로 취업할 경우 또 다시 그런 일이 발생할 것이라는 것을 확인하였다. 따라서 이병수 씨가 대안으로 선택할 수 있는 여러 직업에 대한 정보를 탐색한 후 각 직업으로의 전환이 이병수 씨의 요구(직업가치)와 얼마나 일치하는지 비교 분석하는 과정을 반복하였다. 그러한 과정을 통해 이병수 씨에게 가장 적합한 직업을 선택하고, 선택 후에는 그 직업에 진입하기 위한 준비에 들어갔다. 이병수 씨는 여러 직업훈련 중 지게차 운전 과정에 대한 훈련을 희망하여 훈련에 참여하고 자격증을 취득하였다. 하지만 자격증 취득 후 구직 등록과 취업 알선을 지속했으나 일자리가 많지 않은 직업이어서 취업이 쉽지 않았다. 이에 이병수 씨는 취업이 보다 용이한 직종을 더 탐색하기를 원하였고, 좀 더 전문적이며 취업이 확실하고 고소득 직종인 타워크레인 교육을 받기로 하였다. 훈련과정을 성실히 이행한 후 다시 구직 등록과 취업 알선을 하던 중, '기술을 알려 줄 선임을 잘 만나야 처음 건설 현장의 적응이 쉽다.'는 말을 듣고 지인을 통해 타워크레인 협회 소속 업체의 타워크레인 보조 기사로 취업할 수 있었다.

상담의 마지막 단계에서는 문제에 대한 상담의 효과를 평가한다. 이 단계에서 상담자는 내담자에게 호소문제를 요약하게 하고, 지금 상태와 문제 사이의 차이를 평가하게 한다. 이병수 씨의 경우에는 구조조정으로 인한 자존감 상실과 중년의 나이에 새로운 직업을 선택하고 거기에 적응해야 한다는 것에 대하여 많은 갈등과 불안감을 갖고 있었다. 따라서 이병수 씨에게는 심리적인 안정과 자존감 회복이 우선 해결해야 할 문제였다. 그리하여 그의 심리적인 어려움에 대해 충분히 수용하고,

직업적응 이론 상담 과정에 따라 퇴사 경위 및 자신에 대한 이해, 직업 선택, 직업훈련 등의 과정을 거쳐 전직에 성공하도록 할 수 있었다. 취업이 되면서 상담을 종결하였지만, 이병수 씨는 그동안 고마웠다고 센터를 한 번 더 방문하였다. 만면에 웃음을 띠며 그동안의 어려움을 잊은 모습이었고, 우선은 수습으로 일을 익혀 무사고로 운전이 숙달되면 정규직으로 채용될 예정이라고 전했다.

참고문헌

김명소, 김아영(2003). 성인용 직업적성검사 개정연구 최종보고서. 서울: 한국산업인력공단 중앙고용정보원.

한태영, 이병관, 이상희(2006). 직업가치관검사: 시범운영 및 평가 결과보고서. 서울: 한국고용정보원.

Dawis, R. V. (1994). The theory of work adjustment as convergent theory. In M. L. Savickas, & R. W. Lent (Eds.), *Convergence in career development theories* (pp. 33-43). Palo Alto, CA: Consulting Psychologists Press.

Dawis, R. V. (1996). The theory of work adjustment and person-environment-correspondence counseling. In D. Brown, L. Brooks, & Associates (Eds.), *Career choice and development* (3rd ed., pp. 75-120). San Francisco, CA: Jossey-Bass.

Dawis, R. V., & Lofquist, L. H. (1984). *A psychological theory of work adjustment*. Minneapolis, MN: University of Minnesota Press.

Lofquist, L. H., & Dawis, R. V. (1991). *Essentials of person-environment correspondence counseling*. Minneapolis, MN: University of Minnesota Press.

Ton, M. N., & Hansen, J. C. (2001). Using a person-environment fit framework to predict satisfaction and motivation in work and marital roles. *Journal of Career Assessment, 9*(4), 315-331.

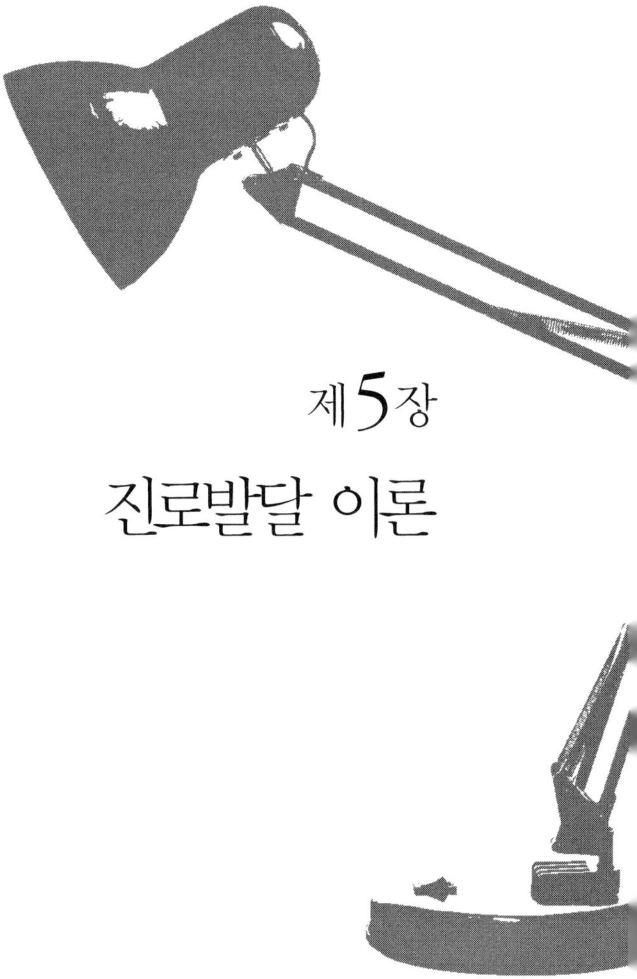

제5장

진로발달 이론

employment counseling

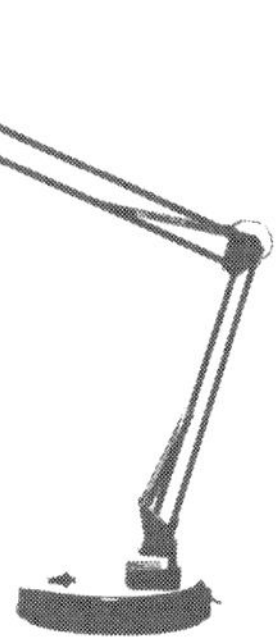

제5장 진로발달 이론

진로발달 이론 개관

수퍼(Donald E. Super)의 진로발달 이론은 20세기 진로이론에 가장 큰 영향을 미쳤다(Borgen, 1991). 수퍼(1953)는 1952년 미국심리학회 산하 상담심리분과 회장 선출 연설에서 자신의 이론을 요약한 10가지 명제를 소개하였는데, 이 10가지 명제가 이후 14가지 명제로 발전하였다(Super, Savickas, & Super, 1996). 수퍼는 1994년 사망할 때까지 꾸준히 자신의 이론을 발전시키고 정교화해 나갔는데, 실제 생활 장면의 분석과 그 이론적 시사점의 도출, 나아가 상담에의 적용에 대한 과학적 탐구까지 많은 기여를 하였다(Savickas, 1997).

수퍼의 진로발달 이론이 기초하고 있는 여러 가정 가운데 가장 기본적인 것이자 가장 큰 특징은 발달을 하나의 과정으로 본다는 것이다. 다시 말해 진로발달을 여러 의사결정의 과정이라고 보는 것인데, 그는 그러한 여러 의사결정의 축적된 결과가 자아개념을 형성하고 진로선택으로 나타난다고 제안한다. 즉, 진로선택을 직업적 자아와 직업 세계 간 최적의 조화를 위한 점진적 접근으로 보는 것이다.

다음의 3가지 명제는 사람과 직업의 다양성에 대한 신념을 나타내고 있다. 우선 첫 번째는 사람들은 자신의 능력, 성격, 가치관 등 여러 측면에서 서로 다르다는 것이며 두 번째는 각 직업 역시 필요로 하는 능력과 성격적 특성에 있어 서로 다르다는 것이다. 마지막으로, 세 번째는 개인차는 직업의 다양성과 얼마나 잘 맞는지로도 표현될 수 있다는 것인데, 어떤 사람은 보다 많은 직업에 적합한 특성을 가지고 있을 수 있다. 따라서 한 사람에게 적합한 직업이 하나만 존재하는 것도 아니고, 어떤 직업에 맞는 사람이 한 사람만 존재하는 것도 아니다.

다음은 자아개념의 발달과 진로선택 시 나타나는 자아개념의 기능에 대한 설명이다. 즉, 자아개념은 직업적 선호와 능력으로 구성되고, 환경과의 상호작용을 통해 계속 변화하고 진화하며, 또한 그것은 사회적 학습의 산물이면서 전 생애를 통해 어느 정도의 안정성을 보인다는 것이다([그림 5-1] 참조). 수퍼는 또한 진로발달의 5단계를 제안하였고, 각 단계의 고유한 발달과업도 제시하였다. 여기서 그는 한 개인이 일련의 일과 직업을 선택하는 데에 독특한 특성이 있으며, 그 경력 패턴이 개인 및 환경의 다양한 특성에 의해 결정된다고 보았다.

다음 2가지 명제는 환경의 요구를 극복해 나갈 수 있는 준비도를 나타내는 진로성숙도의 개념에 대한 설명들로 이루어져 있다. 그리고 마지막 3가지 명제는 일에서의 만족도 및 인생에서의 만족도와 관련된 요인들에 관한 내용이다. 예를 들어, 직무 만족도는 자아개념의 실현과 정적인 상관을 갖고, 다른 역할의 중요성 및 만족과도 밀접하게 관련된다. 사람들은 인생의 각 시기를 통해 서로 다른 중요성을 갖는 여러 가지 역할을 동시에 수행한다. 그래서 직업인으로서의 역할에는 별로 만족하지 못하지만, 그 외의 다른 역할에 만족하면서 사는 사람들도 있는

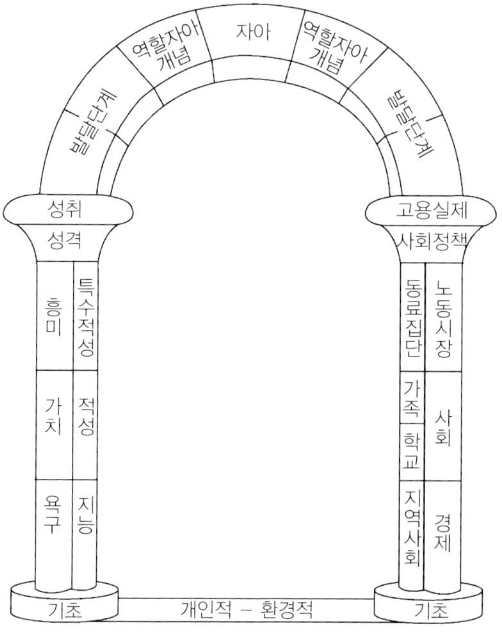

[그림 5-1] 수퍼의 진로발달 아치문 모형(Super, 1980)

것이다.

5가지 발달단계 또는 대순환(maxicycle)은 성장기(4~13세), 탐색기(14~24세), 확립기(25~44세), 유지기(45~65세), 쇠퇴기(65세 이후)로 구성된다. 이 단계들은 순서대로 진행되고 예측이 가능하지만 변화도 가능하다. 다시 말해, 사람들은 전형적으로 이 5단계를 거쳐 가지만, 모든 사람이 동일한 방식으로 꼭 정해진 나이에 각 단계를 거치는 것은 아니라는 것이다. 각 단계는 특징적인 발달과업을 가진다고 수퍼는 주장한다. 발달과업을 성공적으로 수행하면 그 발달단계 내에서 주어진 생애역할을 잘 수행할 수 있고, 또한 다음 단계에 대한 준비도 할 수 있다. 이때 각 단계를 얼마나 성공적으로 잘 마치는가의 여부는 진로성숙도에 달려 있다. 각 단계의 발달과업을 성공적으로 수행할 수 있는 준비도를 일컫는 진로성숙도는 태도 요인과 인지 요인으로 구성된다. 오시포와 피츠제럴드(Osipow & Fitzgerald, 1996)는 '진로성숙도는 진로문제와 관련된 개인의 발달 정도 및 수준의 지표다.'(p. 114)라고 하였다. 그러나 성인에게 진로성숙도라는 개념을 적용하는 것은 적절하지 않은데, 이에 대해 수퍼 등(Super et al., 1996)과 사비카스(Savickas, 1994)는 '진로적응도(career adaptability)'라는 개념을 제안하고, 그것을 '변화하는 직업 세계와 작업 환경에 대처할 수 있는 준비도'(Savickas, 1994, p. 58)라고 정의했다.

수퍼는 직업선택 과정을 다른 생애역할의 맥락 속에서 이해하려고 하였고, 그것을 '살아가면서 자신의 인생을 만드는 것'이라고 표현하였다(Super et al., 1996). 수퍼는 또한 개인이 동시에 수행해야 하는 6가지 중요한 역할을 자녀, 학생, 배우자, 직업인, 시민, 여가인으로 보고 있다. 이처럼 개인은 여러 가지 역할을 동시에 하고 있으며, 각 역할은 서로 영향을 끼친다. [그림 5-2]의 생애진로 무지개(career rainbow)는 개인의 발달단계와 역할을 그림으로 표현하고 있는데, 이것은 구직자가 현재 수행하고 있는 다양한 역할을 확인하는 데 활용할 수 있다(Super, 1980). '생애 공간(life space)'은 일생을 통해 수행하는 여러 가지 역할을 가리키고, '생애 주기(life span)'는 연령에 따른 발달단계를 일컫는다. 개인은 이 2가지 축의 교차 지점 어딘가에서 살아가고 있는 것이다(Super et al., 1996, p. 128).

수퍼의 진로발달 이론의 가장 기본적인 가정은 진로선택을 자아개념의 실행 과정으로 보는 것이다. 여기서의 자아개념은 자기 자신에 대한 주관적 관점에서부터 자기 자신과 관련된 객관적 관점을 모두 포함한다. 따라서 진로상담 전문가는 구직자에게 흥미, 가치관, 능력 등 그

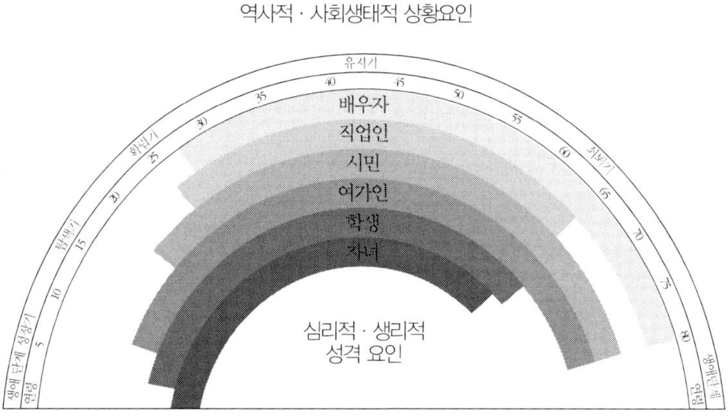

[그림 5-2] 수퍼의 생애진로 무지개(Super, 1980)

자신에 대한 객관적 정보를 제공해야 하고, 더불어 구직자가 그것을 자신에 대한 주관적 관점에 통합하도록 조력할 필요가 있다.

진로발달 이론의 상담 과정

수퍼의 노력은 이론과 실제를 통합하였다는 점에서 매우 영향력이 크다. 그의 발달적 개념과 이론은 '진로발달의 평가와 상담모형(Career Development, Assessment and Counseling: C-DAC)(Osborne, Brown, Niles, & Miner, 1997; Super, Osborne, Walsh, Brown, & Niles, 1992)'으로 확장되었다. 따라서 이 절에서는 수퍼의 진로발달에 대한 개념과 이론을 토대로, 사례개념화와 상담 목표, 개입 전략 등을 수립하는 방법에 대해 C-DAC 모형을 중심으로 살펴보고자 한다.

사례개념화

수퍼의 이론은 진로발달에서의 양(breadth)과 질(depth) 모두를 언급하고 있다. 즉, 수퍼는 내담자의 사례를 이해하기 위해 출생에서 죽음에 이르기까지 연속적인 발달단계와 각 발달단계에 적절한 발달과업의 수행 여부를 확인할 필요가 있음을 언급하였다. 내담자의 발달과업은 내담자의 다양한 생애역할 속에서 형성되는 것으로, 이러한 발달과업을 적절히 수행하고 있다는 것은 내담자가 적절한 자아개념을 바탕으로 어느 정도 '진로성숙(혹은 진로 적응)'을 이루고 있다는 것을 의미한다.

수퍼의 이론에 입각한 사례개념화를 위해서는 우선 내담자의 자아개념에 대한 평가가 필요하다. 한 개인의 진로발달에 있어 양과 질은 자아개념을 통합해 가면서 서서히 발달하게 되며, 진로선택은 자아개념과 다른 내적 가치(가치, 흥미, 능력) 및 외적 가치(구직 활동, 직업 시장, 경제적 상황)에 의해 중재되고 더불어 생애역할과의 조화 속에서 실행된다. 즉, 개인의 진로는 자신의 자아개념에 의해 영향을 받거나 중재된다. 그것은 어린 아이가 자신과 다른 사물이나 사람들을 구분하는 시기에 형성되고, 전 생애를 통하여 발달한다. 또한, 직업을 선택하는 것은 자아개념을 완성하기 위한 하나의 도구가 된다(Super, 1953). 상담자는 그러한 내담자의 자아개념이 발달과정 중에서 어떻게 형성되었고, 어떻게 발달해 왔는지 그리고 그러한 자아개념이 내담자의 진로발달 및 의사결정에 부정적인 영향을 미치고 있지는 않은지 등을 면밀히 평가할 필요가 있다.

사례개념화를 위해 필요한 두 번째 확인은 진로발달단계와 그 단계에서의 적절한 과업 수행 여부를 평가하는 것이다. 진로발달은 전 생애에 걸친 과정이다. 그것은 일반적으로 연령에 따라 5가지 발달 단계(성장기, 탐색기, 확립기, 유지기, 쇠퇴기)로 나누어 볼 수 있지만 나이와 발달단계가 직선적으로 짝지어지는 것은 아니다. 특히 21세기 이후 수많은 사람이 탐색기, 확립기, 유지기의 3단계가 상호작용하는 소순환을 경험하고 있고, 수퍼도 그러한 소순환에 기초한 이론의 수정을 제안하였다. 따라서 현재 내담자의 연령에 따른 발달단계의 확인뿐만 아니라 실제 내담자의 상황에 입각한 소순환 단계를 확인할 필요가 있으며, 그러한 단계에서 내담자의 발달과업이 잘 수행되고 있는지에 대한 평가가 필요하다. 즉, 내담자가 처한 발달단계에서의 과업 수행이 적절한지를 평가하는 진로성숙도(진로적응도) 평가가 필요하다. 이러한 발달과업의 수행 여부와 더불어 질적인 측면에서 평가되어야 할 것은 내담자가 자신의 발달단계에 적합한 과업을 수행하기 위해 충분한 지식과 기술을 보유하고 있는지의 여부다. 적절한 상담과 개입을 위해서 '자신과 직업 세계, 특정 직업에 대해 얼마나 많은 지식을 갖고 있는가?' '선택을 구체화하기 위해 적절한 과제가 수행되었는가?'와 같은 부분에 대한 내담자 평가가 필요하다.

마지막으로, 사례개념화를 위해 내담자의 생애역할을 확인하고 그러한 생애역할 간의 조화 여부에 대해 면밀히 평가한 후, 내담자의 호소문제가 역할 간의 갈등에 기인한 부분이 있는지를 확인할 필요가 있다. 진로(career)는 일(job)보다 더 넓은 개념으로서, 특정 시점에서 한 개인에게 요구되는 생애역할을 수행하기 위한 모든 활동의 조합이다(Super, 1980). 한편, 역할(role)은 수퍼의 이론에서 지속적으로 등장하는 주요 개념으로, 자녀, 학생, 직업인, 배우자, 부모, 가사노동자, 시민, 여가활동자(leisurite) 등을 포함하며, 서로 상호작용하는 동시에 서로에게 영향을 주기도 한다. 이중 직업인은 다른 생애역할에 큰 영향을 미치는 역할인 동시에 다른 역할에 의해 영향을 받기도 한다. 상담자는 내담자의 문제를 명확히 이해하기 위해 전 생애에 걸쳐 내담자의 역할 선택이 어떻게 이루어졌는지와 그러한 각 역할을 수행하는 데 할당된 시간과 각 역할에 대한 내담자의 주관적 중요성을 평가하고 확인할 필요가 있다. 일반적으로 아동기에는 학생이자 자녀로서의 역할에 대한 책임감이 증가하고, 청소년기에는 시민과 직업인으로서의 역할이 조금씩 증가하다가 청장년기에는 학생을 제외한 대부분의 역할에 대한 책임감이 증가하며, 노년기에는 부모 및 여가 활동자를 제외한 대부분의 역할에 대한 책임감이 감소한다. 이처럼 생애 기간에 걸친 생애역할의 중요성은 변할 뿐만 아니라 역할에 개입하는 방식도 변하게 된다.

상담 목표

수퍼의 기준에서, 진로상담의 목표는 앞서 살펴본 홀랜드의 관점과는 매우 다르다. 수퍼의 진로발달 이론의 관점에서 상담은 내담자에게 스스로 (1) 자신의 생애역할에 대한 통합적이고 적합한 개념을 형성하여 이를 수용할 수 있도록 하고, (2) 현실에 반하는 개념을 검토하게 하며, (3) 그러한 자아개념을 실현시켜 일에서의 성공, 사회적 기여, 개인적 만족으로 이끄는 진로선택을 하게 하는 것(Super et al., 1996, pp. 158-159)을 목적으로 한다. 수퍼의 진로발달 이론에 입각한 C-DAC 모형의 진로상담에서는 다음과 같은 구체적인 목표가 수립될 수 있다.

- 내담자의 진로성숙도를 확인하고, 내담자에게 요구되는

태도, 능력, 지식, 발달과업의 성취 여부를 확인한다. 그리고 그러한 확인 과정 중 발견된 부족한 부분을 채우기 위해 노력한다.

- 내담자의 자아개념을 분석하고 평가한다. 그리고 자아개념이 내담자의 상황에 부적절하게 형성되어 있다면 상담을 통해 자아개념을 강화한다.
- 내담자는 진로가 생애역할들의 상호작용의 조합이라는 것을 이해하고, 인생의 균형을 이루기 위하여 각 역할을 적절히 선택하고 그 중요도를 결정해야 한다는 사실을 수용한다.
- 내담자는 자신의 흥미, 능력, 가치를 확인하고 그러한 특성을 각 생애역할에 맞게 적절히 분배한다.

개입 전략

수퍼의 진로발달 이론(Super et al., 1996)의 주요 개념에 기초한 상담모형인 C-DAC는 그 명칭에서 알 수 있듯이 진로발달에 대한 평가에 기초하여 상담을 진행하는 방식이다. 따라서 이 모형에 의한 상담에서 평가는 매우 핵심적인 과정이다.

C-DAC에서 평가는 크게 생애구조와 주요한 직업 역할, 진로발달 수준과 자원, 가치, 흥미, 능력을 포함하는 직업적 정체성, 직업적인 자아개념과 생애 주제의 4가지 평가를 포함한다. 첫 번째 평가는 내담자의 생애구조와 직업 역할에 대한 평가로서 자녀, 학생, 배우자, 시민, 여가인 등 개인의 삶에서 정의되는 핵심적인 역할과 주변적인 역할

의 유형을 평가한다. 평가의 두 번째 단계에서는 진로발달 수준과 자원을 평가하는 데, 상담자는 어떤 발달과업이 내담자와 연관되어 있는지를 알아야 한다. 여기서는 내담자가 당면한 문제와 내담자가 갖고 있는 극복 자원에 대한 평가를 통해 내담자 문제에 보다 명확히 접근할 수 있는데, 극복자원이란 내담자가 직면한 특정한 발달과업들을 다루는 태도나 역량을 말한다. 세 번째 평가인 직업적 정체성에 대한 평가는 전통적인 특성-요인 이론에서도 중요시하는, 내담자의 가치, 흥미, 능력의 평가를 포함한다. 이 단계의 목표는 그러한 내담자의 특성들을 평가하면서 내담자의 진로정체성의 내용을 탐색하고, 그러한 정체성이 내담자 생애의 다양한 역할에서 어떻게 나타나고 있는지를 탐색하는 데 있다. 평가의 마지막 단계는 직업적인 자아개념과 생애 주제에 대한 평가에 초점을 둔다. 이전 단계까지는 주로 '객관적인' 평가에 초점을 두었다면 이 단계에서의 평가는 내담자의 주관적인 자아개념에 대한 평가가 주가 된다. 내담자의 자아개념을 평가하기 위해 C-DAC 모형은 2가지 방법을 추천하는데, 내담자의 현재에 나타나는 자기상에 초점을 두는 횡단적인 방법과 내담자의 생애 전체에 걸쳐서 발달되어 온 주제에 초점을 두는 종단적인 방법이 그것이다.

이러한 4단계의 평가 과정이 끝나면, C-DAC 모형에 입각하여 상담을 진행하는 상담자는 '내담자의 생애 이야기에 대한 통합적인 해석'을 하고(Super et al., 1996, p. 157), 평가 단계에서부터 상담 단계로 전환한다. 수퍼(1957)는 상담의 과정에서 지시적인 기법과 비지시적인 기법을 함께 사용하도록 권하고 있는데, 예를 들면 상담자는 내담자의 진로 관련 주제에 대한 비지시적인 탐색으로 시작하여 그 이상의 논의를 위한 주제를 지시적인 기법으로 만들어낼 수 있다고 하였다. 또한, 내담자가 자아개념과 삶의 구조에 대한 비지시적인 탐색을 진행하면 그러한 내담자의 평가 결과에 대해 상담자가 지시적으로 논할 수도 있다고 하였다. 그러한 비지시적인 기법과 지시적인 기법을 함께 사용하는 상담을 통해 내담자는 자기 자신과 진로에 대한 객관적인 차원 및 주관적인 차원 사이의 균형을 경험할 수 있게 된다(Super et al., 1996, p. 162).

수퍼의 진로발달 이론에 기초한 상담을 진행함에 있어 자주 활용되는 검사로는 진로발달검사 혹은 진로성숙도검사가 있다. 1955년 수퍼가 '직업성숙(vacational maturity)'의 개념을 소개한 이후, 미국에서 광범위하게 '진로성숙(career maturity)'에 관한 개념을 연구하게 되었고, 그 결과 진로성숙이라는 개념이 더욱 포괄적인 상위 개념으로 정착되기에 이르렀다. 수퍼는 진로성숙을 한 개인이 속해 있는 연령 단계에서 이루어야 할 직업적 발달과업에 대한 준비도로 설명하였는데, 그러한 진로성숙 또는 진로발달 정도를 측정하기 위해 개발된 검사가 바로 진로발달 및 성숙도 검사다. 그러한 검사를 활용함으로써 상담자는 내담자들의 진로발달 수준 및 성숙도 결과에 따라 개인별로 어느 영역에 더 많은 지도와 조언이 필요한가를 판단할 수 있는 근거를 얻을 수 있다.

진로발달검사 혹은 진로성숙도검사 이외에도 수퍼의 진로발달 이론에 기초한 상담에서는 '생애진로 무지개' 작업이 자주 활용되고 있다. 수퍼(1980)는 내담자가 어떤 역할을 수행하고 어떤 가치관을 추구하며 현재 자신의 생활에서 어떤 측면을 중요하게 생각하는지 등을 효과적으로 탐색하고, 내담자의 현재 또는 미래의 역할갈등을 확인해 볼 수 있는 방법으로 이러한 생애진로 무지개를 제안하였다. 상기했듯이 수퍼는 개인이 동시에 수행하게 되는 6가지 중요한 역할을 자녀, 학생, 배우자, 직업인, 시민, 여가인으로 보고 있다. 즉, 개인은 여러 가지 역할을 동시에 하고 있으며, 각 역할은 서로 영향을 미친다. 따라서 내담자는 생애진로 무지개를 그리면서 다양한 생애역할을 수행할 때, 조화로운 삶을 살기 위해 한정된 시간과 에너지를 어떻게 활용해야 할지 숙고해 볼 수 있는 기회를 부여받는다.

진로발달 이론을 김순영 씨 사례에 적용하기

발달이론은 내담자의 진로를 아동기에서부터 시작하여 성인기로 이어지는 일련의 의사결정의 연속체로 본다. 여기에서는 먼저 수퍼의 발달단계를 골격으로 하여 김순영 씨의 자아개념의 발달과 김순영 씨가 지금까지 내린 의사결정에 대해 살펴보고, 그 후 C-DAC 모형을 사용한 상담 목표와 가능한 상담적 개입에 대해 살펴보고자 한다.

사례개념화

수퍼의 진로발달 이론에 입각한 사례개념화를 위해 앞서 살펴본 3가지 주요 개념인 자아개념의 발달, 발달단계 및 발달과업 그리고 생애역할을 중심으로 김순영 씨의 사례를 살펴보겠다. 우선, 발달단계별로 김순영 씨의 자아개념 발달과정을 살펴보면 다음과 같다.

김순영 씨는 아동기에 초등학교와 중학교를 모두 같은 동네에서 다니면서 학교생활에도 잘 적응하는 학생이었다. 중학교 때는 노래를 잘 부르고 글을 잘 쓴다는 칭찬을 많이 들었으며, 국어와 음악 시간을 특히 좋아했다. 수퍼의 발달단계에 따르면 이 시기는 성장기로, 가정과 학교에서의 주요 인물과 자신을 동일시함으로써 자아개념이 발달하고 환상이나 흥미, 능력에 입각한 자아개념이 형성되는 시기다. 김순영 씨의 어린 시절은 노래를 부르고 글을 쓰는 예술적인 흥미가 발달되는 시기였다. 이러한 흥미에 입각한 자아개념은 이후 김순영 씨가 고등학교 시절에 수행한 합창단과 미화부장 활동으로 발현되었고, 최근에도 꽃꽂이, 독서지도와 같은 주부 대상 특강에 관심을 갖고 찾아다니는 활동으로 발현되고 있다. 하지만 가수의 꿈을 버리지 못해 가족을 경제적으로 어렵게 하셨던 아버지의 예술성이 평가 절하되는 가족 내 분위기와 워낙 성실하고 알뜰한 어머니의 영향으로 김순영 씨는 이후 자신의 예술적 특성에 대한 자아개념을 부정적으로 발전시켰을 가능성이 높다. 더불어 이 시기 김순영 씨의 자아개념 발달에 영향을 준 사람은 어머니로서, 어머니는 김순영 씨에게 가족을 위해 언제나 희생하는 아내 및 어머니라는 전통적 여성으로서의 역할모델이 되었다.

청소년기의 김순영 씨는 고등학교에 진학할 무렵 아버지의 병으로 집안 형편이 어려워지면서 무엇보다 빨리 취업을 해야 한다고 생각했다. 부모님도 그렇게 하길 희망하여서 상업계 고등학교에 진학하게 되었고, 졸업 후 곧바로 은행에 취직하였다. 수퍼의 발달단계에 따르면 이 시기는 탐색기로서 학교 생활과 여가 활동을 통해 자아를 검증하고, 역할을 시행하면서 직업 탐색을 시도하며, 결과적으로 선택한 분야를 향하여 행동을 취하게 되는 단계다. 김순영 씨 역시 가족의 경제적 상황에 맞춤과 더불어 '여자는 대학보다는 얼른 돈을 벌어 시집을 잘 가는 것이 좋다.'는 어머니의 말씀으로 인해 일찍이 취업에 관심을 가졌고, 수학에 대해서 어느 정도 흥미와 적성도 있었기 때문에 상업고등학교로 진학하여 은행에 취업할 수 있었다. 항상 성실하게 살아오신 어머니의 영향과 학교 생활에 잘 적응하였던 자신의 경험은 김순영 씨가 고등학교에서도 성실하고 꾸준한 노력으로 관련 자격증을 갖추고 무난히 취업할 수 있도록 해 준 원동력이 되었다.

청년기의 김순영 씨는 고등학교 졸업 후 입사한 은행에서 천직이라고 생각할 만큼 적응을 잘 하였다. 꼼꼼함과 성실함을 중요시하는 직무는 김순영 씨의 특성과 잘 맞아 보였다. 그러나 입사 후 3년이 지나면서 어려운 상사를 만나게 되었고, 그로 인한 스트레스와 질병으로 퇴사를 하게 되었다. 그리고 1년여의 쉬는 기간이 있었지만, 이후 다시 취업하게 되었고 그 직장에서 현재의 남편을 만나 결혼을 하면서 직장 생활을 그만둔 후 가사에 전념하게 되었다. 김순영 씨가 스스로에 대해 주관적으로 가지고 있는 자아개념은 그동안 습득한 사회적 성역할에 부합하는 것이었기 때문에 가사를 책임지는 여성의 전통적 역할을 해내기 위해 결혼과 동시에 직장을 그만둔 것이다. 하지만 현재 결혼 이후 시댁 식구의 뒷바라지로 다소 지친 상태고, 최근 남편의 사업이 어려워지면서 자신도 경제적인 보탬이 되어야 한다는 부담을 느끼고 있다. 아버지가 경제적으로 어려웠을 때 어머니께서 가사와 동시에 경제 활동을 해 왔던 것처럼 김순영 씨도 자신의 남편을 위해 가사뿐만 아니라 가정 경제에 대한 책임을 져야 한다고 느끼고 있다.

김순영 씨의 사례개념화를 위해 두 번째로 확인해야 할 부분은 김순영 씨의 진로발달단계와 발달과업에 대한 것이다. 35세의 김순영 씨는 수퍼의 진로발달단계에 입각하여 생각해 볼 때 확립기 중 안정기의 시기에 해당된다. 확립기는 자신에게 적합한 분야를 발견하고 거기에서 영구적인 위치를 확보하기 위해 노력하는 단계로서, 그중 안정기는 진로유형이 분명해짐에 따라 그것을 안정시키고 직업 세계에서 안정된 위치를 굳히기 위한 노력을 하는 단계다. 하지만 10년이라는 경력 단절이 있었던 김순영 씨의 경우, 확립기에 들어섰다고 볼 수 없다. 물론 직업인으로서가 아닌 가정주부로서의 역할로 볼 때는 결혼 이후 약 10년간 가사에 전념하고 아이를 낳아 키우면서 어느 정도 확립기(안정기)에 들어선 상태이지만, 다시 일을 시작하려고 하는 직업인으로서의 상황을 고려해 본다면 확립기보다는 탐색기에 있다고 볼 수 있다. 즉, 김순영 씨의 경우는 진로상담을 신청한 많은 경력 단절 여성 구직자처럼, 20대 초반에 퇴사하면서 확립 단계의 중간에서 이탈하였으며, 현재 탐색 단계의 과업으로 다시 돌아가 그것을 재순환하고 있는 것으로 개념화할 수 있다. 즉, 직업인으로서 김순영 씨는 10대 후반에 겪었던 자아검증, 역할 시행, 직업적 탐색을 통해 자신에게 적합한 분야를 발견하기 위한 재탐색의 과업을 수행해야 하는 것이다.

마지막으로 김순영 씨의 사례개념화를 위해 현재 생애역할을 살펴볼 필요가 있다. 어린 시절부터 김순영 씨는 자녀와 맏딸로서의 역할에 충실해 왔고 그러한 자신의 역할을 매우 중요하게 생각해 왔다. 특히 아버지의 병환으로 자신의 예술적 흥미를 접고 대학을 포기하면서 맏딸로서 가정의 경제에 보탬이 되고자 취업을 선택하였고, 여자는 시집을 잘 가서 살림을 잘 꾸려야한다는 어머니의 말씀과 더불어 가정 경제를 책임지고 성실하게 생활해 온 어머니를 역할모델로 하였기 때문에 결혼 이후 직장을 그만두고 배우자와 가정주부로서의 역할을 성실히 수행해 왔다. 현재 김순영 씨는 주로 부모, 배우자, 자녀로서의 역할에 충실하고 있다. 비록 김순영 씨가 직업을 갖더라도 5세 아들의 어머니로서의 역할과 며느리로서의 역할을 소홀히 할 수 없는 상황이므로 그러한 생애역할은 김순영 씨의 직업선택에 중요한 영향을 미치고 있다. 결혼 후 김순영 씨는 지속적으로 가정주부로서의 역할을 자신의 우선순위로 놓았고 그동안 경제 활동은 남편이 책임지고 있었으나, 현재는 자신이 경제 활동에도 참여해야 하는 상황이다. 즉, 김순영 씨는 부모, 배우자, 자녀로서의 역할과 더불어 직업인으로서의 역할을 함께 해야 할 상황에 직면했다. 이후 김순영 씨와의 상담에서는 그러한 다양한 생애역할에 대한 평가와 각 역할에 대한 노력 배분 및 조화의 문제가 심도 있게 다루어질 필요가 있다.

상담 목표

앞서 언급하였듯이 수퍼의 진로발달 이론에 입각한 상담은 내담자 스스로 자신의 생애역할에 대한 통합적이고 적합한 개념을 형성하여 이를 수용할 수 있도록 하고, 현실에 반하는 개념을 검토하게 하며, 그러한 자아개념을 실현시켜 일에서의 성공, 사회적 기여, 개인적 만족으로 이끄는 진로를 선택하게 하는 것을 목적으로 한다. 한편, 수퍼의 이론은 원래 백인 중산층의 청년 남성을 대상으로 시작한 것이지만 수퍼는 여성의 진로유형에도 관심이 있었다. 이에 그는 다음과 같이 7가지 여성의 진로유형을 제안하였다(Super, 1957, pp. 76-78).

- **안정적인 가사 진로유형**(stable homemaking career pattern): 학교 졸업 후에는 직업을 갖지 않는 여성의 진로유형
- **전통적인 진로유형**(conventional career pattern): 고등학교나 대학교를 졸업한 후 취업을 하지만 결혼 후에는 가사에

전념하기 위해 일을 그만두는 여성의 진로유형

- **안정적인 근로 진로유형**(stable working career pattern): 고등학교나 대학교를 졸업한 후 생애 전반에 걸쳐 일을 계속하는 여성의 진로유형
- **복선 진로유형**(double-track career pattern): 생애 전반에 걸쳐 일과 가사를 병행하는 여성의 진로유형
- **단절 진로유형**(interrupted career pattern): 일을 하다가 결혼을 하면서 전업주부가 되어 직장을 그만둔 후, 아이들이 성장하여 스스로 돌볼 수 있게 되면 다시 일을 시작하는 여성의 진로유형
- **불안정 진로유형**(unstable career pattern): 일을 하다가 중단하고 다시 시작하고 중단하기를 반복하는 여성의 진로유형
- **다중시도 진로유형**(multiple trial career pattern): 일은 하지만 진로를 확고히 하지는 않고 삶에서 서로 연관이 없는 수없이 많은 직업을 갖는 여성의 진로유형

이 중 김순영 씨의 경우 단절 진로유형의 여성이라고 할 수 있다. 따라서 수퍼의 진로발달 이론의 상담 목표와 더불어 단절 진로유형을 보이는 여성으로서의 상담 목표를 함께 진행할 필요가 있다. 그리하여 김순영 씨의 상담 목표는 다음과 같은 방향으로 제시될 수 있다.

- 경력 단절 여성으로서 자신의 현재 상황과 발달단계에

적합한 발달과업, 요구되는 태도, 능력, 지식 등에 대해 명확히 파악하고 부족한 부분을 보충할 수 있는 계획 세우기

- 경력 단절 여성으로서 스스로 경험하고 있는 불안을 알아차리기
- 자신의 자아개념, 흥미, 능력, 가치 등을 평가한 후, 자신에 대한 더 나은 관점을 갖기
- 자녀, 직업인, 부모, 배우자로서의 다양한 역할을 수행함에 있어 인생의 균형을 이루기 위하여 각 역할을 적절히 선택하고 그 중요도를 결정해야 한다는 사실을 수용하기
- 다양한 생애역할 간의 조화를 위해 각 역할에 적절한 노력을 배분하고, 다양한 자원을 활용하는 방법을 익히기

상담 개입

생애역할과 직업 역할의 중요성에 대한 평가 및 상담

김순영 씨의 삶에서 중요한 역할들의 상호작용은 스트레스를 줄여 줄 수도 있고 스트레스를 더 가중시킬 수도 있다. 즉, '다양한 역할은 삶을 풍부하게 할 수도 있고 과중하게 할 수도 있다.'(Super et al., 1996, p. 129) 또한, 새로운 일의 시작은 김순영 씨의 삶에서 어떤 역할을 변화시키거나 역할들이 상호작용하는 방식을 변화시킬 것이다. 즉, 역할이 추가되거나 줄어들 수 있고, 발달 중인 역할은 수정될 수도 있다.

상담자는 김순영 씨의 다양한 역할과 각 역할의 중요성에 대한 명

료화 작업부터 시작할 것이다. 현재 여러 역할 사이의 균형에 대해 어떻게 생각하고 있는지, 역할들 사이의 이상적인 균형을 무엇이라고 생각하고 있는지, 현재의 균형과 이상적인 균형 사이의 불일치는 얼마나 되는지 등을 탐색할 것이다. 수퍼의 생애진로 무지개를 살펴보면, 김순영 씨는 서로 다른 여러 가지 사회적 역할을 동시에 수행하고 있고 그러한 역할들의 상대적 중요성에 대해 재평가하는 과정에 있다고 할 수 있다. '역할 상호작용 평가' 기법(Brown & Brooks, 1991)은 다양한 생애역할에 대한 명료화 과정을 돕는다. 그러한 기법은 직업인으로서의 역할과 다른 생애역할 사이의 상호작용을 정의하고 명료화하는 데 사용될 수도 있다. 먼저, 김순영 씨는 현재 자신이 수행하고 있는 생애역할에 대한 목록을 작성하고 각 역할에 시간을 얼마나 투자하고 있는지를 평가한다. 여기에서는 자신의 역할에 대한 기대도 함께 검토된다. 다음으로, 김순영 씨는 자신의 가치관에 기초하여 생애역할에 대한 우선순위를 매긴다. 마지막으로 김순영 씨는 서로 갈등하고 있는 역할이 무엇인지, 서로 보완해 주는 역할은 무엇인지를 확인한다(Brown & Brooks, 1991).

한 연구(Jackson & Scharman, 2002)에서 아이가 있으며 주당 30시간 이하로 일하는 여성들을 중심으로 가사와 육아를 병행하는 데 도움이 되는 6가지 일반적인 주제를 제시하였다. 김순영 씨의 경우에도 그와 같은 주제를 바탕으로 상담을 진행하면서 이후 직업과 가사를 병행하는 여성으로서의 삶에 대해 준비할 수 있을 것이다.

- 일과 가족에 대해 배우자와 함께 결정하기
- 창의적이며 대안적인 업무 계획 짜기
- 자신의 일을 즐기면서 하기

- 직장일과 가사를 병행할 수 있다는 것에 긍정적인 느낌 갖기
- 직장과 가족의 요구나 책임에 대해서 조금은 자유로워지기
- 아이들과 함께하는 시간이나 개인적인 시간을 갖기 위한 대가로 다른 것(예: 돈, 승진 등)을 포기할 수 있다는 사실을 수용하기

진로발달의 수준과 자원에 대한 평가 및 상담

미국에서는 성인 내담자의 문제가 어떤 발달과업과 관련되는지 확인하기 위해 상담자가 성인진로문제 검사(ACCI)(Super, Thompson, & Lindeman, 1990)의 결과를 안내서로 활용하는 상담을 진행한다. 하지만 우리나라의 경우에는 성인 내담자의 진로문제 및 발달 수준을 측정하기 위해 적절한 검사를 활용하고 있지 않다. 따라서 김순영 씨의 경우에는 면접을 통해 발달단계를 확인해 볼 필요가 있다. 김순영 씨와의 면접 내용을 보면, 주요 진로문제가 수퍼의 탐색 단계의 과업과 관련됨을 알 수 있다. 또한, 김순영 씨가 연령에 맞지 않는 진로단계에 있다는 불일치감을 느끼고 있기 때문에 그러한 상태가 불안을 야기할 수 있다. 다시 말해, 김순영 씨는 자신의 진로에서 더 멀리 나아가 있어야 한다고 느끼고 있을 것이다.

김순영 씨의 진로문제에 대한 호소가 정리되면, 상담자는 김순영 씨가 활용할 수 있는 자원에 대해 검토한다. 그러한 자원에는 다음과 같은 것이 있다. 첫째, 진로계획에 대한 긍정적인 태도는 중요한 자원이다. 김순영 씨는 진로상담에 상당히 열중해 있고, '이 기간 동안 나에게

적합한 진로를 선택해야 한다.'는 구직에 대한 높은 동기를 보이고 있다. 김순영 씨가 여러 가지 직업을 찾아보는 것에 관심을 갖는 것은 아니지만, 김순영 씨의 적극적이고 낙관적인 태도는 그러한 과정에 많은 도움이 될 것이다. 이러한 진로계획에 대한 긍정적인 태도는 이전 진로탐색에 대한 성공 경험이 김순영 씨의 긍정적인 자아개념 형성에 영향을 미친 결과라고 할 수 있다.

둘째, 자신과 직업 세계에 대한 김순영 씨의 지식 또한 중요한 자원이다. 평가 도구를 모두 수행해 낼 수 있었던 자신감, 이전 직업의 긍정적 측면과 부정적 측면 모두를 표현할 수 있는 능력, 자신의 강점과 약점에 대한 자기표현 등에서 나타나듯이, 김순영 씨는 자신에 대해 잘 알고 있고 그것은 김순영 씨의 나이와 경험에 미루어 보았을 때도 적절한 수준이다. 그러나 상담자는 김순영 씨의 오랜 경력 단절 기간으로 인한 자신감 저하 부분과 김순영 씨가 보다 깊은 자기탐색을 통해 얻을 수 있는 부분에 대해서도 주의를 기울여야 한다. 또한 현재 자신의 상황과 관련된 직업 정보가 부족한 상태로, 상담자는 김순영 씨가 가지고 있는 정보 가운데 잘못된 정보는 무엇인지와 정보가 더 필요한 영역이 무엇인지에 대해 주의를 기울여야 한다.

셋째, 김순영 씨의 의사결정 기술을 평가해야 한다. 김순영 씨가 '과거에 좋은 결정을 내리지 못했다.'고 보고하고 있기 때문에 상담자는 김순영 씨의 의사결정 방식과 기술을 신중하고 주의 깊게 평가해야 한다. 또한 상담자는 김순영 씨가 과거에 내린 결정(예: 대학포기, 결혼, 퇴사 등)과 관련된 여러 가지 상황을 분석함으로써 의사결정을 했던 과정을 스스로 설명해 보도록 할 수 있다.

상담자가 평가해야 할 마지막 자원은 김순영 씨를 둘러싸고 있는 주변 환경적 자원이다. 현재 남편은 지방에 내려가 생활하면서 주말에만 집으로 돌아오고, 시부모님은 연로하셔서 김순영 씨가 가사와 육아를 모두 책임져야 하므로 그러한 역할과의 조화를 이룰 수 있는 직장을 구하려고 하고 있다. 하지만 다른 시각에서 보면 주말에는 남편의 도움을 받으며 어느 정도 가사와 육아를 분담할 수 있고, 비록 연로하시기는 하지만 시부모님과 시동생이 함께 살고 있어 갑작스런 업무 시간 변경과 같은 변화 상황에도 어느 정도 도움을 청할 수 있는 인적자원이 있다고 볼 수 있다. 그런 측면에서 김순영 씨의 주변 환경적 자원은 긍정적인 자원이라고 평가할 수 있다. 따라서 이러한 김순영 씨 주변의 인적 자원에 대한 명확한 평가가 이루어질 필요가 있다.

직업적 정체성 평가 및 상담

세 번째 단계는 직업적 정체성의 내용을 파악하는 것인데, 이것은 김순영 씨가 상담 회기 전에 받았던 심리검사 결과로 나타난 흥미, 가치, 성격 등에 대한 정보를 통합하는 과정이다.

직업선호도검사에서 얻은 점수로 볼 때, 김순영 씨는 다른 사람들과 함께 일하고 다른 사람을 돕는 것에 관심이 많은 사회형(S)과 규칙을 선호하고 꼼꼼한 일처리에서 능력을 발휘할 수 있는 관습형(C)의 특성을 보이는 것으로 나타났다. 이러한 결과는 김순영 씨가 어린 시절부터 잘하고 좋아했던 심미적 활동과 적극적이고 열정적인 김순영 씨의 태도를 지지하고 개발할 수 있는 환경적 기회가 그동안 많지 않았기 때문이며, 오히려 타인과 어울리고 타인을 배려하는 상황 및 꼼꼼하고 체계적으로 일해야 하는 상황 속에서 김순영 씨의 사회형과 관습형적 특성이 더욱 개발된 결과라고 볼 수 있다. 예컨대, 상업고등학교 졸업 후 취업한 몇 몇 직장에서의 직무는 고객을 대상으로 하는 서비스 업무나 다소 반복적인 숫자 계산을 꼼꼼하게 처리해야 하는 일이 대부분이었는데, 김순영 씨는 그러한 일을 성실하게 잘 해내었다. 이는 김순영 씨의 사회형적이고 관습형적인 특성이 이 시기에 더욱 개발되었음을 보여 주는 동시에 일치도가 높은 직업 환경 속에서 김순영 씨의 유형이 잘 적응했음을 증명하는 것으로 볼 수 있다. 그러나 한편으로 김순영 씨는 다양한 방식으로 자신의 예술형적이고 진취적인 특성을 진로 외적인 영역에서 유지해 왔는데, 예컨대 주부 대상 강연이나 워크숍을 통해 꽃꽂이나 아동 독서지도와 같은 활동에 열성적으로 꾸준히 참여해 왔고, 재취업에 대해 고민하면서 미용사나 요리사 자격증에 관심을 갖는 등 다양한 흥미 분야를 갖고 있었다. 하지만 예술형적인 작업에 대한 회의와 오랫동안의 경력 단절로 인한 능력에 대한 불확신으로 다양한 관심과 흥미가 진로 결정에까지 이르지는 못하고 있다.

무엇보다도 김순영 씨가 선호하고 지속적으로 개발해 온 특성은 사회적 특성이라고 볼 수 있다. 초등학교와 중학교 시절, 음악과 국어를 좋아하기도 했지만 수학에 대한 기초를 마련하여 이후 상업계 고등학교에 진학하는 데 도움을 받을 수 있었던 것은 따뜻하고 친절했던 수학 선생님 덕분이었다. 또한 고등학교 졸업 후 직장에서 근무할 때에도 자신에게 맡겨진 일에 충실하고 주변 사람과 두루 친하게 지내는 것을 중요하게 생각할 만큼 김순영 씨에게 있어 타인과의 따뜻한 관계 형성은 학업과 직업 생활에 영향을 미치는 중요한 요인이었다. 어린 시절부터 장녀로서 경제적으로 어려운 가족을 배려하여 스스로 대학을 포기하고 이른 나이에 사회생활을 시작했으며, 자신의 여동생처럼 어머니에게 자신의 의지를 끝까지 표현해 본 적도 없었고, 결혼 후에도 시댁 식구와 더불어 힘든 생활이지만 밝은 얼굴로 살림을 이끌어 나가려 노력했던 것은 김순영 씨의 사회형으로서의 특성이 발휘된 부분이라고 추측된다. 또한 예전 근무지에서 그만두게 된 간접적인 원인이 새로운 상사와의 관계 형성의 어려움 때문이었고, 주말부부로서 남편과의 정서적 교류가 없는 것을 가장 힘들어하며, 동시에 어려운 가계와 남편의 고충을 덜어 주고자 자신의 일을 찾아 나선 구직 의도 역시 인간관계를 중시하는 김순영 씨의 사회형적 특성에서 비롯된 것으로 보인다.

이러한 김순영 씨의 특성을 전제로 할 때, 김순영 씨가 구직 시 제일 많이 고려하는 부분이 아들에 대한 '어머니로서의 책임'이라는 것이 다른 유형에서보다 더욱 중요해진다. 타인의 복지를 소중히 여기고 남에게 봉사하는 것을 선호하는 사회형의 특성과 진지하고 보수적이며 책임 완수를 중시하는 관습형의 특성을 지닌 김순영 씨에게 자녀 양육에 관한 내용은 절대 타협하기 어려운 중요한 직업가치일 수 있을 것이다.

또한, 진로장벽검사의 결과를 보면 김순영 씨는 총점 153점, 평균 2.7점을 기록하여 일반적인 경력 단절 여성보다도 조금 더 진로장벽을 많이 지각하고 있는 것으로 나타났다. 특히 김순영 씨의 경우에는 다중역할로 인한 갈등과 여성 취업에 대한 고정관념을 가장 크게 지각하고 있었는데, 이에 대해 상담자는 직업인으로서의 역할과 다른 생애역할과의 조화에 대한 상담을 통해 김순영 씨가 자신의 직업적 정체성을 발견할 수 있도록 조력할 필요가 있다.

직업적 자아개념과 생애주제에 대한 평가 및 상담

C-DAC 모형의 마지막 평가 단계는 내담자의 주관적인 자아개념을 탐색하는 것이다. 이 단계는 자신과 세상을 어떻게 이해하는지 김순

영 씨의 자기상을 확인하는 과정이다. 상담자는 김순영 씨가 과거와 현재의 자신을 어떻게 묘사하는지 경청하면서 김순영 씨의 자아개념을 평가한다. 김순영 씨는 어린 시절부터 '무난하게 잘 적응하는 사람'으로서 자신을 묘사하였고 흥미를 느끼는 분야에 대해 열정적으로 성실하게 임해서 성공을 거둘 수 있는 사람이라는 긍정적인 성취감을 갖고 있었다. 한편, 예술인의 삶은 고되기 때문에 자신의 예술적인 흥미와 적성은 진로로서 선택할 수 없었고, 여동생과는 다르게 맏딸로서의 책임감 속에서 자신이 원하는 진로를 선택하지 못했던 경험이 있다. 하지만 그러한 경험은 자신의 역할을 다할 수 있었던 경험이기도 하여, 자신에 대해 '불쌍하지만 그래도 뿌듯한 인생'이라는 양가적인 자아개념을 형성하게 하였다. 그러한 김순영 씨의 자아개념은 부모와 배우자가 되면서 더욱 강화되고 있다. 자신이 원하는 것을 하기에 앞서 배우자로서, 자녀로서, 부모로서의 역할을 충실히 할 수 있는 인생을 살고 싶다는 전제하에 현재 직장을 구하고 있는데, 그러한 김순영 씨의 자아개념은 현재 그녀의 구직 활동을 제한하는 기준이 된다.

한편, 김순영 씨는 지난 직장 생활을 회고하면서 자신을 책임감 있고 유능한 사원이었다고 표현하면서도 '주어진 할 일만 최선을 다하는 사람' '다른 사람에 비해 더 나은 면은 없는, 그저 평균만 하는 사람'이라는 자기비판적인 표현을 하면서 타인과의 비교 속에서 쉽게 좌절하는 경향을 보였다. 더불어 현재 김순영 씨는 자신의 구직에 대한 막연한 긍정적인 기대감도 있지만 낮은 학력, 오랜 경력 단절 기간, 여성 구직자라는 특성 때문에 불리할 것이라는 사회적 통념을 내면화하고 있다. 따라서 상담자는 책임감 있고 유능한 사원으로서의 자아개념의 구체적인 근거를 찾아 격려하면서 긍정적인 자아개념을 강화시켜야 한다. 동시에 부정적인 자아개념의 근거가 어디에서 비롯되었고 그러한 근거가 현재에도 찾아볼 수 있는 것인지, 혹시 개선할 수 있는 방안은 있는지 등의 질문을 통해 김순영 씨의 부정적인 자아개념을 개선할 필요가 있다. 또한 구직에 대한 불안의 원인인 김순영 씨의 학력이나 성별에 적합한 직업을 탐색하고, 오랜 경력 단절 기간을 대체할 수 있는 자격증이나 능력을 갖추는 방안을 모색하면서 김순영 씨가 자신에 대한 근거 있는 자신감을 바탕으로 보다 나은 자기상을 갖추어 갈 수 있도록 조력할 수 있다.

참고문헌

김충기, 김희수 역(2003). 진로상담의 기술. D. Brown, & L. Brooks의 *Techniques of career counseling*. 서울: 시그마프레스.

Borgen, F. H. (1991). Megatrends and milestones in vocational behavior: A 20-year counseling psychology retrospective. *Journal of Vocational Behavior, 39*, 263-290.

Jackson, A. P., & Scharman, J. S. (2002). Constructing family friendly careers: Mother's experience. *Journal of Counseling and Development, 80*, 180-187.

Osborne, W. L., Brown, S., Niles, S., & Miner, C. U. (1997). *Career development, assessment and counseling: Applications of the Donal E. Super C-DAC model*. Alexandria, VA: American Counseling Association.

Osipow, S. H., & Fitzgerald, L. F. (1996). *Theories of career development* (4th ed.). Boston, MA: Allyn & Bacon.

Savickas, M. L. (1994). Measuring career development: Current status and future directions. *Career development Quarterly, 43*, 54-62.

Savickas, M. L. (1997). The spirit in career counseling: Fostering self completion through work. In D. P. Bloch, & I. J. Richmond (Eds.), *Connection between spirit and work in career development* (pp. 3-26). Palo Alto, CA: Davies-Black.

Super, D. E. (1953). A theory of vocational development. *American Psychologist, 8*, 185-190.

Super, D. E. (1957). *The psychology of careers*. New York: Harper & Row.

Super, D. E. (1980). A life-span, life-space approach to career development. *Journal of Vocational Behavior, 13*, 282-298.

Super, D. E., Osborne, W. L., Walsh, D. J., Brown, S. D., & Niles, S. G. (1992). Developmental career assessment and counseling: The C-DAC. *Journal of Counseling and Development, 71*, 74-80.

Super, D. E., Savickas, M. L., & Super, C. M. (1996). The life-span, life-space approach to careers. In D. Brown, L. Brooks, & Associates (Eds.), *Career choice and development* (3rd ed., pp. 121-178). San Francisco, CA: Jossey-Bass.

Super, D. E., Thompson, A. S., & Lindeman, R. H. (1990). *The Adult Career Concerns Inventory*. Palo Alto, CA: Consulting Psychologists Press.

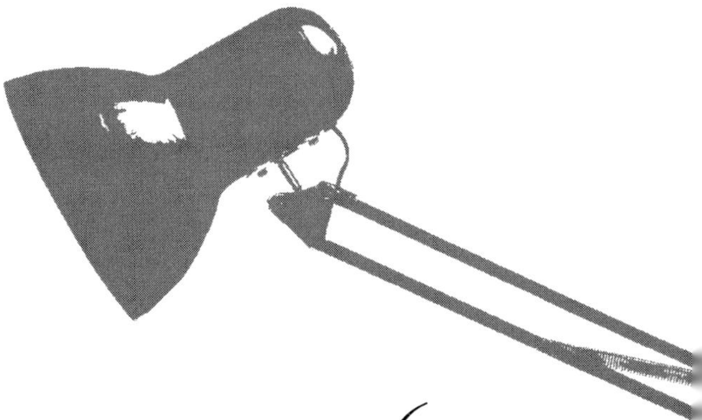

제6장

진로타협 이론

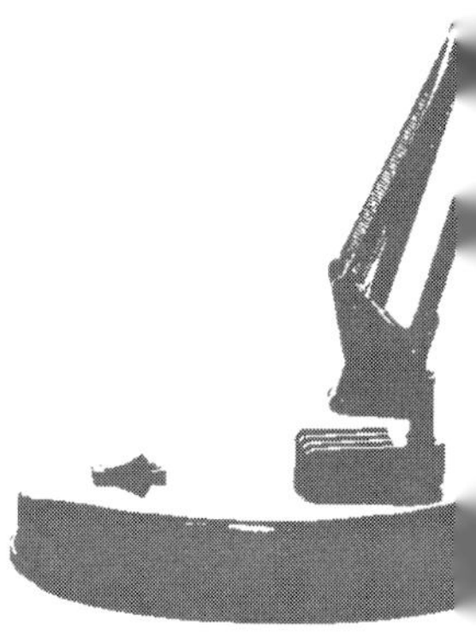

employment counseling

제 6 장
진로타협 이론

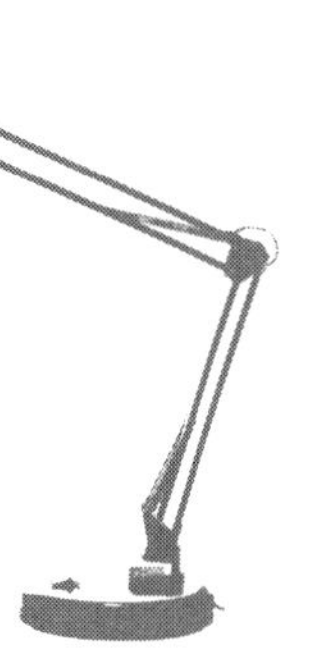

진로타협 이론 개관

진로타협 이론은 갓프레드슨(Linda S. Gottfredson)의 제한–타협 이론의 한 구성요소다. 갓프레드슨의 제한–타협 이론(Gottfredson, 1981; 1996; 2005)은 수퍼의 진로발달 이론과 마찬가지로 발달 이론의 맥락에 있는 이론으로서, 크게 2가지의 중요한 내용으로 구성된다. 하나는 수퍼의 진로발달 이론처럼 각 발달단계별로 어떤 진로과업이 수행되느냐의 내용을 담은 발달단계 이론으로 제한이론에 해당하고, 두 번째는 진로선택 및 의사결정에 관한 내용으로 타협이론에 해당한다.

갓프레드슨의 진로발달 이론은 수퍼의 이론처럼 전 생애적 발달단계를 제안하는 것은 아니고, 첫 입직까지의 진로발달 과정을 설명한다. 이 이론은 기본적으로 직업과 관련해서 자기가 할 수 있겠다고 생각하는 직업의 수를 '줄여 나가는 과정'을 진로발달의 과정으로 본다. 일반적으로 생애 초기에는 누구나 자신이 미래에 어떤 일이든지 할 수 있다고 생각한다. 축구선수도 될 수 있고, 발레리나도 될 수 있고, 대통령도 될 수 있고, 공주도 될 수 있다고 생각한다. 그러나 발달 과정을 거치면서 자신에게 맞는 직업을 찾아 나가게 되는데, 갓프레드슨은 그것을 직업대안을 '줄여 나가는 과정'이라고 본다. 그리고 어떻게 줄여 나가는가, 언제 줄이는가, 얼마나 줄이는가 등의 내용이 발달단계 이론에 포함되어 있기 때문에 그 과정을 '제한(circumscription)'의 과정이라고 하고, 그 부분에 대한 설명을 제한이론이라고 명명한다. 그렇게 자신이 '이런 직업을 갖겠다.'라는 그림을 점점 축소해 가지만 결국 직업을 선택할 때는 또 다시 한 번 더 뭔가를 버리고 하나만을 선택해야 한다. 갓프레드슨은 그 과정을 '타협(compromise)'이라고 했으며, 그것이 바로 이 장에서 살펴보고자 하는 진로타협 이론의 핵심이다. 따라서 타협이라고 명명하고는 있지만 실제로는 좀 더 강력하게 '포기'라고 할 수 있다. 즉, 사람들은 진로의사결정 과정에서 '어떻게 포기하느냐.'를 다루고 있고, 여기서 진로타협 이론이 '어떻게 잘 포기해야 하는가.'에 관한 시사점을 주고 있다.

진로포부의 제한

먼저, 진로포부의 제한 과정을 설명한 진로발달 단계를 보면, 청소년기까지의 진로발달은 총 4단계로 나뉜다([그림 6-1] 참조). 이때, 각 단계에서 성취해야 할 발달과업에 해당하는 것을 각 단계의 이름으로 명명한다. 따라서 3~5세 시기인 1단계는 서열 획득 단계(orientation to size and power), 6~8세 시기인 2단계는 성역할 획득 단계(orientation to sex role), 9~13세 시기인 3단계는 사회적 가치 획득 단계(orientation to social valuation), 14세 이후 시기인 4단계는 내적 자아 확립 단계(orientation of the internal, unique self)다. 각 단계의 연령 구분이 엄격하게 적용되는 것은 아니지만 대체로 취학 전 · 초등학교 · 중학교 · 고등학교 시기로 구분할 수 있다. 즉, 각 단계를 거치는 연령보다는 각 단계를 거쳐 가는 순서가 발달적으로 더 의미 있는 정보라는 것이다.

각 발달단계를 살펴보면, 학교에 들어가기 이전 단계인 1단계에서는 서열의 개념을 획득하는 것이 중요하다. 이 시기에 아동이 직업에 대해 갖는 생각은 '나는 작고, 어린아이이다. 그런데 어른은 크고, 어른이 되면 일이라는 것을 하게 된다.'라는 것으로, 크기나 힘에 대한 개념이 일과 관련된 영역에도 적용된 것이라고 할 수 있다. 자신보다 크고 힘이 센 어른들만이 일이라는 것을 할 수 있다는 생각으로 인해 일을 갖는

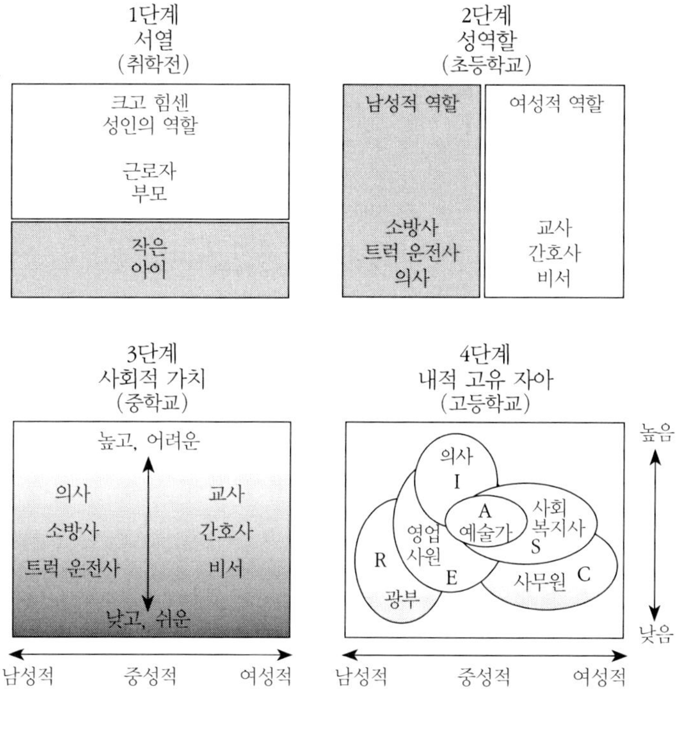

[그림 6-1] 갓프레드슨의 진로발달 단계(Gottfredson, 2005)

것에 대한 선망을 지니는 시기이기도 하다.

다음으로 2단계는 성역할 획득 단계다. 여기서 아동은 '내가 누구인가(self)'에 대한 개념이 생기면서 나를 어디엔가 동일시하고 싶어 하는데, 가장 쉬운 것이 이분법적 동일시다. 즉, 아동은 '나는 남자다.' '나는 여자다.'라고 하는 이분법적 정체감을 형성하게 된다. 이와 같은 발달은 초등학교 시기에 가장 급격하게 일어나고, 따라서 초등학교 현장에서 보이는 남녀 대결 구도는 자기를 찾기 위한 노력의 일환이라고 할 수 있다. 그러면서 직업 세계에 대해서도 '○○은/는 남자가 하는 일인 것 같아. 난 남자니까 나중에 커서 저걸 해 볼 거야.' 또는 '○○은/는 여자가 하는 일인 것 같아. 나 같은 남자에겐 어울리지 않지.' 등의 생각을 하기 시작한다. 이때가 되면 남자아이는 "너 커서 간호사를 해 보렴. 동생도 잘 돌보니까 잘할 거야."라는 말에 실망하거나 화를 내면서 "간호사는 여자가 하는 거잖아."라고 한다. 또, 여자아이에게 "군인이 참 멋지지. 너도 나중에 커서 군인을 하면 어때?"라고 하면 아이는 "군인은 남자가 하는 거야."라고 하면서 반발한다. 성역할 사회화가 나타나면서 직업에 대한 성역할 고정관념도 이 시기에 습득하게 된다.

다음으로 3단계인 사회적 가치 획득 단계로 넘어간다. 아이는 성역할 사회화의 시기가 지나면서 바깥 세상에 좀 더 눈을 뜨게 되는데, 여기서는 모든 사람이 원하는 사회적 가치라는 것이 있기 때문에 자신이 그것을 모두 가질 수 없으며, 따라서 어떤 규칙에 의해 나눠 가져야 한다는 것을 알게 된다. 특히 현대사회는 능력이 그 분배의 가장 핵심적 원리로 작용하고 있다는 것을 알게 되면서, 자신의 상대적 능력에 대해 판단하기 시작하고 사회 속에서의 상대적 서열과 자신을 관련짓는다. 따라서 이 단계에서는 능력으로 서열을 매기는 사회적 지위라는 개념이 직업 세계에 대한 인식에 포함된다. 그리고 그런 사회적 지위에 자신의 능력을 대비해 보면서 진로포부를 조정한다. 그럼으로써 아이는 높은 지위의 직업과 낮은 지위의 직업에 대한 개념을 가지고 '나는 어느 위치의 일을 할 것인가?'를 생각하기 시작한다. '직업에 귀천이 없다고는 하지만 어떤 사람은 돈을 잘 벌고 어떤 사람은 존경을 많이 받으며 어떤 직업은 사람들이 많이 하려고 하고 어떤 직업은 그렇지 않다. 잘 보니까 돈도 많이 벌고 사람들도 알아주는 직업은 아무나 하는 게 아니라 경쟁에 이겨서 할 수 있는 능력이 입증되어야 할 수 있다. 그런 직업을 가지려면 굉장히 많은 능력이 필요한데, 나는 그런 능력이 있나? 한편, 내가 생각하기에 저런 직업은 능력이 별로 없어도 아무나 할 수 있는 것 같은데 나는 그것보다 능력이 많은 사람이므로 저런 일을 할 수는 없지.' 등의 생각을 하면서 자신의 능력을 기준으로 적합한 직업군을 줄여 나간다.

이 시기가 지나면서 사춘기를 맞게 되고, 이차 성징이 나타나면서 변화되는 자신을 보며 '내가 누구인가'라는 정체감 혼란 시기에 놓인다. 이때가 바로 4단계인 내적 자아 확립 단계다. 자아정체감을 확립하기 위한 고민과 노력은 여러 영역에서 나타나는데, 진로발달에서는 '나랑 좀 잘 맞으면 좋겠다.' 또는 '나에게 어울리는 직업은 뭘까?' 등의 고민을 한다. 즉, 이전 단계에서 능력에 맞는 직업을 통해 앞으로의 진로대안을 축소한 청소년이 '이 정도의 능력에 해당하는 직업이 하나가 아니라 여러 개 있다면 그중에서 나는 뭘 하는 게 좋을까?'라는 고민을 시작하는 것이다. 다시 말해 내가 어떤 사람인지, 내가 뭘 좋아하는지, 내가 어떻게 자랐는지, 내 주변사람들의 기대는 어떠한지 등의 고민을 거쳐 자아정체감을 확립하고, 지금까지 생각했던 성역할과 사회적 지위뿐 아니라 자아정체감까지 만족시키는 직업을 선택하는 것이다. 그것이 바로 내적 자아 확립 단계인데, 이 내적 자아의 고유성 중 가장 대표적인 것이 흥미이기 때문에 여기서는 각 흥미별로 직업을 분류하고 자신이 흥미를 느끼는 직업 세계를 추구하게 된다.

진로의사결정 과정에서의 타협

제한-타협 이론 중 타협 부분에 해당하는 내용으로, 여기에서 '타협(compromise)'이란 자신이 수용할 수 있는 진로대안 영역에서 원하는 흥미 영역의 직업을 선택할지라도, 그 직업을 선택할 수 있는 현실적 여건이 안 되는 경우에 특정한 부분을 포기할 수밖에 없는데 그러한 포기에 이르는 과정을 말한다. 즉, 자신이 생각하고 있던 진로대안에서 모든 것을 만족시키는 대안을 선택하게 되는 경우보다는 자신이 원했던 것은 아니지만 뭔가를 포기함으로써 특정한 대안을 선택할 수밖에 없게 된 현실적 상황을 이론에 포함한 것이다.

타협의 측면

진로타협 이론은 실제 사람들이 타협하는 과정에서 무조건 특정한 측면에 대해 타협하는 것이 아니라, 어떤 측면은 좀 더 쉽게 포기할 수 있는 반면, 어떤 측면은 양보하기 힘들어 한다는 점에 주목하고 있다. 이때, 제한이론에서 발달단계에 따라 순차적으로 나타났던 성역할, 사회적 지위, 흥미가 타협의 중요한 측면이다. 이 3가지 중 어느 하나를 포기할 수밖에 없다면 사람들은 자기 자신과 가장 밀접한 특성을 가장 늦게까지 포기하지 못한다. 일반적으로 자신의 흥미를 가장 쉽게 포

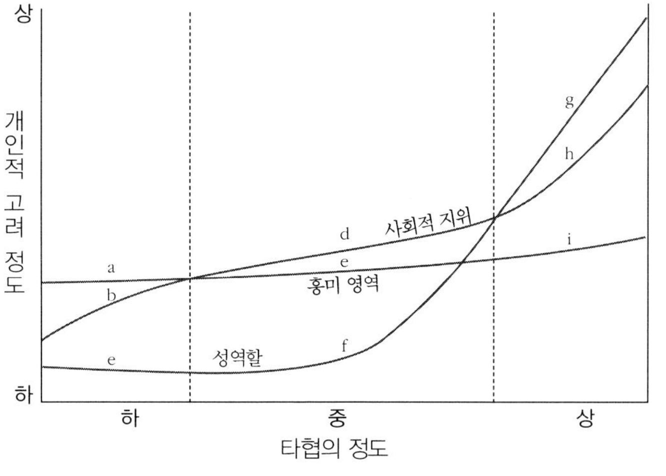

[그림 6-2] **타협의 정도에 따른 타협 영역**(Gottfredson, 2002)

기하고, 흥미를 포기해도 여전히 직업을 선택하기 어려울 경우 사회적 지위를 포기하는데, 성역할을 가장 늦게 포기한다. 다시 말해, 사람들은 '흥미>사회적 지위>성역할'의 순서로 자신에게 적합한 진로대안을 포기해 나가는 경향을 보인다는 것이다.

그러나 '흥미>사회적 지위>성역할'의 순서를 확인하기 위해 실시된 많은 경험적 연구는 일관된 결과를 내놓지 못했다.[1] 어떤 사람은 좀 더 쉽게 성역할을 포기하는가 하면, 또 어떤 사람은 좀 더 쉽게 사회적 지위를 포기하는 것으로 나타났다. 따라서 90년대 중반에 들어서면서 이런 초기 이론을 보다 정교화하게 되는 데, 특히 갓프레드슨은 [그림 6-2]와 같이 타협의 정도에 따라 어떤 측면을 포기하게 되는지도 달

1) 미국에서 수행된 타협에 관한 경험적 연구의 결과는 황매향과 김계현(2001)이 정리한 내용을 참조하기 바람.

라진다고 제안하였다. 초기 이론에서 제안되었던 순서는 심각하게 타협해야 할 때 적용되는 것이고, 타협해야 하는 정도가 달라지면 그 양상도 달라진다는 것이다. 즉, 타협의 정도가 중간 정도일 때는 성역할을 보다 쉽게 포기할 수 있는 반면, 타협을 많이 하지 않아도 될 때에는 흥미를 가장 중요하게 여기며 그 측면을 포기하지 않는다. 종합하면, 대체로 흥미를 추구하는 정도는 보통 정도로 꾸준히 유지되고, 다른 진로대안이 사회적 지위와 성역할을 얼마나 충족시켜 줄 수 있는지에 따라 타협의 측면을 고려하는 순서가 달라진다고 할 수 있다. 우리나라의 연구에서 역시 미국의 연구와 마찬가지로 일정한 방향성을 밝힐 수는 없었다. 또한 타협의 측면을 성역할, 사회적 지위, 흥미 등의 영역에서 확장하여 성별, 출생 순위, 자기효능감, 타협의 정도, 역할 지향성 등을 추가로 제안한 연구도 있다.[2)] 따라서 실제로 타협이 어떤 순서로 이루어지는가에 대한 논의는 상담의 실제에 그대로 적용하기 곤란하다. 그러므로 상담자는 내담자가 스스로 지금 당면한 상황에서 어떤 면을 중요하게 여기고 어떤 순서로 타협해 가는가를 탐색해 보아야 할 것이다.

타협에 대한 적응

다음으로, 갓프레드슨은 타협에 대한 심리적 적응 과정의 중요성을 강조하고 있다. 자신이 바라던 최고의 선택을 하지 못하고 현실적으로 가능한 최선의 선택을 하면서 포기할 수밖에 없었던 것을 받아들이는 과정이 진로선택 이후의 과정을 좌우한다는 것이다. 특히 타협에 대한 심리적인 적응은 자신이 선택한 진로에서의 만족도와 깊이 관련된

2) 국내에서 수행된 타협에 관한 경험적 연구의 결과는 다양한 동향 연구의 내용을 참조하기 바람.

다. 이 부분에 대해서는 갓프레드슨 자신이 직접 경험적 연구에 참여하고 있는데, 그는 보다 적응적인 직업인은 자신이 선택한 직업의 영역에 맞게 자신의 진로기대를 변화시켜가고 있다는 것을 밝혔다(Gottfredson & Becker, 1981). 또한, 제한–타협 이론이 발표되기 전인 1980년의 연구에서는 연구 대상(남자)의 84%가 자신이 젊었을 때는 탐구적(I)인 직업을 선호했고 진취적(E)인 직업을 덜 선호하였지만, 현재는 자신이 원하는 영역에서 일을 하고 있다고 응답하였다. 더 앞선 연구에서도 자신의 흥미 영역과 동일한 직업을 선택한 사람의 직업만족도는 그렇지 않은 사람의 직업만족도와 큰 차이를 보이지 않았다(예: Worthington & Dolliver, 1977; Zytowski, 1974). 갓프레드슨은 흥미라는 것이 진로의사결정에 크게 중요한 요인이 아니기 때문에 이러한 결과는 오히려 당연한 것이라고까지 말하고 있다. 그는 '개인은 흥미의 영역에 대해서는 설령 많은 타협을 했다 해도 심리적으로 잘 적응할 수 있지만, 사회적인 위치를 위협하는 사회적 지위에 대한 타협이나 성적 정체감의 실현을 어렵게 하는 성역할의 포기에 대해서는 더욱 적응하기 어려워한다.'(Gottfredson, 1996, pp. 201–202)고 하면서 타협에 대한 적응의 준비도가 타협의 측면에 따라 달라질 수 있다고 제안한다.

진로상담을 찾아오는 많은 내담자가 자신이 포기한 것에 대한 미련 때문에 또는 자신이 잘못 포기한 것은 아닌가라는 의구심 때문에 힘들어한다. 그러한 내담자는 모두 자신의 이전 결정에서의 타협에 적응하지 못하고 있는 상태라고 할 수 있다. 따라서 타협 과정만이 아니라 타협에 대한 심리적 적응 역시 상담자에게 많은 시사점을 주는 부분이다.

진로타협 이론의 상담 과정

이 책에서 소개하는 다른 이론들은 대부분 '이 이론을 진로상담에 적용하면 어떤 과정을 거치게 된다.'는 지도(road map)를 제시하고 있는데, 이 진로타협 이론에서만 구체적 상담의 절차를 소개하고 있지 않다. 그러나 진로의사결정에서는 누구나 타협이라는 과정을 거치기 때문에 진로타협 이론을 여기에 포함하게 되었다. 여기에서 정리하는 상담의 과정은 진로타협 이론에서 제안한 내용을 기초로 이 이론이 상담 실제에 주는 시사점을 함께 기술하고자 한다.

사례개념화

진로의사결정에서는 일반적으로 여러 진로대안 중 하나를 선택한다. 하지만 이 과정에서 자신이 원하는 모든 면을 만족시킬 수 있는 진로대안을 선택할 수는 없기 때문에 특정한 측면을 포기하면서 최고의 선택이 아닌 최적의 선택을 하게 된다. 즉, 타협의 과정을 거치는데, 이와 같이 진로타협 이론에서는 이와 같이 진로의사결정 과정에서 거쳐야 하는 타협의 불가피성을 강조한다.

타협의 과정과 관련하여 상담자가 파악해야 할 내담자의 문제는 첫째, 진로의사결정 과정이 어떤 것을 선택하기 위해 다른 어떤 것을 포기해야 하는 과정이라는 것을 인식하고 있는지 여부다. 'A사는 연봉이 낮다.' 'B사는 집에서 멀다.' 'C사는 근무 시간이 길다.' 등 각 진로대안의 단점만을 열거하면서 어떤 것도 마음에 들지 않는다고 주저하고 있는 내담자라면 이 경우에 해당한다.

둘째, 어떤 선택 사이에서 갈등하고 있는지에 대한 명료화가 필요하다. 즉, 내담자가 진로의사결정에서 고려하고 있는 진로대안을 확인하고, 각 진로대안에 대한 내담자의 기대를 파악하는 것이 중요하다. 각 대안의 어떤 면을 장점으로 생각하고 어떤 면을 단점이라고 생각하는지, 각 진로대안을 추구하는 데 있어 장벽은 어떤 것이라고 지각하고 있는지 등에 대한 점검을 통해 내담자의 문제를 파악한다.

셋째, 내담자가 추구하고자 하는 진로대안의 조건과 실제 내담자가 가진 자원에 대한 파악도 사례개념화 단계에서 해야 할 일이다. 실제 내담자의 준비도가 객관적으로 어느 정도인지 파악해야 무엇을 취할 수 있고 무엇을 포기해야 하는지에 대한 판단을 내릴 수 있기 때문이다. 또한 어떤 것을 포기할 수 없다면, 그 진로대안의 추구를 위해 어떤 능력 또는 자원의 확보가 필요한지도 파악해야 할 것이다.

상담 목표

타협이론에서는 내담자가 당면한 의사결정의 문제를 타협의 측면에서 개념화한다는 것이 가장 큰 특징이다. 따라서 상담의 목표는 타협을 통한 진로의사결정에 이르는 것이라고 할 수 있다. 뿐만 아니라 타협의 단계로 진입하기 전에 내담자가 타협을 해야 한다는 사실을 잘 인지하고 있지 못하다면 타협의 불가피성에 대한 인식이 선행 목표가 되어야 한다.

나아가 타협을 통한 의사결정이 이루어진 이후에도 타협에 대한 적응을 상담 목표에 포함해야 한다. 타협의 과정에서는 내담자가 자신이 추구하는 어떤 것을 포기했기 때문에 그 이후의 부적응을 나타낼 수도 있다. 이때 자신이 포기한 것에 대해서 잘 명료화하고 그 포기한 것을 어떻게 극복할 것인지를 잘 대비한 사람은 잘 적응하지만, 결정만 해 버리고 모든 것이 끝났다고 생각하면 부적응을 경험할 가능성이 높다. 예를 들면, 근무 시간이 좀 길어도 월급이 많은 것이 중요해서 어떤 직장을 선택했는데, 결국 긴 근무 시간 때문에 아내와도 갈등이 생기고 자신도 피곤해지는 경우가 있다. 그러한 내담자의 경우, 근무 시간을 포기한 것이 잘못이라기보다는 근무 시간을 포기할 경우 어떤 어려움이 예상되고 그 어려움에 어떻게 대처할 것인가를 대비하지 않았기 때문에 부적응을 경험하게 된 것이다. 그러한 대비가 없다면 아마 많은 월급을 포기하고 짧은 근무 시간을 선택했어도 마찬가지로 힘들었을 것이다. 의사결정 과정에서 포기한 것 때문에 갈등하고 어려워하는 것은 현실이다. 따라서 상담자는 타협을 통한 의사결정을 마친 다음에 앞으로 어떤 일이 벌어질 것이고, 거기서 어떻게 대비할 수 있는지, 어떻게 잘 적응할 수 있을지에 대해 내담자와 이야기를 나눠야 한다. 타협 이후의 결과를 예상해 보면서 의사결정의 과정으로 다시 돌아갈 수도 있다. 또한 포기하고 나서 앞으로 다가올 어려움을 예상해 보니 감당할 자신이 없다면 결정을 재점검할 필요도 있다. 뿐만 아니라 효과적인 대처 방법을 찾아보고, 그에 대한 계획을 세우는 것도 상담의 중요한 과정으로 포함되어야 한다.

개입 전략

여기에서는 타협의 불가피성에 대한 수용을 촉진하는 전략과 갓프레드슨이 제안한 의사결정을 촉진하는 개입 전략을 소개하고자 한다.

'도대체 타협을 잘하게 하려면 상담자가 무엇을 해야 할까?'라는 질문에 대해 갓프레드슨은 2가지 전략을 제안하고 있는데, 원하는 진로생애로의 접근 가능성에 대한 판단 촉진과 진로계획을 성취할 수 있는 자신의 경쟁력, 기회, 지지망의 향상이 그것이다(Gottfredson, 2005).

타협의 불가피성에 대한 수용 촉진

선택이란 여러 대안 가운데 하나를 고른다는 의미도 있지만, 하나를 제외한 나머지 대안을 모두 버린다는 의미도 담고 있다. 즉, 어떤 결정을 하기 위해서는 다른 어떤 것을 버려야만 한다. 그러나 내담자에게 자신이 원하는 걸 이루기 어렵다는 현실을 직면하게 하고 좌절하게 하는 것을 어려워하는 상담자가 많기 때문에, 타협의 불가피성을 알리는 것 자체가 큰 도전이다. 즉, "모든 것을 충족시켜 주는 일이란 없습니다." "보다 현실적으로 가능한 것에 대해 생각해 볼 것입니다." "아무 것도 포기하지 않고 어떤 결정을 내리기는 어렵습니다."와 같은 말을 하는 것이 힘들기 때문이다. 그런 상담자는 자신의 벽을 넘어 내담자의 타협을 촉진하기 위해 내담자에게 객관적 자료를 제시하거나 내담자를 설득하거나 직면시켜야 한다.

원하는 진로생애로의 접근 가능성에 대한 판단 촉진

진로선택을 실현하기 위해서는 목표를 위해 노력을 투자해야 한다. 즉, 다른 투자에서와 마찬가지로 좋은 투자 기회를 찾아 거기에 시간과 노력과 자원을 기울여야 한다. 물론 자원이 제한적이기 때문에 모든 투자에서 기회비용이 발생할 수 있다. 즉, 어떤 것에 투자한다는 것은 다른 것에 투자하지 못한다는 것을 의미한다. 나아가 잘못된 투자는 시간과 자원에 손실을 불러온다.

각 진로대안을 얼마나 성취할 수 있는가를 평가하는 것은 비용이 많이 드는 일이다. 그와 관련된 정보가 흩어져 있고, 계속 변화하고 있으며, 다양한 국면을 가지고 있어 해석하기도 곤란한 경우가 많기 때문이다. 따라서 상담자는 최근 정보가 업데이트된 다양한 직업정보를 내담자에게 제공해 줌으로써 그러한 비용을 절감해 줄 수 있다. 뿐만 아니라 내담자가 가진 능력과 자원이 입직 기준에 부합하는지, 어떤 것을 더 준비해야 하는지, 지원받을 수 있는 정책의 내용은 무엇인지, 어떤 위험을 감수해야 하는지, 어떤 손해를 감수해야 하는지 등에 대한 현실 검증을 도와야 한다. 더불어 좀 더 가능성이 높은 다른 대안에 대해서도 평가해 봄으로써 상대적인 장점이 무엇인지도 명료화할 수 있다. 그러한 평가의 궁극적 목적은 내담자가 자신이 마주한 장벽이 무엇인지 인식하게 하는 것이고, 그것을 통해 내담자는 장벽을 최소화하거나 우회할 방안을 찾는 출발점에 설 수 있다.

진로계획을 성취할 수 있는 경쟁력, 기회, 지지망의 향상

자신이 원하는 진로를 그 모습 그대로 성취하는 경우는 드물다. 따라서 자신의 경쟁력을 높이고 지지원을 동원하며 새로운 기회를 만들어 내면서 성취를 방해하는 요인을 줄여 나가야 한다.

개인의 지능이나 기질 같은 핵심적인 성격 특성은 잘 변하지 않지만, 자신의 장점을 최대한 발휘하는 방법을 배우면 단점을 드러내는 상황을 피할 수는 있다. 구체적인 상황에서 필요한 구체적 특성은 보다 변화가 용이하다. 즉, 새로운 기술을 배우고, 도움이 되는 습관을 형성하며, 어떤 특정한 상황에서의 대처 전략을 개발하는 것은 얼마든지 가능하다는 것이다. 사회적 환경 역시 마찬가지로 어떤 것은 변화시키기 어렵지만 얼마든지 변화 가능한 것도 있다. 환경을 자신에게 유리하도록 만들 방법을 생각해 내면서 기회를 만들어 가고, 새로운 기대를 형성하거나 기존의 기대를 변화시킬 수도 있다. 자신을 지지해 주는 네트워크를 형성하여 의무감을 줄여 나갈 수도 있다.

상담자가 먼저 해야 할 일은 내담자의 장점과 단점, 사회적 이익과 장벽을 점검하여 무엇을 돋보이게 하고 무엇을 변화시키고 무엇을 약화시킬 것인지를 확인하는 것이다. 그리고 내담자가 진입하고자 하는 직업이 요구하는 조건에 비해 그의 경쟁력이 부족한 상태라면 능력을 향상하기 위한 계획을 세워야 할 것이다.

진로타협 이론을 이병수 씨 사례에 적용하기

진로타협 이론에서는 타협의 불가피성에 대한 인식을 확인하고, 타협을 촉진하며, 타협에 대한 적응을 준비하는 단계를 밟아 상담이 진행된다는 것을 알 수 있었다. 그 내용을 이병수 씨 사례에 적용해 보고자 한다. 이병수 씨 사례는 고용지원센터를 찾는 많은 구직자를 대표하는 사례로, 고등학교 졸업 학력으로 대기업에 들어가서 오랫동안 일했는데 결국에는 '우리 기업의 틀에 맞지 않다.'는 이유로 어느 날 갑자기 퇴사를 통보받게 된 경우다. 즉, 지금까지의 경력을 활용하기는 어려운 상황에서 새로운 일을 찾아야 하는 중년 구직자의 사례다.

타협의 불가피성

이병수 씨의 경우, 구조조정으로 회사를 퇴사하기 이전까지 매우 유능한 사원이었기 때문에 당연히 현재 가지고 있는 자신의 기술을 활용할 수 있고, 지금까지와 비슷한 수준의 임금을 주는 일자리를 원했다. 그러나 현실적으로 이병수 씨가 원하는 일자리는 없었기 때문에 무엇인가를 포기하는 타협 과정을 거칠 수밖에 없었다.

이병수 씨는 가장이며, 고등학교 3학년 아들이 있고, 아내는 전업주부이기 때문에 가장이라는 성역할을 절대로 버릴 수 없었다. 남성적 직업을 고집하지는 않지만 가장으로서 경제적 책임을 져야 한다는 의무감이 컸다. 실제로 남자들이 갖는 직업으로 진입하지 않으면 그만큼 수입을 얻기가 어려웠기 때문에 남성적 직업을 고려하게 되었다. 즉, 이병수 씨의 경우 '나는 높은 임금은 포기할 수가 없다.'라는 부분에서 확실했다.

다음으로, 사회적 지위의 경우 이병수 씨가 지금까지 근무했던 곳은 대기업으로, 사회적 지위가 높았다. 그러나 이병수 씨는 그 부분에 대해서는 "나는 그런 거 별로 상관없다. 굉장히 화도 많이 나고 좌절감도 크지만, 고수익에 고용이 보장된다면 유명한 회사가 아니어도 상관이 없다."라고 보고하고 있다. 즉, 사회적 지위는 포기된 것이다.

마지막으로 흥미에 대한 타협을 알아보기 위한 질문에, 이병수 씨는 "나는 원래 뭔가를 좋아한다는 것이 별로 없었고, 그냥 내가 지금 할 수 있는 일, 잘 할 수 있는 일이면 된다. 이전에 영업사원이었으니 그런 거랑 관련된 일을 하면 좋겠는데 아니어도 크게 상관은 없다. 제일 중요한 건, 내 식구를 먹여 살리는 일이다."라고 얘기하였다.

이병수 씨의 경우 고수입의 측면을 제외하고는 비교적 다른 부분에 대해서 타협할 준비가 되어 있는 내담자로, 타협의 불가피성에 대한 수용이 순조롭게 이루어진 경우다. 물론 고수입이라는 측면을 추구하는 것이 현실적으로 쉬운 일은 아니지만, 상담은 여기에 초점을 둔 취업 지원을 목표로 하였다.

타협의 촉진

먼저, 상담자는 이병수 씨가 원하는 진로에 대한 접근 가능성에 대해 평가를 실시했다. 이병수 씨가 처음에 원했던 직종은 자신이 지금까지 했던 영업이었지만, 현재 이병수 씨의 영업 능력과 경력으로는 재취업이 어렵다는 것을 확인했다. 실제 이병수 씨가 쌓은 영업 실력과 경력은 현재의 시장 상황과 맞지 않고, 그것이 구조조정의 대상이 된 이유이기도 했다. 또한 이병수 씨의 경우 영업이라고 해도 주로 배달에 중점을 둔 유통을 담당했는데, 최근 유통은 진입하는 사람이 많아 임금 수준이 낮기 때문에 이병수 씨의 고수입이라는 요구를 채울 수가 없다. 그러한 현실을 이병수 씨도 수긍했고, 지금 가진 능력을 활용할 수 있는 영업직으로의 취업은 포기하게 되었다.

다양한 직업정보를 탐색해 본 결과, 지게차운전 직업훈련을 통해서 자격증 취득을 결정하게 되었다. 지게차를 선택한 이유는 충분히 가족을 부양할 수 있고, 꽤 오랫동안 일할 수 있다는 정보를 접해서였다. 그러나 직업훈련을 통해 지게차운전 자격증을 취득한 후 구직활동에 나서면서 일자리가 그렇게 많지 않다는 새로운 정보를 알게 되었다. 지금까지 시간과 돈, 노력을 투자했지만 여전히 진입이 어렵다는 판단을 하고 새로운 일에 대해 다시 탐색하게 되었다. 물론 이병수 씨의 경우 대기업에서 퇴직했기 때문에 당장 경제적 뒷받침이 되어서 이와 같은 과정이 가능했고, 비교적 현실을 잘 수용하는 이병수 씨의 장점도 발휘된 것이라고 할 수 있다.

다음 직업탐색에서는 취업이 좀 더 잘 되는 직업을 중심으로 탐색하게 되었다. 그 결과, 교육과정이 어려워 배우기가 굉장히 어렵지만 전문성도 있고 취업도 잘 되며 돈도 많이 버는 타워크레인 쪽을 선택하게 되었다. 이병수 씨는 많은 노력을 기울여 타워크레인 운전 자격증도 취득했다. 하지만 이번엔 경력이 없어서 정규직으로 취직할 수 없는 어려움에 봉착하였다. 실제로 일자리는 많은데 정규직으로의 진입은 막힌 상태였다. 많은 장벽을 계속 뛰어 넘어야 하고, 계속 뭔가를 포기하지 않으면 안 되는 혹독한 현실이 이병수 씨를 힘들게 했다.

이병수 씨는 무엇보다 오래 일을 해야 하고 돈도 많이 벌어야 하기 때문에 정규직을 원했으며, 따라서 비정규직으로의 진입을 꺼리고 있었다. 보다 현실적인 정보를 찾아 장벽을 넘어 설 방안을 찾기 위해 상담자는 정규직으로 오래 근무한 지인과의 인터뷰를 추천했다. 지인을 만나 인터뷰해 본 결과, 현재 정규직으로 진입은 불가능하니 보조기사로 1~2년 일을 하면서 정규직에 도전해 보는 방법이 있다는 것을 알게 되었다. 그러한 사실을 확인하고 이병수 씨는 보조기사로 취업을 결심하게 되었다.

타협에 대한 적응 준비

타협의 과정에서 본 것처럼 이병수 씨에게는 다양한 현실적 장벽을 극복해 가는 과정이 중요했다. 그리고 실제로 이후에 정규직으로의 취업에도 성공하였다. 만약 이병수 씨가 타협을 하지 못하고 '아니야. 지금 당장이 아니면 안 돼.'라는 식이었다면 이런 결과에 이를 수 없었을 것이다.

이병수 씨가 진로상담을 시작할 당시에는 '돈만 많이 벌 수 있으면 된다.'는 식으로, 포기해야 할 것이 별로 없이 쉽게 타협의 준비를 했다. 그러나 실제 진로대안을 찾아가는 과정에서는 여러 번의 타협이 이루어졌다. 그런 타협 과정을 거쳤기 때문에 야기되는 부적응을 이겨낼 수 있었다.

무엇보다 40대 중반의 나이로 견습생으로 살아간다는 것은 쉽지 않은 일이었다. 30대도 어디에 견습생으로 들어가기 쉽지 않은 나이인데 관리자의 자리에 있어야 할 40대 중반에는 더욱 어려움이 예상되는 자리였다. 더구나 대기업에서 월급도 많이 받으면서 아랫사람을 부리던 이병수 씨가 크레인을 운전하기 위해 견습생 보조석에 앉아서 새로운 삶을 시작한 것이다. 특히 중장비기계 운전을 하는 사람들은 거칠고 위계질서가 뚜렷하기로 유명하다. 일상적 대화의 반 이상이 은어나 욕설이고, 무조건 명령하면 해야 하는 문화가 팽배한 것이다. 그러한 상황을 이겨낼 준비가 없이 견습생으로 들어갈 수는 없었다. 그래서 상담자는 이를 준비하도록 하기 위해 노력했다. 이병수 씨는 인터뷰 때 들었던, '기술을 알려 줄 선임을 잘 만나야 처음 건설 현장에 적응이 쉽다.'는 말을 계속 곱씹고 있었는데, 그 말의 의미가 뭔지 상담자와 계속 이야기하면서, 자신에게 어떤 일이 있더라도 이 시기를 한번 넘어가 보겠다는 다짐을 했다.

비정규직 수습 보조원이라는 자리는 누구에게나 어려운 자리지만,

오랫동안 대기업의 중간 관리자로 직장 생활을 했던 이병수 씨에게는 더욱 어려운 일일 수 있었다. 그러나 상담자와 그 부분에 대해 많은 이야기를 나누면서 준비를 했고, 상담자는 1개월에 한 번씩 전화로 지지를 보내 주었다. 수습으로 일을 익혀서 무사고로 운전이 숙달되어야 정규직이 될 수 있었는데, 결국 무사고라는 매우 어려운 관문을 통과하여 정규직 전환에 성공할 수 있었다. 이와 같은 이병수 씨의 사례는 무엇보다 상담자가 타협에 대한 적응 과정도 함께 조력하는 것이 얼마나 중요한가를 보여 주고 있다.

참고문헌

황매향, 김계현(2001). 진로의사결정에서의 타협과정에 관한 연구동향. 한국심리학회지: 상담 및 심리치료, 13(1), 111-124.

Gottfredson, L. S. (1981). Circumscription and compromise: A developmental theory of occupational aspirations. *Journal of Counseling Psychology, 28*(6), 545-579.

Gottfredson, L. S. (1996). Gottfredson's theory of circumscription and compromise. In D. Brown, L. Brooks, & Associates (Eds.), *Career choice and development* (3rd ed., pp. 179-232). San Francisco, CA: Jossey-Bass.

Gottfredson, L. S. (2005). Applying Gottfredson's theory of circumscription and compromise in career guidance and counselling. In S. D. Brown, & R. W. Lent (Eds.) *Career development and counselling: Putting theory and research to work*. New York: John Wiley & Sons.

Gottfredson, L. S., & Becker, H. J. (1981). A challenge to vocational psychology: How important are aspirations in determining male career development? *Journal of Vocational Behavior, 18*, 121-137.

Worthington. E. L., & Dolliver, R. H. (1977). Validity studies of the Strong

Vocational Interest Inventories. *Journal of Counseling Psychology, 24*, 208-216.

Zytowski, D. G. (1974). Predictive validity of the Kuder Preference Record, Form B, over a 25-year span. *Measurement and Evaluation in Guidance, 7*, 122-129.

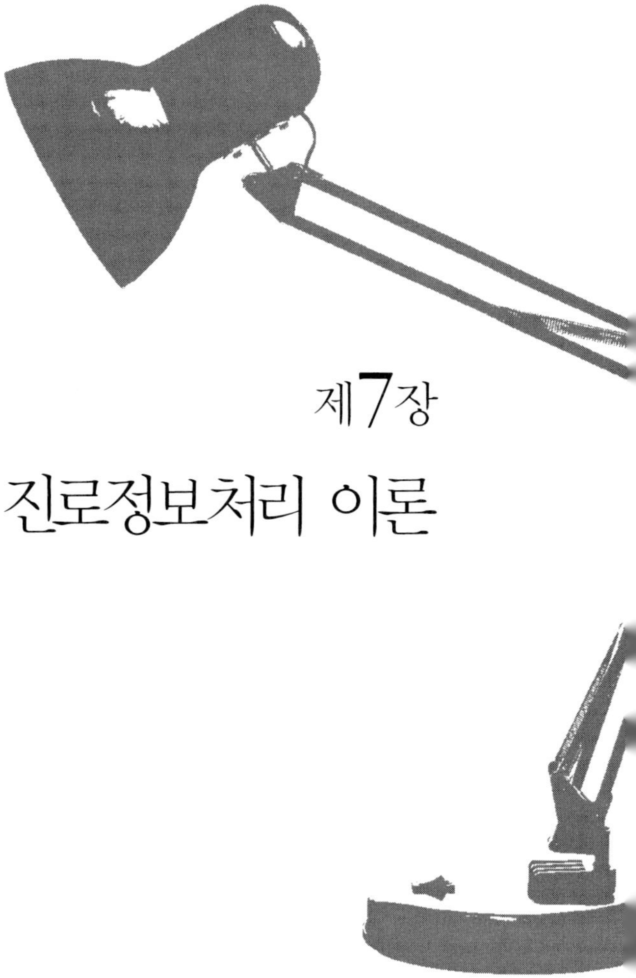

제7장

진로정보처리 이론

employment counseling

제7장 진로정보처리 이론

진로정보처리 이론 개관

진로정보처리 이론(career information processing theory)(Peterson, Sampson, & Reardon, 1991)은 1971년 이후 미국 플로리다 주립대학교 진로센터에서 적용되어 오던 진로상담서비스 방식을 이론화한 것으로, 1991년에 하나의 이론으로서 공식적으로 소개되었다. 진로정보처리 이론은 진로의사결정이나 진로문제해결이 기본적으로 학습되고 연습될 수 있는 기술이라고 보았다. 따라서 진로상담을 통하여 합리적인 의사결정 방식이나 문제해결 방식이 학습된다면 내담자는 자신의 진로문제를 스스로 해결해 나갈 수 있게 될 것이라고 보았다(Peterson, Sampson, Reardon, & Lenz, 1996; Peterson, Sampson, Lenz, & Reardon, 2002; Sampson, Peterson, Lenz, Reardon, & Saunders, 1996).

진로정보처리 이론은 크게 2가지 요소로 구성된다. 즉, 진로의사결정이나 진로문제해결의 내용을 의미하는 진로정보처리 영역 피라미드와 진로의사결정이나 진로문제해결의 과정을 의미하는 CASVE('커사비'라고 읽는다) 과정이 그것이다. CASVE는 의사결정 과정 각 단계의 이름 첫

글자를 따서 만든 명칭이다. 진로정보처리 영역 피라미드는 진로의사결정을 하거나 진로문제를 해결할 때 반드시 생각해 보아야 할 영역으로서 자신에 대한 지식, 직업에 대한 지식, 진로의사결정 과정 그리고 초인지의 4가지 영역으로 구성되며, CASVE 과정은 의사결정 과정을 설명하는 것으로서 의사소통(communication), 분석(analysis), 종합(synthesis), 평가(valuing), 실행(execution)의 5단계로 구성된다(Peterson et al., 1991; Peterson et al., 2002, Peterson et al., 1996). 우선, 진로정보처리 영역 피라미드에 대해 자세히 설명하면 다음과 같다.

첫째, 피라미드의 가장 아래 부분을 구성하는 자신에 대한 지식은 진로의사결정을 할 때 자신에 대한 이해가 필수적인 요소임을 보여 주는 것이다. 이것은 직업선택과 관련하여 자신의 흥미, 기술, 가치 등을 알아야 함을 말하는 것으로, 그것이 자신에게 적합한 직업을 선택하는 데 기초적인 지식임을 설명하고 있다. 둘째, 직업에 대한 지식은 진로의사결정을 하는 데 있어서 자신에 대한 이해뿐 아니라 직업에 대한 구체적인 정보가 있어야 함을 보여 준다. 자신의 흥미나 기술, 가치관 등에 적합한 직업을 선택하기 위해서는 직업에 대한 구체적인 정보가 반드시 있어야 하기 때문이다. 셋째, 진로의사결정 과정은 효과적인 의사결정을 위해 진로의사결정 과정에 대한 지식이 있어야 함을 보여 준다. 즉, 진로를 선택할 때 어떻게 그리고 어떤 과정을 거쳐서 의사결정을 해야 하는지 학습할 수 있다면 계속되는 결정 상황에서 합리적인 의사결정을 할 수 있게 된다는 것이다. 그래서 진로정보처리 이론에서는 효과적이고 합리적인 의사결정 과정으로 CASVE 과정을 제안하고 있다. 넷째, 진로정보처리 이론에서는 합리적 의사결정을 위하여 자신의 진로의사결정 과정 전체를 조망할 수 있는 능력이 필요하다고 하였다. 그러한 능력을 초인지라고 하는데, 예를 들면 진로의사결정을 하는 과정에서 개인이 가지게 되는 정서나 생각 등을 스스로 인식할 수 있어야 한다는 것이다. 진로를 결정하는 과정에서 사람들은 자신도 모르게 부정적인 생각이나 부정적인 감정을 가지기도 한다. 그런데 그러한 생각이나 감정은 진로 의사결정 과정을 방해하고 합리적 의사결정이 가능하지 않도록 방해하는 요소로 작용한다. 따라서 의사결정을 하는 사람은 의사결정 자체에 대해서 자신이 어떤 생각을 가지고 있으며, 어떤 정서를 가지고 있는지 확인하여 결정에 방해가 되고 있다면 수정할 수 있어야 한다. 이를 위해 진로의사결정에 대한 왜곡된 생각을 수정하거나 스스로 자신을 격려하는 등의 방법을 사용할 수 있으며, 이를 통해서 합리적 의사결정 과정으로 이끌어 갈 수 있게 된다.

다음으로, CASVE 과정의 각 단계에 대해 설명하면 다음과 같다. 먼저, 의사소통 단계는 진로의사결정을 해야 함을 인식하는 단계다. 취

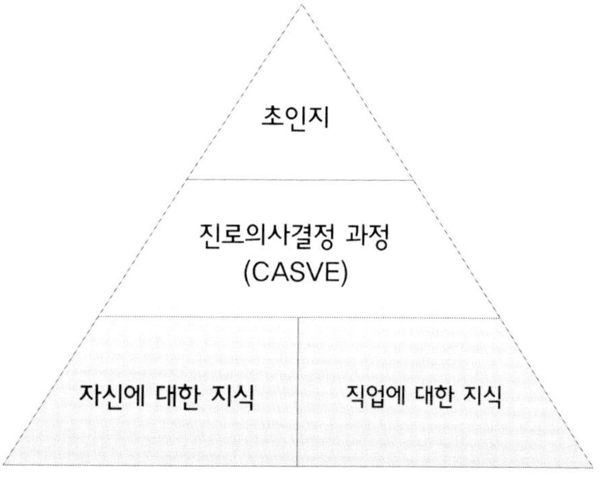

[그림 7-1] **진로정보처리 영역 피라미드**(Peterson et al., 1991)

업을 준비하는 시기인 대학교 4학년 때는 졸업 시즌이 다가오면서 취업에 대한 필요를 느끼고, 만일 진로의사결정이 안 되었다면 진로결정을 하려고 한다. 또, 청년 실업 증가와 같은 주제의 뉴스를 들으면 진로준비를 해야겠다는 생각을 하는데, 이렇게 진로의사결정 또는 진로준비에 대한 필요를 느끼는 단계가 의사소통 단계다. 분석 단계는 진로를 결정하기 위하여 자신에 대한 이해와 직업에는 대한 이해를 해 나가는 단계다. 자신에게 적합한 진로를 선택하기 위해서는 자신의 특성, 예를 들면 흥미나 기술, 가치관 등을 알아야 하며, 이에 적합한 직업에는 어떤 것이 있는지 그리고 그 직업은 어떤 특징을 가지고 있는지 학습해야 한다. 그렇게 자신에 대한 이해와 직업에 대한 이해의 폭을 넓혀 가는 단계가 분석 단계다. 종합 단계는 자신에 대한 이해와 직업에 대한 이해를 바탕으로 자신에게 적합할 수 있는 직업대안을 선택하는 단계다. 이 단계에서는 먼저 직업대안의 수를 늘리고 여러 대안 중에서 자신에게 더 적합해 보이는 직업을 선정한다. 최종적으로 선정한 대안은 3~4개가 가장 적절하며, 이렇게 대안의 수를 줄여 갈 때 분석 단계에서 수집한 자신에 대한 정보와 직업에 대한 정보를 활용할 수 있다. 평가 단계는 종합단계에서 선택한 3~4개의 직업을 조금 더 구체적으로 평가해 보는 단계다. 그리고 이 단계에서는 평가를 통해 대안의 우선순위를 정해 본다. 특히 각 직업대안이 갖는 장단점을 정리해 보거나 자신의 직업가치관과 비교해 보면서 우선순위를 결정한다. 이렇게 자신에게 가장 적합하다고 생각되는 대안의 우선순위를 정해 보는 것이 평가 단계다. 마지막으로 실행 단계는 평가 단계에서 결정한 우선순위에 따라서 취업 준비를 하는 것이다. 예를 들어서 교사가 가장 첫 번째 우선순위의 직업이라면 교사가 되기 위한 실제 준비를 시작하는 것이다. 그런데 실행 단계에서 모

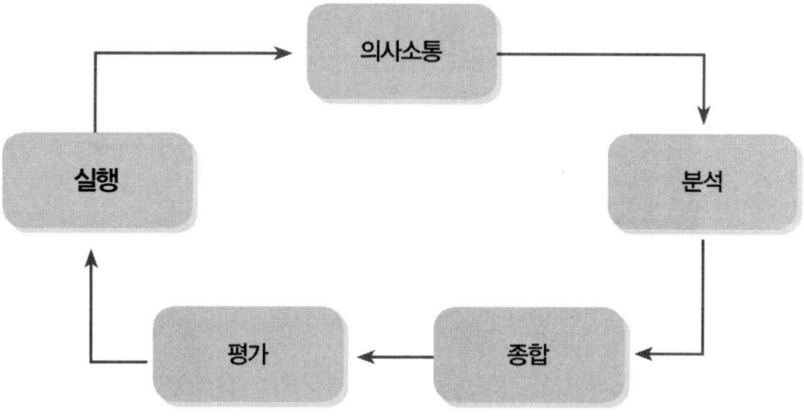

[그림 7-2] **CASVE 과정**(Peterson et al., 1991)

든 사람이 첫 번째 직업을 가질 수 있는 것은 아니다. 여러 가지 이유로 실패하거나 포기하는 경우도 생기는데, 이때는 다음 순위의 직업을 갖도록 준비해야 한다. 그러나 실행 단계에서 진로대안에 대한 전면적인 재검토가 필요하다고 판단되는 때도 있을 수 있다. 그럴 때는 다시 의사소통 단계로 돌아가서 CASVE 과정을 처음부터 거쳐야 한다.

진로정보처리 이론의 상담 과정

다음의 진로상담 과정은 내담자들이 진로상담을 통하여 어떻게 자신의 진로문제를 해결하고 진로의사결정을 하는지 보여 준다. 내담자가 호소하는 문제의 종류나 상담의 방식에 따라 다소 다르게 적용될 수도 있지만 전체적인 과정은 다음과 같다(Sampson, Reardon, Peterson, & Lenz, 2004).

초기 면접

초기 면접 단계는 내담자와의 관계를 형성하는 단계일 뿐 아니라 내담자에 관한 정보를 수집하는 단계다. 그리고 진로상담 서비스의 수준을 결정하기 위한 초기 평가도 이 단계에서 이루어진다. 이때 진로상담 서비스는 내담자의 요구에 따라 다양한 수준으로 제공될 수 있다. 예를 들면, 진로선택에 대해서 단순한 정보를 요구하는 내담자에게는 단기 진로상담을 제공하고 구체적인 정보를 요구하는 내담자에게는 그가 원하는 정보를 제공하는 것이 가장 최선의 서비스다. 그러나 진로선택에 대해서 매우 혼란스러워할 뿐 아니라 다양한 환경적 장애도 가지고 있는 내담자라면 단순한 정보를 제공하는 수준에서는 문제가 해결되지 않는다. 그러므로 이러한 경우에는 내담자의 복잡한 문제를 해결하기 위한 깊이 있는 진로상담 서비스를 제공할 필요가 있다. 따라서 초기 면접에서는 내담자의 호소문제에 따라 어떤 수준의 진로상담 서비스를 제공할 것인가에 대해 초기 평가를 하게 된다. 초기 평가를 간단하게 할 수 있는 방법은 내담자 호소문제의 구체성을 평가하는 것이다. 예를 들면, 어떤 도움을 원하는지에 대한 질문에 내담자가 구체적인 호소문제를 제시한 경우(예: "변호사가 되려면 어떤 준비를 해야 하는지 알고 싶습니다.")에는 원하는 정보가 분명하기 때문에 구체적인 정보 수준의 서비스를 제공하고, 내담자가 모호한 호소문제를 제시한 경우(예: "졸업을 하지만 무엇을 해야 할지 모르겠어요.")에는 원하는 것이 무엇인지 분명하지 않기 때문에 일대일 진로상담서비스를 제공한다.

예비 평가

예비 평가 단계는 진로의사결정 준비도를 측정하는 단계다. 즉, 내담자가 진로의사결정을 하기 위해 어느 정도 준비가 되어 있는지 그 수준을 측정함으로써 준비도에 따른 진로상담 서비스의 수준도 결정하게 된다. 진로의사결정 준비도는 능력(capability)과 복잡성(complexity)을 기준으로 측정한다. 여기서 능력은 내담자의 내적 요인으로서, 진로의사결정을 할 수 있는 인지적 · 정서적 능력을 의미한다. 만약에 내담자가 진로의사결정에 대해서 왜곡된 신념을 가지고 있거나 결정에 대해서 불안을 경험하고 있다면 효과적인 진로의사결정을 할 수 있는 능력이 결여되어 있는 상태라고 할 수 있다. 또한 복잡성은 환경적 요인으로서, 진로문제의 해결 및 진로의사결정을 어렵게 만드는 외적 요인을 의미한다. 예를 들면, 진로에 대해서 분명한 방향성과 계획을 가지고 있지만 부모님의 반대나 경제적인 어려움으로 자신의 진로를 선택하기에 어려움이 있는 내담자라면, 복잡성이 높기 때문에 효과적인 진로의사결정이 역시 어려울 수 있는 것이다.

이러한 2가지 개념을 기준으로 4가지 경우의 수가 발생할 수 있다. 우선, 의사결정 능력 수준이 높고 복잡성이 낮은 경우다. 이러한 경우는 진로의사결정 준비도가 매우 높은 상태로, 간단한 정보 제공이나 상담만으로도 문제 해결이 가능하다. 하지만 그에 비하여 의사결정 능력 수준은 낮고 복잡성은 높은 경우가 있다. 그러한 경우는 진로의사결정 준비도가 매우 낮은 수준으로, 다른 경우보다 깊이 있는 진로상담 서비스를 제공할 필요가 있다. 왜냐하면 개인적으로 의사결정에 어려움을 주는 요소를 가지고 있을 뿐 아니라 환경적으로도 다양한 장애 요소가 존재하기 때문이다. 진로의사결정 준비도가 높거나 낮지 않고 중간인 경우도 있다. 예를 들면, 의사결정 능력은 있지만 복잡성이 높은 경우 또는 의사결정 능력은 부족하지만 복잡성은 낮은 경우다. 그러한 경우에는 앞의 2가지 경우에 비하여 중간 정도 수준의 진로상담 서비스를 제공할 수 있다.

문제 규정 및 원인 파악

내담자의 진로의사결정 준비도를 측정하고 서비스 수준을 결정한 후에는 진로문제 해결을 위하여 내담자의 호소문제를 규정하고 원인을 파악하는 단계를 거친다. 이 단계에서는 앞서 설명한 진로정보처리 영역 피라미드와 의사결정의 CASVE 과정을 사용한다. 우선, 피라미드의 4가지 요인을 모두 적용하면서 내담자의 문제가 어느 영역에서 발생하고 있는지 진단한다. 즉, 진로의사결정의 문제를 경험하고 있는 이유가 자신에 대한 이해가 부족해서인지 직업에 대한 이해가 부족해서인지, 아니면 진로의사결정에 대해서 왜곡된 신념을 가지고 있어서인지 탐색한다. 이러한 과정을 통해서 상담자는 내담자의 진로문제 영역을 확인하고, 왜 현재의 문제가 발생하고 있는지 이해할 수 있게 된다. 두 번째는 CASVE 과정을 적용하면서 현재 내담자의 위치를 탐색한다. 즉, 내담자가 진로의사결정의 필요성도 인식하지 못한 상태인지 아니면 자신에 대한 이해가 부족한 단계인지 또는 자신과 직업에 대해서는 잘 알고 있지만 대안을 선택하지 못하고 있는지 살펴봄으로써 현재 내담자가 CASVE 과정에서 어디에 위치해 있는지를 이해할 수 있다. 그러면 이러한 이해를 바탕으로 내담자가 어디로 가야 하는지 또는 무엇을 해야 하는지도 알 수 있게 된다. 결국 내담자의 현재 상태와 목표를 도출할 수 있는 것이다.

목표 설정

전 단계에서 진로정보처리 영역 피라미드와 CASVE 과정을 활용하여 내담자의 문제를 파악하고 현재 상태를 이해하였다면, 이 단계에서는 문제를 해결하기 위한 목표를 설정하게 된다. 이렇게 목표를 설정할 때는 내담자와 함께 설정해야 하며, 목표는 달성 가능한 것이어야 한다. 그런데 내담자의 진로의사결정 준비도가 낮을 때는 목표를 설정하기 전에 정서적 · 인지적 문제를 먼저 해결하는 것이 중요하다. 왜냐하면 정서적 · 인지적 문제와 같이 의사결정을 어렵게 하는 방해 요소가 있을 때는 목표 설정도 어려울 뿐 아니라 목표를 달성하는 것도 어려워지기 때문이다.

개별학습계획 개발

진로상담의 목표를 설정한 후에는 이를 달성하기 위한 개별학습계획을 작성하게 된다. 개별학습계획은 진로상담 목표를 달성하기 위한 것으로, 구체적인 학습계획을 통해 내담자에게 진로문제 해결을 위한 구체적인 활동 사항을 제공할 수 있다. 목표를 달성하기 위한 활동을 결정할 때는 활동의 내용뿐 아니라 각 활동이 달성하고자 하는 목표는 무엇이며, 활동을 통하여 무엇을 얻을 수 있는지, 또 활동을 하는 데 소요되는 시간은 어느 정도로 예상되고, 각 활동의 우선순위는 어떻게 되는지 등을 모두 함께 결정해야 한다. 이렇게 구체적인 계획이 세워질 때 목표 달성 가능성이 증대되기 때문이다.

개별학습계획 시행

이 단계는 개발된 개별학습계획을 시행하는 단계로, 개별학습계획은 1회 시행으로 마무리되는 것이 아니라 진로상담 목표가 달성될 때까지 계속해서 개발하고 시행하는 과정이 반복되어야 한다. 또한 개별학습계획은 달성 가능한 수준에서 개발되지만, 정해진 시간이나 방법으로 계획을 수행하지 못하는 경우도 발생한다. 따라서 내담자가 상담 목표를 달성하기 위해 개별학습계획을 지속적으로 수행할 수 있도록 격려하고 지원하는 것이 필요하다. 특히 효과적인 진로의사결정을 위한 준비도가 낮았던 내담자의 경우에는 계획을 수행하는 것이 상대적으로 어려울 수 있기 때문에 지속적인 개별 상담을 통해서 목표를 달성해 갈 수 있도록 지원해야 한다.

종합 및 일반화

이 단계는 개별학습계획 시행의 결과를 평가해 보는 단계다. 개별학습계획을 수행한 결과, 상담 목표를 달성하였다면 그것으로 상담을 종결할 수 있지만, 아직 달성되지 않은 목표가 있거나 문제가 있다면 남은 문제를 확인하고 원인을 파악하여 진로상담 과정을 반복하게 된다. 만약에 상담 목표가 달성되어 상담을 종결할 경우에는 그동안의 상담관계를 돌아보아야 하며, 내담자가 종결을 잘할 수 있도록 도와주어야 한다. 그밖에도 이 단계에서는 상담 과정을 통해서 학습한 진로의사결정 방식을 미래의 진로문제 해결에 일반화할 수 있도록 도와야 한다. 진로정보처리 이론의 가장 큰 특징은 내담자가 효과적인 진로의사결정 방식을 학습하도록 하고, 이를 미래의 진로문제에 적용할 수 있도록 도와주고자 하는 것이다. 그러므로 이 단계에서는 진로상담 과정을 통해서 했던 모든 활동을 다시 돌아보고 정리해 봄으로써 내담자가 진로의사결정 방법을 확인하고 학습할 수 있도록 도와주어야 한다.

진로정보처리 이론을 정지혜 씨 사례에 적용하기

사례개념화

진로정보처리 이론을 바탕으로 정지혜 씨의 사례를 이해하기 위해서는 진로정보처리 이론에서 언급하고 있는 핵심 개념을 사례에 적용해 보는 것이 필요하다. 이를 위해서는 진로정보처리 영역 피라미드와 진로의사결정을 의미하는 CASVE 과정이 진로정보처리 이론에서 제시하는 핵심 개념을 포함하고 있기 때문에 이 2가지를 정지혜 씨 사례에 적용하면서 사례개념화를 해 보고자 한다.

첫째, 진로정보처리 영역 피라미드에서 가장 기본이 되는 '자신에 대한 이해'를 적용하여 정지혜 씨 사례를 탐색해 보면 다음과 같다. 정지혜 씨는 자신의 흥미나 기술 그리고 가치에 대해서 어느 정도 이해하고 있는 것으로 보인다. 어렸을 때부터 예술적인 면에 재능이 있었으며,

특히 그림 그리기나 만들기를 잘했다. 그리고 그러한 재능은 대학 진학 후에도 이어져서 금속공예를 전공하며 꾸준히 자신의 능력을 드러냈다. 대학에서 전공 성적도 좋아서 교수님의 인정을 받았으며, 교수님의 작업 과정에 보조 학생으로 참여하기도 하고 웹디자인 공부를 해서 교수님의 홈페이지 제작에 참여하기도 하였으며 그러한 미술에 대한 재능은 자신의 흥미로도 이어져서 미술을 하면서 즐거움을 느끼기도 하고 다른 사람을 예쁘게 하는 일에 흥미를 가지기도 하였으며 금속공예를 전공한 후에는 작은 소품과 액세서리를 만들어 다른 사람에게 선물하는 것을 즐기기도 하였다. 이와 같은 미술에 대한 흥미나 기술뿐 아니라 정지혜 씨는 좋은 대인관계 기술과 일을 다부지게 처리하는 재능도 가지고 있으며 다른 사람을 기쁘게 하는 것을 즐기는 편이다. 한편, 정지혜 씨가 가지고 있는 직업가치관은 안정적이고 쾌적한 직업 환경을 원하고 있으며, 집과 가까워서 쉽게 출퇴근할 수 있고, 다른 사람에게도 그럴 듯해 보이는 직업을 찾고 있다. 또한 다른 사람을 도와줄 수 있는 일이면 좋겠다는 생각도 가지고 있다. 지금까지의 정보를 요약해 보면, 정지혜 씨는 미술이나 예술적인 부분에 재능이 있을 뿐 아니라 흥미도 느끼고 있음을 알 수 있다. 그리고 그러한 재능을 발휘해서 다른 사람을 돕거나 그들을 예쁘게 보이도록 돕는 일에 보람도 느끼고 있다. 또한 직업과 관련해서 자신이 원하는 것이 무엇인지 비교적 분명한 생각을 가지고 있음을 알 수 있다.

둘째, '직업에 대한 이해'를 살펴보면 다음과 같다. 정지혜 씨는 직업에 대한 정보가 매우 부족한 것으로 보인다. 특히 정지혜 씨는 공예 관련 직업이 자신의 직업가치관과 매우 다른 환경을 가지고 있기 때문에 자신은 전공을 살릴 수 없다고 생각하고 있다. 하지만 그러한 확신이 충분한 직업 정보의 탐색과 직업에 대한 이해를 통해서 나온 것으로 보이지는 않는다. 오히려 그것은 정지혜 씨가 직업에 대해서 매우 제한적이고 왜곡된 정보를 가지고 있음을 보여 주는 것으로 보인다. 자세한 정보의 탐색 없이 직업에 대해서 막연한 생각만을 가지고 있으며, 정보의 부족으로 공예와 관련한 직업을 가질 수 없다고 생각하고 있다. 그리고 대안으로 생각하고 있는 경영학이나 유아교육에 대해서도 매우 막연한 수준의 정보만을 가지고 있으며, 취업이 잘 될지도 모른다는 막연한 기대만 가지고 있다. 즉, 정지혜 씨는 직업에 대해서 잘 이해하고 있지 못하며, 직업에 대한 정보도 많이 부족한 상태다.

셋째, '진로의사결정 과정'에서 정지혜 씨는 합리적인 방식으로 의사결정을 하지 못하고 있으며, 즉흥적이거나 직관적일 가능성이 크다. 편입하고 싶은 학과로 경영학과나 유아교육과를 생각한 이유는 취업이 잘 된다는 이야기를 들었기 때문이며, 의상디자인학과를 다시 고려하는 이유는 자신의 과거 경험이 좋았기 때문이라고 하였다. 이러한 것으로 볼 때 체계적으로 의사결정 과정에 참여하고 있지 않으며, 편협한 기준을 가지고 선택하려는 경향이 있는 것으로 보인다. 심지어 금속공예과를 선택한 것도 자신과 직업의 특성을 고려한 것이 아니라 고등학교 성적이 중요한 기준이 되었다. 이러한 의사결정 방식은 합리적인 의사결정이 가능하지 않도록 할 뿐 아니라 자신에 대한 이해와 직업에 대한 이해의 바탕 위에 이루어진 것이 아니어서 잘못된 결정으로 이어질 수도 있다.

의사결정 과정인 CASVE 과정을 하나하나 점검해 보면 다음과 같다. 우선, 정지혜 씨는 대학 졸업 후 시간이 지나면서 이제 진로를 결정해야 하는 단계가 되었음을 인식하기 시작하였다. 특히 졸업 후 아무런 일도 하지 않은 채 집에만 있다 보니 막막한 생각이 들기 시작하였고, 청년층 취업이 어렵다는 뉴스를 접함으로써 자신이 취업을 할 수 있을지에 대한 불안감도 들기 시작하면서 진로결정을 해야 할 시기가 되었음을 인식하기 시작하였다. 이러한 것으로 볼 때 정지혜 씨는 CASVE 과정에서 의사소통의 단계를 이미 지났음을 보여 주고 있다. 하지만 다음 단계인 분석의 단계에서는 자신에 대한 이해만 있을 뿐, 직업에 대한 이해는 매우 부족함을 보여 주고 있다. 또한, 자신의 전공과 관련된 직업에 대해 정보가 매우 제한적일 뿐 아니라 대안으로 생각하고 있는 직업이나 전공에 대해서 정보를 가지고 있지 못하다. 따라서 조금 더 적극적으로 직업 정보를 탐색해 보아야 하지만 정지혜 씨는 추상적인 수준에서만 직업에 대해 이해하고 있다. 이렇게 자신에 대한 이해는 어느 정도 하고 있으나 그 지식이 진로의사결정으로 이어지지 못하는 이유는 직업에 대한 이해가 부족하기 때문인 것으로 보인다. 직업에 대해 정확한 지식을 가지고 있지 못하다 보니 자신의 전공과 관련 없는 직업을 찾아가게 되고, 전공과 관련 없는 진로를 선택하려다 보니 더욱 정보가 부족하여 자신 있는 결정을 내리지 못하고 있다. 따라서 자신의 흥미나 기술, 가치관 등이 실현될 수 있는 직업을 선택하거나 그러한 진로를 설계하기 위해서는 직업에 대한 정보가 필수적이므로 이를 탐색하는 활동이 더욱 요구된다.

넷째, 진로정보처리 영역 피라미드의 요소 중 '초인지' 영역을 적용하여 살펴보면, 정지혜 씨는 진로에 대하여 다양한 역기능적 사고를 가지고 있음을 알 수 있다. 정지혜 씨는 진로에 대해 근거 없는 희망을 가지면서 자신을 위로하는 경향이 있다. 즉, '시간이 지나면 어떻게든 되겠지.'라던가 '언젠가는 나에게 맞는 직업이 생기겠지.'와 같은 막연한 희망으로 자신의 불안을 회피할 뿐 아니라 준비 행동을 지연시켜 왔다. 또한, 진로는 전공과 관련이 있을 필요가 없다고 생각하면서 전공과 관련된 직업을 찾기 어려운 상황을 합리화하려 하고 있다. 그러한 생각은 정지혜 씨의 진로발달 과정을 방해하고 있을 뿐 아니라 진로결정을 어렵게 하는 요인으로 작용하고 있다. 특히 진로준비 행동의 지연은 정보 부족으로 이어져 막연한 불안을 낳았다. 그리고 전공과 관련 없는 직업을 가져도 좋다는 생각은 문제에 직면하도록 하기보다는 회피하게 하는 결과를 낳았다. 따라서 정지혜 씨는 자신의 역기능적 사고가 진로의사결정 과정에 어떻게 영향을 주고 있는지 이해해야 하며, 기능적인 방식으로 수정하는 노력을 이어가야 한다. 그리고 인지적인 요인뿐 아니라 정지혜 씨가 지닌 불안에 대해서도 정확하게 이해하고 대처할 필요가 있다. 현재 정지혜 씨는 직업을 찾지 못하게 될 것에 대한 불안뿐 아니라 지금까지 생각해 본 여러 대안조차 마음에 들지 않아 그에 따른 불안이 더욱 증폭되고 있을 가능성이 있다. 그러한 불안한 감정은 합리적인 생각을 어렵게 만들며 상황을 정확하게 인식하지 못하게 할 수 있다. 그리고 조급한 마음이 생겨 충분한 탐색과 분석을 어렵게 할 수 있다. 따라서 그러한 부정적 감정에 대해 이해해야 하며, 그것을 의사결정 과정을 방해하지 않을 수 있는 수준으로 감소시킬 필요가 있다.

상담 절차

초기 면접 및 예비 평가

정지혜 씨의 사례를 바탕으로 볼 때, 정지혜 씨는 진로 목표나 방향이 분명하지 않고 무엇을 어떻게 해야 할지 분명하지 않은 혼란한 상황에 있는 것으로 보인다. 다양한 대안을 그저 선택적으로 생각해 보고 있을 뿐 구체적으로 어떻게 진로선택을 해야 하는지 그리고 어떻게 준비를 해야 하는지 잘 모르고 있는 상태다. 따라서 정지혜 씨의 사례는 진로 정보의 제공이나 간단한 상담만으로 문제를 해결할 수 있을 것으로 보이지 않으며, 일대일 상담을 통해 보다 깊이 있는 진로상담이 이루어져야 할 것으로 보인다. 진로의사결정 준비도를 평가해 보면, 정지혜 씨는 능력(capability) 면에서 낮은 수준을 보이고 있음을 알 수 있다. 사례개념화에서도 기술하였듯이 자신에 대한 이해는 어느 정도 하고 있으나 직업에 대한 이해와 정보가 부족할 뿐 아니라 의사결정도 합리적으로 이루어지지 않고 있어 현재 스스로 진로의사결정을 내리기에는 능력 수준이 낮다고 볼 수 있다. 또한 진로선택에 대해서 다양한 역기능적인 신념과 부정적 정서를 가지고 있어 진로결정을 어렵게 하고 있다. 반면, 복잡성(complexity)의 수준은 그렇게 높아 보이지 않는다. 현재 진로선택에 대한 부모님의 압력이 크거나 부모님과의 갈등이 있는 것은 아니며 다만 사회 전반적인 경제적 어려움으로 인해 구인을 하고 있는 직장이 많지 않다는 어려움이 있을 뿐이다. 따라서 복잡성의 수준은 중간 정도라고 평가할 수 있다. 이처럼 능력과 복잡성에 대한 평가를 기초로 볼 때도 정지혜 씨에게는 일대일 진로상담이 필요하고, 그것을 통해 진로의사결정에 대한 분명한 방향을 설정할 수 있으며, 보다 합리적인 진로의사결정이 가능하도록 도울 수 있다. 더불어 일대일 진로상담을 통해 진로결정에 대한 비합리적인 신념과 부정적인 감정을 감소시키는 노력이 이루어져야 할 것으로 보인다.

문제 규정 및 원인 파악

이 단계는 앞서 기술한 사례개념화의 과정을 진행하는 단계다. 사례개념화에서 밝혔듯이 정지혜 씨는 진로와 관련하여 자신에 대해 어느 정도 이해하고 있다고 할 수 있다. 다만, 직업에 대한 정보의 부족과 진로의사결정에 대한 이해 부족으로 자신에 대한 이해를 직업선택과 효과적으로 연결하지 못하고 있으며, 진로결정에 대한 역기능적인 신념과 부정적 정서가 의사결정을 어렵게 만들고 있다. 다시 말해서, 자신에게 적합한 직업을 선택하고 직업을 구하려는 노력을 하고자 하지만 그러한 과정이 효과적으로 이루어지지 않는 이유는 직업에 대한 정보 부족, 의사결정 과정에 대한 이해 부족 그리고 의사결정 과정에 작용하고 있는 역기능적 신념과 부정적 정서 때문인 것으로 보인다.

목표 설정

목표 설정은 정지혜 씨와 함께해 나가야 한다. 그런데 부정적 정서, 특히 불안한 감정은 상황에 대한 평가와 판단을 어렵게 만들기 때문에 정지혜 씨의 불안 수준을 낮출 수 있는 노력이 함께 이루어져야 할 것이다. 이를 위해서 긴장을 이완하는 연습이나 불안과 연관된 비합리적 신념을 수정하는 노력이 도움이 될 수 있을 것이다. 특히 진로에 대한 불명확성이 불안을 일으키는 요인이기 때문에 진로선택에 대한 자신감이나 효능감을 높이는 것은 불안을 낮추는 효과적인 방법이 될 수 있을 것이다. 그러한 과정을 거쳐서 정지혜 씨의 불안 수준이 낮아지면 문제 탐색 결과를 바탕으로 목표를 설정할 수 있다. 정지혜 씨 사례의 상담 목표는 사례개념화에서도 기술하였듯이, 첫째, 정지혜 씨의 흥미나 적성 또는 가치관과 일치하는 직업에 대한 정보를 획득하고 이해하는 것이며,

둘째, 정지혜 씨가 합리적 진로의사결정 과정을 학습하도록 하는 것이고, 셋째, 진로의사결정과 관련된 정지혜 씨의 역기능적 신념을 확인하여 수정하는 것이다.

개별학습계획 개발

이 단계에서는 진로상담 목표를 달성하기 위한 구체적인 학습계획을 설정한다. 우선, 정지혜 씨 사례의 첫 번째 목표를 달성하기 위해서는 진로카드를 활용하거나 직업사전을 탐색해 보고, 고용노동부에서 운영하는 직업정보 제공 웹사이트를 활용하여 정지혜 씨의 흥미나 적성, 가치관에 적합한 직업 정보를 찾아봄으로써 직업에 대한 이해를 확대해 나갈 수 있을 것이다. 이를 위해서 상담자는 정지혜 씨가 정보를 탐색해 볼 수 있도록 구체적인 정보 탐색 방법을 알려 줄 수 있다. 그리고 어느 정도 정보를 탐색하여 직업대안을 찾아보고 목표 직업을 선택해 보았다면 목표 직업에 대한 이해를 높이기 위하여 직업 정보 인터뷰를 실시해 볼 수 있다. 즉, 목표 직업을 가지고 있는 사람을 대상으로 인터뷰를 실시함으로써 보다 구체적인 직업 정보를 획득할 수 있다. 두 번째 목표를 달성하기 위해서는 정지혜 씨 자신의 의사결정 유형을 확인해 보고 그 유형의 장단점을 파악해 보는 활동을 할 수 있다. 그리고 합리적 의사결정 유형과의 비교를 통해 자신의 의사결정 방식을 보완해 나가도록 할 수 있다. 그러한 활동은 상담자와 함께 수행할 수 있으며, 의사결정 유형 검사 등을 보조 자료로 활용할 수 있다. 세 번째 목표를 달성하기 위해서는 역기능적 진로신념을 확인하는 과정이 필요하며, 이를 수정해 보는 활동이 필요하다. 역기능적 진로신념을 확인하기 위해서는 샘슨 등(Sampson et al., 1996)이 개발한 진로사고검사나 크롬볼츠가 개발한 진로신념검사를 활용할 수 있다. 샘슨 등이 개발한 진로사고검사는 의사결정 혼란, 수행 불안, 외적 갈등의 세 하위척도로 구성되어 있으며, 각 진로의사결정 단계와 관련된 비합리적 신념을 문항으로 구성하고 있다. 따라서 검사 결과를 통해 3개의 하위 척도와 관련된 역기능적 신념뿐 아니라 진로의사결정에 대한 다양한 역기능적 신념 또한 확인할 수 있다. 이러한 검사를 통해서 확인된 역기능적 신념은 상담자와의 상담 과정을 거쳐서 수정하는 활동을 할 수 있다. 즉, 확인된 역기능적 신념을 하나하나 살펴보면서 보다 기능적인 방식의 생각은 무엇인지 상담자와 함께 논의하고 그것을 기록함으로써 정지혜 씨가 가지고 있는 생각을 수정해 나갈 수 있다.

개별학습계획 시행

개별학습계획이 만들어지면 이를 실행해 나가는 것이 매우 중요하다. 따라서 상담자는 정지혜 씨가 각 계획의 우선순위를 정하고 순차적으로 실천해 나갈 수 있도록 도와주어야 한다. 정지혜 씨가 우선적으로 실시해 볼 수 있는 과제는 자신의 특성에 적합한 직업대안에 대한 정보를 탐색하는 것이다. 상담자는 정지혜 씨가 보다 다양한 자료와 정보를 탐색해 볼 수 있도록 다양한 정보원을 알려 주어야 하며, 상담 이외의 시간에도 계속해서 정보를 탐색할 수 있도록 그 방법을 알려 주어야 한다. 그리고 탐색한 정보를 정지혜 씨와 함께 점검해 봄으로써 직업에 관한 정보가 진로선택에 효과적으로 활용될 수 있도록 도와주어야 한다. 다음으로 정지혜 씨가 수행해야 하는 과제는 역기능적인 진로신념을 확인하고 수정해 가는 것이다. 이 과정은 상담자와 함께 해야 하는 과정으로, 우선 검사를 실시하여 역기능적 진로신념을 확인하고 각 진로신념에 대한 대안을 상담자와 함께 찾아보는 연습을 하게 된다. 상담자와 함께 연습을 한 후에는 정지혜 씨가 다른 진로신념에 대해서도 스스로 대안을 찾아보는 연습을 해야 한다. 그러한 과정을 통해서 정지혜 씨는 자신의 역기능적 진로신념을 긍정적인 신념으로 변화시키고 진로선택 과정을 보다 적극적으로 해 나갈 수 있게 될 것이다. 그리고 마지막으로 상담자와 함께 합리적 의사결정 과정을 거쳐 봄으로써 합리적 의사결정의 방법을 학습할 수 있다.

종합 및 일반화

앞의 단계가 모두 성공적으로 이루어지면 상담을 마무리하는 단계로 넘어가게 된다. 이 단계에서는 정지혜 씨가 진로상담을 통해서 상담의 목표를 달성하였는지 확인해야 하며, 목표가 달성되었을 경우에는 상담의 전 과정을 정리해 보고 문제해결 과정을 되짚어 봄으로써 상담에서 학습한 의사결정 방법을 삶에서의 다른 문제 해결 과정에도 적용할 수 있도록 도와주어야 한다. 특히 정지혜 씨가 취업이 아닌 편입을 결정할 경우에는 조만간 또 다른 진로선택을 해야 하는 상황을 맞이할 수 있다. 따라서 이번 상담 과정을 통해서 합리적인 의사결정 과정을 학습한다면 미래의 진로결정 상황에도 적용할 수 있게 된다. 그러나 만약에 이 시점에서 아직 해결되지 않은 문제가 있거나 또는 추가적인 문제가 발생하였을 경우에는 다시 문제를 규정하고 원인을 파악하는 단계로 돌아가 상담을 지속해야 한다.

참고문헌

Peterson, G. W., Sampson, J. P., Lenz, J. G., & Reardon, R. C. (2002). Becoming career problem solvers and decision makers: A cognitive information processing approach. In D. Brown (Ed.), *Career choice and development* (4th ed.) (pp. 312-369). San Francisco: Jossey-Bass.

Peterson, G. W., Sampson, J. P., & Reardon, R. C. (1991). *Career development and service: A cognitive approach*. Pacific Grove, CA: Brooks/Cole.

Peterson, G. W., Sampson, J. P., Reardon, R.C., & Lenz J. G. (1996). Becoming career problem solvers and decision makers: A cognitive information processing approach. In D. Brown & L. Brooks (Eds.), *Career choice and development* (3rd ed.) (pp. 423-475). San Francisco: Jossey-Bass.

Reardon, R. C. (1996). A program and cost analysis of a self-directed career decision-making program in a university career center. *Journal of Counseling and Development, 74*, 280-285.

Reardon, R. C., & Monr, C. (1975). Revitalizing the career information service. *The Personnel and Guidance Journal, 54*, 169-171.

Sampson, J. P., Lenz, J. G., Reardon, R. C., & Peterson, G. W. (1999). A cognitive information processing approach to employment problem solving and decision making. *The Career Development Quarterly, 48*, 3-18.

Sampson, J. P., Peterson, G. W., Lenz, J. G., & Reardon, R. C. (1992). A cognitive approach to career services: Translating concepts into practice. *The Career Cognitve Quarterly, 41*, 67-74.

Sampson, J. P., Peterson, G. W., Lenz, J. G., Reardon, R. C., & Saunders, D. E. (1996). *Career Thoughts Inventory workbook*. Odessa, FL: Psychological Assessment Resources.

Sampson, J. P., Peterson, G. W., Reardon, R. C., & Lenz, J. G. (2000). Using readingness assessment to improve career services: A cognitive information processing approach. *The Career Development Quarterly, 49*, 146-174.

Sampson, J. P., Peterson, G. W., Reardon, R. C., & Lenz, J. G. (2004). *Career counseling and services: A cognitive information processing approach*. Pacific Grove, CA: Brooks/Cole.

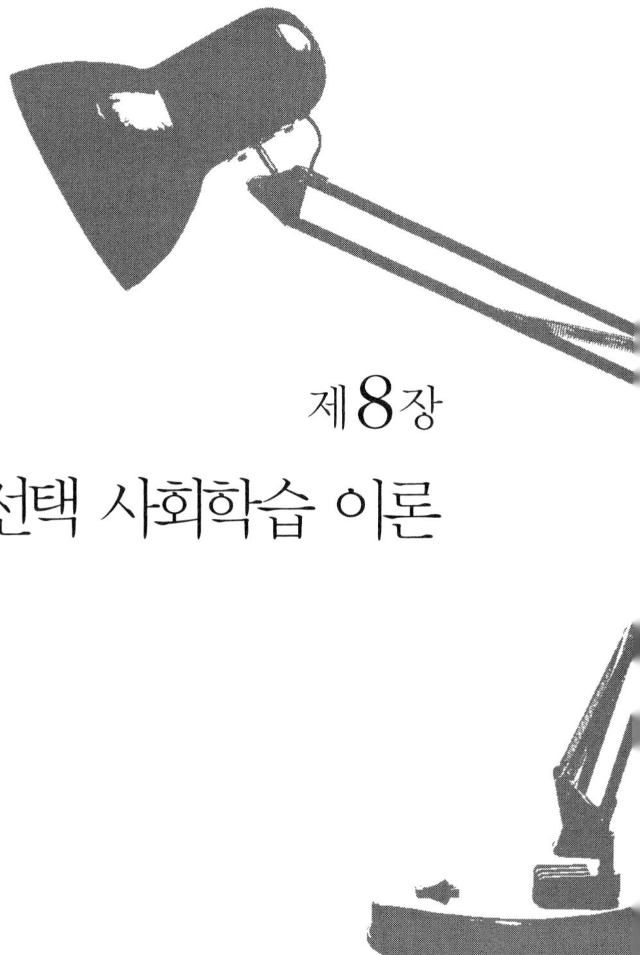

제8장
진로선택 사회학습 이론

employment counseling

제8장
진로선택 사회학습 이론

진로선택 사회학습 이론 개관

진로선택 사회학습 이론은 크롬볼츠(John D. Krumboltz)가 1975년에 제안한 '진로의사결정에서의 사회학습 이론(social learning theory of career decision making)'에서 출발하여 2008년 우연학습 이론(happenstance learning theory)에까지 이르고 있다. 반두라(A. Bandura)의 사회학습 이론을 진로상담에 적용한 이론으로는 크롬볼츠의 진로선택 사회학습 이론 및 렌트, 브라운, 해켓(Lent, Brown, & Hackett, 1994)의 사회인지진로 이론이 대표적이다. 크롬볼츠는 사회학습 이론의 상호결정론 부분을 진로상담에 적용하였고, 사회인지진로 이론은 사회학습 이론의 중심 개념인 자기효능감과 결과기대를 중심으로 진로의사결정 모형을 확립하였다. 이 장에서는 크롬볼츠의 진로선택 사회학습 이론에 대해 알아볼 것이고, 다음 장에서 사회인지진로 이론에 대해 살펴볼 것이다.

크롬볼츠(1975)는 사회학습 이론의 상호결정론을 진로의사결정에 적용하여, 내담자의 진로의사결정을 돕는 것을 목표로 하는 진로상담에서의 의사결정과 관련된 학습에 영향을 미치는 다양한 환경적 요인에 대해 설명하였다. 이후, 크롬볼츠는 그 내용을 확장해 가면서 진로선택 사회학습 이론이라고 명명하였다(Mitchell & Krumboltz, 1984; 1990; 1996). 진로선택 사회학습 이론은 진로선택의 과정에서 개인과 환경이 상호작용하는 과정에 초점을 두는데, 특히 개인이 환경과의 상호작용을 통해 무엇을 학습했는가에 강조점을 두고 있다. 최근에는 '우연(happenstance)'이라는 개념을 진로에 추가하여 내담자가 가진 학습의 결과만이 아니라 그가 적극적으로 학습해 나가는 과정을 조력하는 상담자의 역할을 강조하고 있다. 이에 대해서는 '계획된 우연이론(planned happenstance theory)'이라는 명명을 거쳐 현재 '우연학습 이론(happenstance learning theory)'이라고 명명하고 있다(Krumboltz, 2008; Krumboltz & Levin, 2004; Mitchell, Levin, & Krumboltz, 1999). 여기에서는 크롬볼츠의 진로선택 사회학습 이론에서 소개한 핵심 개념을 알아보고, 진로상담에 대해서는 계획된 우연이론과 우연학습 이론이 제안하는 내용을 중심으로 다음 절에서 살펴볼 것이다.

진로결정 요인

크롬볼츠의 진로선택 사회학습 이론은 진로선택이 진로상담의 핵심이라는 가정에서 출발하고 있으며, 내담자의 진로선택을 결정하는 것이 무엇인가를 파악할 수 있는 틀을 제공하고 있다. 이 이론은 '사람들은 어떻게 해서 현재의 직업(진로)을 선택하게 되었을까?'라는 질문에 대해서 개인의 진로선택에 영향을 미치는 4가지 요인을 제안하고 있다(Mitchell & Krumboltz, 1996).

첫 번째는 개인의 타고난 유전적 재능으로, 사람들은 누구나 어떤 특정한 능력이든 부모로부터 물려받은 것이 있다. 사회학습 이론에서는 유전이 인간의 특성에 어느 정도 영향을 미치는가에 대해 정확하게 언급하고 있지 않지만, 능력의 개인차에 있어 유전이 작용할 가능성이 있다는 점을 인정한다. 특히 음악가, 예술가, 운동선수로서의 능력은 유전적 요인을 다분히 포함할 것이다. 그러나 미첼과 크롬볼츠(Mitchell & Krumboltz, 1996)는 학습경험이 타고난 능력과 상호작용하는 것은 분명하지만, 자신의 능력을 개발할 수 있거나 그로 인한 장애를 극복할 수 있는 기회에서의 개인차도 간과할 수는 없다고 주장하고 있다.

두 번째는 환경적 조건과 사건으로, 이것은 때로 개인이 통제할 수 있는 것일 수도 있고 없는 것일 수도 있으며, 계획된 것일 수도 있고 계획되지 않은 것일 수도 있다. 미첼과 크롬볼츠(1996)는 일의 기회, 소수민족 보호와 같은 사회 정책, 직업에 제공되는 보상, 노동법, 물리적 여건, 자연 환경, 기술의 발전, 사회조직의 변화, 가족 자원, 교육 체제, 공동체 및 지역사회 영향 등 12가지 환경적 조건의 범주를 제시하였다.

세 번째는 학습경험으로, 이것은 사회학습 이론에서 가장 중요하게 간주되는 요인이다. 도구적 학습과 연합적 학습을 모두 포함하는 학습경험이 여기에 해당한다. 도구적 학습은 선행사건, 행동, 후속결과의 과정으로 이루어지는데, 유전적 재능과 환경적 조건이 선행사건에 속하고 행동은 외현적 행동과 내면적 행동(예: 생각)을 모두 포함하며 후속결과는 당장의 결과만이 아니라 지연된 결과도 포함한다. 또한 연합적 학습(고전적 조건화)은 2가지 자극이 동시에 일어날 때 발생하는데, 예를 들면 미소는 허락을 의미하고 찡그림은 불허를 의미한다는 것을 이러한 연합적 학습 과정을 통해 배울 수 있다.

마지막 네 번째 요인은 과제접근 기술이다. 과제접근 기술은 앞서의 타고난 능력과 환경적 조건 및 학습경험이 상호작용한 결과 습득되는 것이다. 이것은 개인이 어떤 과제를 성취하기 위해 동원하는 기술로, 수행에 대한 기대, 업무 습관, 인지적 과정, 정서적 반응 등이 여기에 속한다.

진로결정 요인의 결과

진로결정 사회학습 이론에서 지금까지 살펴본 4가지 요인은 서로 영향을 주고받으며 결과적으로 일반화에 이르는데, 이것은 자신에 대한 일반화와 세상에 대한 일반화를 형성한다. 먼저, 한 개인의 자신에 대한 일반화는 자기 자신에 대한 관찰 결과 얻어진 것으로, '자기관찰 일반화(self-observation generalization)'라고 부른다. 이것은 자신의 태도, 업무 습관, 가치관, 흥미, 능력 수준에 대한 일반화다. 이러한 일반화는 겉으로 드러나기도 하고 내면 과정에 머물기도 하는데, 학습경험과 교호적 상호작용 관계에 있기 때문에 일반화가 곧 학습경험의 산물이면서 학습경험에 영향을 미치기도 하여 그것이 또다시 일반화에 영향을 미치게 된다. 예를 들면, 야구 경기에서 홈런을 여러 번 쳤거나 기록이 좋은 학생은 이를 통해 자신이 야구를 잘한다고 일반화한다. 그러면 자신이 야구를 잘한다고 생각하는 이 학생은 자신이 속한 야구팀을 위해 최선을 다해 노력할 것이고, 이것이 또 다음 일반화에 영향을 미치게 될 것이다.

다음으로 학습경험은 개인의 세계관을 형성하는데, 이를 '세계관 일반화(world-view generalization)'라고 부른다. 세계관 일반화란 자신의 환경에 대한 일반화로, 이를 통해 세상에 대해 이해하고 환경에서 나타날 결과를 예측한다. 즉, 특정한 방식으로 차별을 경험한 개인은 다른 상황에서도 자신이 차별을 당할 것이라고 예상하게 된다. 마찬가지로 자신의 높은 사회계층 덕분에 특별 대우를 받았던 사람은 자신이 모든 상황에서 특별 대우를 받는 것이 당연하다고 여긴다.

진로선택 사회학습 이론의 상담 과정

진로선택 사회학습 이론은 '행동은 타고난 정신 과정을 통해서가 아니라 학습경험을 통해 나타나는 것으로 이해해야 한다.'는 가정에 기초하고 있다. 또한 이 이론은 인간을 환경에 의해 수동적으로 통제당하는 존재이기보다는 스스로 환경을 통제하기 위해 분투하는 지적인 문제해결자라고 본다.

상담의 기본 가정

크롬볼츠는 인간이 살아가면서 만나는 다양한 우연적인 사건(happenstance)이 개인의 진로에 미치는 영향에 주목한다. 한 개인의 진로발달 과정에는 예상하지 않았던 일이 일어날 수밖에 없고, 그러한 우연은 진로에 긍정적으로 작용하기도 하고 부정적으로 작용하기도 한다(Mitchell, Levin, & Krumboltz, 1999). 우연히 발생한 일이 진로에 긍정적으로 작용하는 경우가 '계획된 우연(planned happenstance)'이고, 진로상담자는 이를 촉진해야 한다. 크롬볼츠(2009)가 제안한 진로상담의 기본 가정은 다음과 같다.

가정 1: 진로상담의 목표는 내담자가 하나의 진로 의사결정만을 하도록 돕는 것이 아니라 그가 보다 만족스러운 진로와 인생을 선택하여 살아가기 위해 행동하는 것을 배울 수 있도록 돕는 것이다

크롬볼츠는 자신에게 가장 잘 맞는(이상적인) 일을 찾아 달라는 내담자의 요구에 대해 다음과 같이 답하라고 제안한다. "만약 내가 주머니 속에 당신에게 꼭 맞는 일을 가지고 있다면 지금 바로 꺼내 주겠어요. 그런데 세상일이란 그렇지가 않아요. 당신이 가장 만족할 수 있는 삶을 살고 싶지요? 어떻게 해야 그렇게 할 수 있는지 제가 가르쳐 드릴게요." (Mitchell et al., 1999, p. 119)

삶에서 일어나는 우연한 일을 자신의 진로에 유리하게 활용하는 데 도움이 되는 기술로는 호기심(curiosity), 인내심(persistence), 융통성(flexibility), 낙관성(optimism), 위험 감수(risk taking) 등이 있으며 진로상담자는 내담자가 그러한 기술을 발달시키도록 도울 수 있다(Mitchell et al., 1999).

- 호기심: 새로운 학습 기회를 탐색하는 것
- 인내심: 좌절에도 불구하고 노력을 지속하는 것
- 융통성: 태도와 상황을 변화시키는 것
- 낙관성: 새로운 기회가 올 때 그것을 긍정적으로 보는 것
- 위험 감수: 불확실한 결과 앞에서도 행동화하는 것

가정 2: 개인 특성과 직업 특성을 짝짓기 위해서가 아니라 학습을 촉진하기 위해 진로 관련 심리검사를 활용한다

학습이론의 관점을 가진 진로상담자는 심리검사를 이용하여 내담자에게 새로운 학습의 기회 자체를 갖게 할 뿐만 아니라 내담자가 새

로운 학습의 기회를 발견할 수 있도록 한다(Krumboltz & Jackson, 1993; Mitchell & Krumboltz, 1996). '심리검사는 미래의 학습에 대한 가능성을 찾는 도구로 보는 것이 바람직하다.'라고 크롬볼츠와 잭슨(Krumboltz & Jackson, 1993)은 언급했다(p. 394). 예를 들면, 흥미검사를 통해 지금의 흥미가 얼마나 다양한 직업과 맞는지 이야기할 수 있는데, 여기에서 나아가 앞으로 탐색해 볼 활동을 찾기 위해 흥미검사를 활용하는 것이 바람직하다. 성격검사의 경우, 내담자에게 좀 더 편안한 환경이 어떤 것인지에 대해 이야기할 근거가 된다. 또한 성격검사 결과를 통해 새롭게 배워야 할 대인관계 기술을 찾고 다른 사람과 구별되는 자신만의 고유한 특성도 알 수 있다.

진로선택 사회학습 이론에서는 진로신념검사를 통해 내담자의 진로선택에 방해가 되는 생각들(자기관찰 일반화와 세계관 일반화)을 밝힐 것을 강조한다. 진로신념검사는 내담자의 진로발달 및 선택을 방해하는 생각, 가정(비합리적 신념)을 명료화하여 상담에서 구체적으로 다루기 위한 목적으로 개발되었다(Krumboltz, 1994). 진로상담에서 개별문항을 번안하여 연구용으로 사용하고 있으며(예: 김미희, 2002; 이경희, 2001; 이형국, 2009), 최근에는 역기능적 진로사고를 측정하는 검사가 시중에서 판매되고 있다.

가정 3: 내담자는 탐색적 활동에 집중하면서 우연히 일어난 일을 유용하게 활용할 수 있다는 점을 알게 된다

계획하지 않았던 일은 모든 진로에서 일상적으로 나타나고 피해갈 수 없기 때문에 진로선택과정에서는 어떻게 하든 위험은 따르기 마련이다. 따라서 실수가 발생하는 것은 어쩔 수 없지만 한편으로 그것은 또 다른 학습의 기회가 된다. 따라서 크롬볼츠(2008)는 무엇이든 적극적으로 하라고 권하고 있고, 새로운 취미를 갖는 것, 인턴십에 지원하는 것, 공동 작업에 참여하는 것, 새로운 사람을 만나기 위해 노력하는 것, 지도자에 자원하는 것 등의 활동을 하라고 권한다.

또한 크롬볼츠(2008)는 계획하지 않은 일을 잘 관리해 나가기 위해 다음의 3가지 단계를 밟아야 한다고 제안하고 있다. 첫째, 예기치 않은 일이 일어나기 전에 먼저 그것을 경험할 수 있도록 미리 조치를 취한다. 둘째, 그 일이 일어나고 있는 동안은 가능한 기회가 무엇인지 찾는다. 셋째, 그 일이 지나고 나면 그것이 자신에게 유리하게 작용하도록 활동을 시작한다.

가정 4: 상담의 성공 여부는 상담실 밖 현실에서 내담자가 무엇을 이루었는가에 달려 있다

중요한 학습경험은 상담 회기 내에서 일어나는 것이 아니라 내담자가 살아가고 있는 실제 생활에서 일어나는 것이다. 그러므로 진로 상담자가 상담에서 해야 할 일은 내담자가 상담실 밖 그 자신의 일상에서 어떤 학습활동을 할 것인지에 대한 계획을 함께 세우는 것이다 (Krumboltz, 2008).

매 상담 회기를 마칠 때마다 다음 회기에 오기 전까지 실천해 볼 활동 하나를 정하고 그것을 꼭 해 보고 올 것을 약속해야 한다. 하기로 한 활동에 대해 다음 회기 전이라도 문자나 이메일로 언제까지 알리겠다는 약속을 할 수도 있다. 이렇게 약속을 한다고 해도 내담자는 약속을 지키지 못할 수도 있는데, 그럴 때는 약속을 지킬 수 없었던 이유를 분명하게 확인하고 다시 약속해야 한다. 예를 들면, 너무 목표가 높아서 할 수가 없었다면 목표를 낮춰 다시 약속하고, 내담자에게 별로 중요하지 않았기 때문이었다면 우선순위를 다시 정해야 할 것이며, 다른 피치 못 할 사정이 있었다면 다시 그것을 할 날짜를 약속할 수 있다.

상담 목표

실제 진로상담을 찾는 내담자들은 새로운 직업을 찾고 싶거나, 직장에서의 대인관계를 개선하고 싶거나, 승진에서 탈락된 억울한 감정을 풀고 싶거나, 가사와 직장 일을 병행할 수 있는 방안을 찾고 싶거나, 은퇴 이후를 준비하는 등의 문제에 도움을 받기 원한다(Krumboltz & Hendeson, 2002). 진로선택 사회학습 이론에서는 이러한 내담자들에게 원하는 것을 바로 알려 주기보다는 스스로의 학습과정을 통해 그 답을 발견할 수 있도록 돕는다.

크롬볼츠는 상담의 목표를 '끊임없이 변화하는 직업 환경 속에서 내담자가 스스로 자신의 삶을 충족시키기 위해 필요한 기술, 흥미, 신념, 업무 습관, 개인적 자질 등을 학습할 수 있도록 촉진하는 것'이라고 정의했다(Krumboltz, 1996, p. 61). 또한, 진로상담자의 역할은 '내담자의 학습을 증진시키는 것'이라고 정의했다. 여기에서 중요한 점은 변화하는 직업 환경에 대처하기 위해서는 내담자가 계속 새로운 것을 배워나가야 한다는 점이다. 10년 전에 성공했던 방식으로 지금 성공하기는 어렵다. 따라서 상담자는 이전 방식을 고수하려는 내담자에게 새로운 것을 배우면 더 잘 적응할 수 있다는 사실에 직면하도록 하고 그것을 확인시켜야 한다.

상담 절차

진로선택 사회학습 이론의 최근 논의는 계획된 우연이론 또는 우연학습 이론으로 옮겨 오고 있다. 우연학습 이론에 입각한 진로상담은 전통적인 진로상담과는 다소 차이를 보인다. 크롬볼츠(2008)는 그 이유에 대해 다음과 같은 5가지 주장을 제시한다. 첫째, 진로상담자는 내담자가 계획되지 않은 일들을 자연스러운 일로 받아들일 수 있도록 그의 기대를 이끈다. 둘째, 진로상담자는 현재 내담자의 관심에서 출발하여 그의 삶을 만족시켜 줄 것이 무엇인지를 찾도록 돕는다. 셋째, 진로상담자는 내담자의 과거 경험 과거 경험 중 우연히 일어난 일이 도움이 되었던 경험을 활용하여 그를 격려한다. 넷째, 진로상담자는 잠재된 기회들을 보다 잘 알아차릴 수 있는 내담자의 감수성을 키워 준다. 다섯째, 진로상담자는 내담자의 행동을 방해하는 비합리적인 신념들을 그가 극복할 수 있도록 돕는다. 이러한 상담자의 역할을 수행하기 위해 크롬볼츠는 또한 다음과 같은 4단계로 상담을 실시할 것을 추천하고 있다.

1단계: 계획된 우연을 자연스러운 일로 만들기

계획된 우연이론에서 내담자의 과거를 탐색하는 목적은 그의 어떤 행동이 예기치 않은 기회를 잡을 수 있게 했는지 확인하는 데 있다. 따라서 내담자에게 우연히 일어났던 일에 대해 질문하고, 그 사건을 가능하게 했거나, 기여했거나, 만들어냈거나, 유용하게 했던 행동이 무엇이었는지 구체화한다. 첫 단계에서 가장 중요한 것은 내담자가 계획되지 않았던 일이 모든 사람에게 영향을 미친 것과 특히 그 일을 전후하여 그가 했던 행동이 큰 영향을 미친다는 것을 알아차리도록 하는 것이다.

이 단계에서 유용하게 사용할 수 있는 질문들은 다음과 같다. ① 계획하지 않은 일이 진로에 어떤 영향을 미쳤나요? ② 어떻게 이런 일이 영향력을 갖게 되었나요? ③ 미래에 일어날 계획하지 않은 일에 대해 어떻게 느끼나요?

2단계: 호기심을 학습과 탐색의 기회로 바꿀 수 있게 돕기

예기치 않은 일이 일어났을 때 내담자들은 그것을 탐색의 기회로 보는 방법을 배워야 한다. 어떤 변화라도 그것이 새로운 관계를 시작하게 하여 중요한 정보를 교환하는 기회가 될 수도 있다. 내담자들은 상담자가 자신에게 맞는 완벽한 직업(진로)을 찾아줄 것이라는 잘못된 기대를 갖는 경우가 많은데, 그가 학습과 탐색의 기회를 찾을 수 있도록 조력함으로써 그러한 기대를 재구조화해야 한다. 다음과 같은 질문으로 이 과정을 촉진할 수 있다. ① 어떻게 호기심을 북돋을 수 있나요? ② 기회가 어떻게 호기심을 불러일으키나요? ③ 호기심을 키우기 위해 어떻게 해 보았나요? ④ 호기심이 진로에 어떤 시사점을 줄 수 있을까요?

3단계: 바람직한 기회를 만들어 내도록 가르치기

계획하지 않은 일의 발생은 필연적이라는 것을 내담자에게 가르칠 뿐만 아니라, 보다 많은 바람직한 우연 사건을 만들어 낼 수 있어야 함을 강조해야 한다. 흥미로운 곳을 방문해 보거나, 흥미 영역과 관련된 수업을 들어 보거나, 편지나 이메일을 보내 보거나, 대인관계를 넓혀 가거나, 면접을 보거나, 인터넷 검색을 하는 것 등도 가능할 것이다. 또한 다음의 질문을 활용할 수도 있다. ① 흥미 있는 직업에 대하여 배울 수 있는 기회를 만들기 위해 어떤 일을 할 수 있을까요? ② 그 학과가 자신에게 맞는 학과인지 알아보기 위해 더 할 수 있는 일은 무엇일까요? ③ 명절에 가족이 모였을 때 그 기회를 활용하여 진로에 대해 더 배울 수 있다면 무엇을 해 볼 수 있을까요?

4단계: 과제 실천에 방해가 되는 요인을 극복하기

내담자가 진로를 찾아나가고 진로준비행동을 하는 데 방해가 되는 내·외적 요인을 찾아내고 그것을 극복하기 위한 방법을 의논한다. 내담자가 호기심, 인내심, 융통성, 낙관성, 위험 감수 능력을 발휘하기 어렵게 만드는 요인은 무엇인지, 그러한 능력이 발휘되지 않아서 학습 기회를 찾는 것이 방해받지는 않는지, 어떠한 사람 또는 여건이 새로운 학습을 방해하는지 등에 대하여 탐색한다. 이 과정에서 다음과 같은 질문을 활용할 수 있다. ① 그 일을 하면 어떤 어려움이 올 것 같은가요? ② 그 코스를 이수하는데 어려웠던 점은 무엇이었나요? ③ 그러한 어려움은 얼마나 오래 지속되었나요? ④ 다른 사람들은 그런 어려움을 어떻게 극복하던가요?

이때 진로신념검사를 활용하기도 한다. '진로신념검사(career belief inventory: CBI)'는 진로 문제해결과 진로 의사결정에 방해가 되는 생각을 명료화하여 이를 다루기 위한 도구라는 점에서 진로사고검사와 유사한 면이 있으나, 검사가 출판되지 않고 있어서 학위논문의 부록 이외의 자료에서는 찾기 어렵다(예: 곽다은, 2012). 그러나 상담자의 역량에 따라 학위논문의 부록에서 검사 항목들을 찾아내어 내담자와 함께 진로신념을 검토해 본다면 내담자의 진로 탐색을 방해하는 신념을 찾아내는 데 도움을 받을 수 있을 것이다.

진로선택 사회학습 이론을 김순영 씨 사례에 적용하기

사례개념화

상담자는 진로선택 사회학습 이론에서 제시하는 주요 진로결정 요인인 유전적 재능, 환경적 조건과 사건, 학습경험, 자기관찰 일반화와 세계관 일반화 각각이 김순영 씨의 진로결정에 어떤 역할을 했는지 정리해 보았다.

유전적 재능

김순영 씨는 학창 시절에 평범하고 성실한 여학생이었다. 중간 정도의 성적을 유지하며 노래를 잘하고 글쓰기를 좋아했다. 수학 성적도 어느 정도는 유지했다. 그러한 점으로 볼 때 김순영 씨의 지적 능력은 조직 생활을 위한 기초 직업능력을 갖추는 데 무리가 없어 보인다. 상업고등학교에서 은행에 취업할 정도의 성적을 유지한 것에서도 이러한 능력은 검증되었다.

집안 형편을 고려하고, 공부하고 싶지 않은 자신의 상태를 통찰하여 상업고등학교를 선택한 것으로 보아 사회적 · 지적 동기가 높은 편은 아니었으며, 주변의 요구와 자신의 상태 간에 적절한 조화를 이끌어 내는 능력이 있는 사람으로 보인다. 조화를 이끌어 내는 김순영 씨의 능력은 은행에 근무하던 시절의 대인관계에서도 드러났으며, 은행을 그만둔 이후에도 형편에 맞게 여러 회사에서 아르바이트를 구하고 근무했던 점을 봐서도 알 수 있다.

극도의 스트레스 상황에 놓이면 남을 공격하기보다는 스스로 소화하려다가 신체적인 질병을 얻기도 하였는데, 결혼 후 집안에 여러 가지 스트레스 상황이 있었고 시부모님과 시동생을 돌보며 살아가는 생활이었음에도 큰 갈등을 일으키지 않은 것으로 보아 김순영 씨의 성격은 매우 원만한 편이라는 것을 알 수 있다.

국어 과목, 글쓰기, 노래하기 등에서의 재능이 진로와 직접 연결된 예는 찾아볼 수 없고 현재도 그러한 능력을 직무수행능력과 연결할 구체적인 방안은 보이지 않는다. 그러한 능력은 그것을 살려 취업을 한다기보다는 조직에 원만하게 적응해 가는 데 도움이 되는 긍정적인 요인 정도로 여겨진다.

흥미검사 결과는 김순영 씨가 차분하게 구조와 질서를 추구하면서도 다른 사람과 함께 어울리며 배려할 수 있는 일에 재미를 느낄 수 있음을 말해 준다.

환경적 조건과 사건

부유하지 않은 성장 배경과 상업고등학교 졸업의 학력은 현재로서 김순영 씨가 진입할 수 있는 직업에 제한이 되는 것이 사실이다. 게다가 직업 세계가 여성, 특히 경력 단절 여성을 환영하는 분위기는 아니다. 자녀 양육과 가사를 병행할 수 있는 시간제 직장을 구하기는 더욱 어렵고, 김순영 씨의 10년 전 경력이 지금까지 연계되는 직장을 발견하기도 어렵다. 김순영 씨가 하던 사무 보조 직무 역시 그동안 전산화와 자동화가 비약적으로 진행되어, 그 업무의 절차를 제대로 이해하기 위해 별도의 훈련을 받아야 할 수도 있다.

대개의 가정주부가 그러하듯이 김순영 씨 역시 가사일과 육아를 대신해 줄 경제적 · 사회적 지지 체제를 잘 갖춘 편은 아니다. 친정어머니는 60대 초반으로 아직 젊으신 편이지만 타 지역에서 남동생이 모시고 있고, 김순영 씨 역시 현재 시부모님과 함께 거주하고 있어서 도움을 받기는 어려운 처지다. 남편 또한 김순영 씨의 직장 재진입에 대하여 소극적인 태도로 일관하고 있다.

그럼에도 남편의 사업이 어려워지고, 연로하신 시부모님과 자녀 양육에 대한 부담을 져야하는 현실은 김순영 씨에게 취업을 절실하게 만드는 환경적 조건이 되고 있다.

학습경험

국어와 노래에 소질이 있었으며 평균 이상의 성적을 유지한 중학교 시절, 미화부장과 합창부 활동에 적극적이었던 상업고등학교 시절, 은행 입사와 그곳에서의 3년간의 경력, 워드프로세서 자격증과 아르바이트, 무료 특강을 통해 배운 꽃꽂이와 독서지도 능력이 김순영 씨의 진로 관련 학습경험의 대체적인 사항이다.

그럼에도 김순영 씨는 배우는 것을 좋아하기 때문에 무엇을 어떻게 배워야 할지에 대한 안내를 받으면 누구보다 적극적으로 학습을 해 나갈 것으로 예상된다.

과제접근 기술

현재 자포자기한 마음이 들기도 하지만, 그런 마음은 오랜 주말부부 생활로 인한 정서적 외로움, 남편의 사업 실패로 인한 경제적 어려움, 자녀 양육과 연로한 시부모 및 시동생 봉양이 지속되면서 자신의 취업 문제까지 쉽게 풀리지 않는 것 등 여러 가지 어려움이 겹치면서 생겨난 문제다. 이러한 어려움에도 김순영 씨는 시부모나 시동생 그리고 남편과 갈등을 유발하지 않으면서 묵묵히 자신의 일을 해내고 있다.

충분히 드러나지는 않았지만 김순영 씨가 최선의 문제 해결책을 찾는 과제접근 기술은 어린 시절 이사를 가기 싫다고 떼쓰는 동생을 밖으로 데리고 나가 놀아 줌으로써 달랬던 기억에서도 나타난다. 이처럼 문제에 대한 원만한 접근 기술은 김순영 씨의 큰 장점이 될 것으로 보인다.

그러나 한편으로는 그러한 원만한 해결 양식에 대한 추구가 보다 혁신적인 변화나 발전을 일으키는 데는 한계점으로 드러날 수 있다. 예를 들어, 현재 상태에서 본인의 취업을 위해 다른 사람에게 도움을 요청한다든지 스스로 부족하다고 느끼는 공부를 더 하기 위해 시간과 비용을 과감하게 투자하는 방향으로의 방법은 취할 가능성이 적다.

따라서 가급적 현재 상황을 유지하는 선에서 최소한의 변화를 통해 취업이 가능한지를 모색할 것으로 보인다.

자기관찰 일반화와 세계관 일반화

'고진감래'는 김순영 씨의 좌우명이라 볼 수 있다. 아무리 어려운 일이 닥친다 해도 꿋꿋이 이겨낼 수 있다는 자신에 대한 믿음이 자기관찰 일반화의 결과고, 그렇게 하다 보면 좋은 결과가 올 것이라는 세상에 대한 믿음이 세계관 일반화의 결과다. 자신과 세상에 대한 긍정적이고 뿌리 깊은 신뢰감은 김순영 씨의 진로선택 및 준비 행동뿐 아니라 직장 적응 과정에도 적용될 것이다.

상담의 기본 가정

가정 1: 진로상담의 목표는 내담자가 하나의 진로 의사결정만을 하도록 돕는 것이 아니라 그가 보다 만족스러운 진로와 인생을 선택하여 살아가기 위해 행동하는 것을 배울 수 있도록 돕는 것이다

김순영 씨가 보다 만족스러운 진로와 인생을 선택하여 살아가기 위해 행동하는 것을 배울 수 있도록 돕기 위한 첫 단계는 지금까지의 삶 중에서 김순영 씨를 만족시켰던 일 중 진로와 연결될 수 있는 활동을 찾아내는 데서 시작할 수 있다.

김순영 씨는 언제 만족을 느꼈으며, 그것을 토대로 볼 때 앞으로는 무엇을 할 때 만족을 느낄 것인가를 정리해 보면, 첫째, 김순영 씨는 자신이 상상하는 것을 글로 표현하고 누군가 그러한 자신의 글을 읽어 주는 것 그리고 남의 글을 읽는 것에 만족을 느낀 경험이 있다. 따라서 육아 경험도 있고 글 쓰는 것을 좋아하기 때문에 교육 분야의 방향을 고려해 보았다. 김순영 씨의 학력이 고등학교 졸업이기 때문에 교육 직종에 바로 진입하기는 어려울 것으로 판단되어 직업능력개발훈련정보망(www.hrd.go.kr)에 접속하여 분야별 자격증을 검색해 보았다. 교육 및 자연과학 · 사회과학 연구 관련 분야의 자격증 목록에는 대학 교수, 유치원 및 학교 교사, 학원 강사와 학습지 교사 등이 포함되어 있었다. 그중 학원 강사와 학습지 교사가 김순영 씨의 학력으로 진출할 수 있는 분야일 것 같아 확인해 본 결과 컴퓨터 강사(정보통신 강사)와 관련된 14건의 자격증이 있었다. 그 14건에는 멀티미디어 콘텐츠 제작 전문가, 사무자동화 산업기사, 웹디자인 기능사, 전자계산기사, 전자계산기제어산업기사, 전자계산기 조직 응용기사, 전자상거래 관리사 1급, 전자상거래 관리사 2급, 정보처리기능사, 정보처리기사, 정보처리산업기사, 정보통신기사, 정보통신산업기사, 컴퓨터그래픽스운용기능사가 속해 있었다. 그 중에서 현재의 학력으로 가능한 것에는 전자상거래관리사 2급, 정보처리기능사, 컴퓨터그래픽스운용기능사 등이 있었다.

김순영 씨는 미술이나 색상 등에서의 기계적인 작업보다는 교육 및 연구기관, 정부기관, 금융기관, 보험업, 병원 등에서 사무원이나 사무보조원으로 취업하는 데 도움이 될 것 같은 정보처리 기능사에 관심을 보였다. 또한 그에 대한 정보를 찾아보면서 결혼 전 몇 년간의 은행 업무 및 회사 근무를 하면서 재미를 느꼈던 기억이 났다.

책을 읽고 글을 쓰는 것을 좋아했던 김순영 씨는 자신이 독서지도사나 독서치료사, 학습지 교사 등의 직업훈련을 받을 수 있는지 알아보았다. 그 결과 학습코칭지도사, 토론구술면접지도과정 등을 찾을 수 있었다. 그러나 교육과정에 심리학이나 교육학, 국어나 영어 교과 등에 대한 언급이 있어 고등학교 졸업 학력으로는 어려울 것 같았다. 아직 대학 입학까지는 고려해 보지 않았고, 최근 남편의 사업이 어려워져 형편이 곤란한 점을 염두에 뒀을 때, 이 부분은 나중에 더 찾아보기로 하였다.

둘째, 김순영 씨는 음악 수업을 좋아하였으며 칭찬을 많이 받았고 고등학교 때 합창단 활동도 하였다. 하지만 음악에 대하여 전문적인 훈련을 받은 적은 없었기 때문에 그것을 직업과 연결하기는 어렵다고 판단되었다.

셋째, 김순영 씨는 무엇인가 배우는 것을 좋아한다. 배움의 기회가 그동안 많지 않아서 조금이라도 더 배우고 싶고, 그 결과 취업에 유리해졌으면 좋겠다고 생각하였다. 다행히 최근에 취업을 위해 무엇인가 배울 수 있는 기회가 많이 생겼고, 무료일 뿐 아니라 경우에 따라서는 보조금까지 받을 수 있는 일이 많았다. 따라서 상담자는 김순영 씨에게 내일배움카드제(www.hrd.go.kr 참고)를 소개하였다. 신청 자격 확인 체크리스트에서 현재의 상황을 선택하였더니 김순영 씨는 내일배움카드제 수혜 대상이었다. 서비스강사, 직업상담사, 컴퓨터관련자격증 등 여러 분야의 훈련 프로그램을 보는 것 자체가 김순영 씨의 의욕을 북돋았다.

넷째, 김순영 씨는 여직원을 대하는 태도가 차별적이거나 업무량과 업무 시간이 지나치게 많아지면 스트레스를 받는다. 치열한 경쟁보다 성실한 삶, 주위와 무난히 어울리는 일을 좋아한다. 김순영 씨는 10년 동안의 경력 단절이 있는 여성이어서 객관적으로는 취업 취약 계층일 수 있다. 특히 미혼일 때 금융업계에 종사하면서 권위주의적인 상관을 만나 위장병까지 얻어서 회사를 그만둘 수밖에 없었던 과거가 있기 때문에 여기에 대하여 김순영 씨와 구체적으로 이야기를 나누었다. 김순영 씨는 지금 나이가 들었고 그때보다 더 오랜 세상 경험을 하면서 참을성이 강해지기는 했지만, 돌봐야 할 아이와 살림이 있어 치열하게 일하기는 오히려 어려워졌을 것이라고 말하였다. 이에 김순영 씨에게 기쁨을 주는 일자리는 높은 급여나 경쟁을 통한 성취 가능성을 추구하는 곳보다는 금액이 적더라도 정해진 급여를 받고 정해진 시간 동안 일을 하며 서로 신뢰하는 대인관계가 가능한 곳으로 정리할 수 있었다.

가정 2: 개인 특성과 직업 특성을 짝짓기 위해서가 아니라 학습을 촉진하기 위하여 진로 관련 심리검사를 활용한다

김순영 씨가 실시한 심리검사는 노동부 직업선호도검사와 진로장벽검사였으며, 오래 전 일이기는 하지만 학교에 다닐 때 받았던 성적표도 검토하였다. 우선, 직업선호도검사에서 파악한 흥미는 SC 유형이었으며, 표준점수를 통해서 볼 때 다른 여성에 비해서도 RIAE 흥미유형 점수는 다소 낮은 편이었다. 본인이 스스로 사람들과 어울릴 수 있는 직업을 좋아하면서도 차분한 성격이라는 것을 알고 있었던 김순영 씨에게 검사 결과는 자연스럽게 받아들여졌다. 따라서 S와 C의 흥미유형별로 제시된 직업 분야인 상담, 교육, 봉사활동, 사무, 경리, 회계사를 포함한 여러 가지 직업을 꼼꼼하게 찾아보기로 하였다.

진로장벽검사 결과는 다른 여성보다 김순영 씨가 진로장벽을 다소 더 느끼고 있음을 나타냈다. 특히 엄마, 며느리, 부인, 직업준비생 등의 다중 역할로 인한 갈등과 학력 및 성차별, 직업 준비 부족 등에 대하여 부담을 느끼고 있었다.

가정 3: 내담자는 탐색적 활동에 집중하면서 우연히 일어난 일을 유용하게 활용할 수 있다는 점을 알게 된다

김순영 씨의 경력 단절 기간이 길어서 10년 전과 지금의 직업 세계가 달라져 있을 뿐 아니라 정작 본인이 좋아하는 글쓰기 등의 일에는 경력이 전무해서 직업과 연결하기가 쉽지 않을 것 같았다. 그래서 상담자는 직업탐색에 집중하면서 진로와 관련한 일상적인 경험에도 주의를 기울이도록 당부하였다. 매일 취침 전 그날 하루 동안 진로와 관련되었던 경험을 기억하여 적고, 기록한 것을 상담에 올 때 가져 오도록 과제를 부과하였다.

평소 성실한 생활이 몸에 배어 있는 김순영 씨는 과제를 진지하게 수행하였는데, 그러던 중에 탐색된 한 가지는 집 근처 사거리에 독서지도사 양성 과정의 수강생을 모집한다는 현수막이 붙어 있었던 것이다. 지금까지 백화점 문화센터에서 개최하는 독서지도 강좌에 단순한 호기심으로 참여해 보았지만, 본인이 독서지도사가 될 것이라는 생각은 해 보지 못했던 터였다. 글 쓰는 것을 좋아하는 김순영 씨로서는 매우 관심이 가는 광고였다. 상담자는 김순영 씨에게 해당 독서지도사에 대하여 자세히 알아보도록 하였다. 김순영 씨는 인터넷에서 경험담을 찾아보면서 독서지도사에도 여러 가지가 있다는 것을 알게 되었다. 특히 대학교 졸업장이 없는 김순영 씨에게는 대학교 졸업장 없이도 배울 수 있는 독서지도사 양성 과정이 반가웠다. 하지만 독서지도사 양성 과정이 내일배움카드제에는 포함되지 않아서, 별도의 비용이 필요하다는 점이 고민이었다. 또한, 대학교 졸업장 없이 취득한 독서지도사 자격증이 얼마만큼 취업에 긍정적인 영향을 줄 수 있을지에 대하여도 더 알아보기로 하였다.

가정 4: 상담의 성공 여부는 상담실 밖 현실에서 내담자가 무엇을 이루었는가에 달려 있다

상담을 통해 김순영 씨는 참 많은 것을 새로 알게 되었다고 하였다. 지역 정보의 구인구직란을 열심히 보게 되었으며, 취업을 한 후 아이 양육을 어떻게 할지에 대해서도 구체적으로 생각하게 되었다. 연로하신 시부모님에게 자녀 양육을 전담시키기는 어렵기 때문에, 종일제 보육 과정을 활용할 계획을 세우고, 무상보육제도에 대한 정보도 알아보았다. 무상보육 혜택이 점점 확대되고 있다는 것을 발견하고는 마음이 한결 가벼워졌다.

시부모님을 모시는 일에 대하여 출가한 손위 시누이들과 의논하기로 하였고, 그 전에 시누이들에게 부담이 덜 가면서도 본인에게 필요한 도움이 무엇인지를 정리해 보기로 하였다.

독서지도사를 하느냐, 정보처리사를 하느냐에 따라 달라지기는 하지만 직업 준비 과정에 들어가는 투자 비용에 대한 대차대조표도 만들어 보았다.

경력 단절 극복과 직업 재진입을 위한 김순영 씨의 이러한 노력은 주말에 만나는 남편과의 대화를 통해 조금씩 구체적인 행동으로 나타나게 되었다. 남편과 대화를 나누면서 김순영 씨는 남편이 자신의 구직에 대해 적극적인 지원을 하지 않는 이유가 그 자신이 무능하여 부인을 취업 전선으로 내몬다는 자책감 때문이라는 사실을 새롭게 알았다. 김순영 씨는 남편에게 자신이 취업하려는 이유에는 내적인 성장 동기도 포함되어 있다고 이야기하면서, 자신이 요즘 하고 있는 진로준비에 대하여 남편에게 차근차근 이야기하기 시작하였다.

상담 목표

사회학습 이론에서 상담자가 초점을 두어야 할 부분은 내담자가 스스로의 삶을 충족시켜갈 수 있도록 학습 능력을 촉진하는 것이다. 김순영 씨의 경우, 10년 동안 경력이 단절되어 있었고, 그동안 산업 구조와 경제 여건이 달라졌기 때문에 직무를 수행하기 위한 전문적인 능력인 직무 능력뿐 아니라 조직에 원만하게 적응하기 위한 직업기초능력 등도 새롭게 익혀야 한다. 그 이전에 본인의 여러 가지 특성에 대하여 구체적으로 알아보고, 현재의 여건에 맞추어 어떤 직업을 가져야 할지에 대한 탐색 작업을 할 필요가 있다. 상담자는 김순영 씨에게 가장 필요한 것이 자신과 직업에 대한 구체적인 탐색이고, 탐색 과정을 촉진시킬 정보에 효과적으로 접촉할 수 있는 방법을 학습하게 하는 것이라고 진단하였다. 그리고 시어머니와 시동생을 돌보면서 남편의 도움을 거의 받지 못하며 아이도 양육해야 하는 경력 단절 여성인 만큼 직업 탐색과 훈련에 따르는 장애 요인이 많을 것이기 때문에, 그러한 장애 요인이 등장할 때마다 상담자에게 자연스럽게 개방하고 그것을 다루는 기술, 즉 과제접근 기술을 강화하는 것도 김순영 씨에게는 필요하였다. 상담자는 그와 같은 사항을 상담의 목표로 수립하는 것에 대하여 김순영 씨와 함께 검토하였고 상담 목표로 설정하기로 합의하였다.

상담 절차

1단계: 계획된 우연을 자연스러운 일로 만들기

상담자는 김순영 씨에게 중요한 결과를 가져다주었던 과거 사건들에 대하여 함께 탐색해 보았다. "어린 시절을 돌아볼 때 진로결정에 영향을 미쳤던 일에는 어떤 것이 있나요?"라는 상담자의 물음으로 시작된 개입 과정에서 김순영 씨가 기억해 낸 일은 고등학교 선택 시점에 아버지의 몸이 안 좋아지신 것, 상업고등학교에서 은행에 취업할 만큼 성적이 좋았던 것, 은행에 새로운 지점장이 부임했던 것, 위장염, 워드프로세스 자격증을 따고 그것을 통해 아르바이트를 하게 된 곳에서 남편을 만난 것, 집안 살림을 도맡아 한 것, 자녀를 늦게 출산하게 된 것 등이었다. 이러한 것들이 김순영 씨의 오늘을 있게 한 주요 사건이었다.

상담자는 현재의 김순영 씨에게 일어나는 계획된 우연을 탐색하기 위해 "요즘에 일어나고 있는 일 중 진로에 영향을 미칠 만한 것에는 어떤 것이 있을까요?"라고 질문하였다. 김순영 씨는 상담자와의 탐색 작업을 통해 현재 일어나는 일 중 진로에 영향을 미치는 일로 남편의 사업이 좋지 않은 점, 시부모님과 시동생의 생활까지 감당해야 하는 경제적 · 신체적 어려움, 다섯 돌이 막 지난 아이, 남편이 자신의 취업에 대하여 적극적인 지원을 하지 않는 것, 대졸자가 많은 현실에서 고등학교 학력만을 갖고 있는 것, 지금까지 뭔가를 열심히 배워 온 것 등을 생각해냈다. 이들 각각이 진로결정과 준비 행동에 미칠 수 있는 영향을 탐색하였다. 이 과정에서 진로나 취업에 대한 결정은 자신이 주도적으로 해야 한다는 것, 남편에게도 경제적 지원자가 필요하다는 것, 재취업을 하기 위해 재교육이 필요하다는 것 등을 인식할 수 있었다. 김순영 씨는 스스로 결정해서 스스로 실행에 옮겨야 열매가 있다는 것을 다시 한 번 느꼈다고 하였다.

상담자는 미래의 우연에 대한 김순영 씨의 예측을 알아보는 질문도 하였는데, 그 이유는 내담자가 미래에 대한 예측에서 나타나는 불안이나 기대를 활용하여 현재에 긍정적인 영향을 미치도록 하는 방법을 학습하도록 도울 수 있다고 생각했기 때문이다. 이때 김순영 씨는 남편의 사업이 더 좋아지지 않을 가능성, 자녀에게 교육비가 더 필요해질 경우 등에 대한 것을 떠올렸고, 그런 것을 떠올리면서 느끼는 불안에 대하여 상담자는 '취업에 대한 동기 상승'이라고 긍정적인 재해석을 해 주었다.

2단계: 호기심을 학습과 탐색의 기회로 바꿀 수 있게 돕기

김순영 씨는 겉으로는 조용해 보이지만 호기심은 강한 편이다. 있는 그대로의 사람 모습을 그려내는 다큐멘터리 프로그램을 좋아하고, 어려움 속에서도 긍정적인 태도를 유지하며, 남을 도우면서 일을 이루어 내는 인물이 등장하는 책과 영화를 좋아한다.

사람을 돕는 일에 대한 이러한 호기심을 학습과 탐색의 기회로 바꾸도록 돕기 위해 상담자는 김순영 씨가 사람을 돕는 일에 관심이 있음을 언급하며, 그러한 일을 본인의 진로로 생각해 본 적이 있는지도 질문하였다. 김순영 씨는 자신의 직업이 누군가를 직접 돕는 일이 된다면 더욱 보람을 느낄 수 있을 것이라고 대답하였다.

상담자는 복지 분야와 관련된 직종의 직무 내용을 좀 더 살펴볼 것을 권유하였다. 김순영 씨의 학력이나 자격 상황을 고려하여, 우선 보건의료 단순 종사(간병, 요양보호, 산후조리), 사회복지 서비스직(보육, 육아도우미, 복지시설종사) 등의 일자리 광고를 보면서 업무 내용을 살펴보기로 하였다. 이러한 작업을 통해 복지 분야 일자리가 예상보다 많이 있으며, 단순해 보이는 일에도 자격증이 필요함을 알게 되었다. 대신, 학력과 무관한 구인처가 많아서 긍정적으로 보였다. 대학 진학은 현재로서는 쉽게 결정하기 어려웠기 때문이었다.

3단계: 바람직한 기회를 만들어 내도록 가르치기

상담자는 열심히 상담에 응하는 김순영 씨에게 좀 더 적극적으로 바람직한 기회를 만들어 보는 것은 어떤지 질문하였다. 현재 상황에서 바람직한 기회란 무엇인가를 배워서 자격증을 취득하거나 취업해 볼 수 있는 기회였다. 상담자도 고용센터에 등록된 구인처 중에서 30대 여성을 원하면서도 남을 돕는 일자리고, 자녀를 키우면서 할 수 있는 일이 있으면 적극 소개하기로 하였다. 먼저, 출퇴근 거리가 가깝고 아이가 다니는 보육기관과도 가까운 곳을 우선적으로 찾아보기로 하였다.

내일배움카드제를 소개하는 홈페이지(www.hrd.go.kr)를 탐색하여 거주지 근처에서 실시하는 직업훈련 중 자신의 여건을 고려하여 가능한 훈련을 스스로 찾아보기로 하였다. 김순영 씨의 거주지는 광역시였고, 교통이 복잡했기 때문에 구 단위까지 제한하여 훈련 과정을 검색하였다. 그럼에도 매우 많은 훈련 기관이 있었고 북한이탈주민에게 개설된 과정 등 김순영 씨에게 해당되지 않는 것도 있었기 때문에 그런 것을 거르기 위해 '일반과정'에 국한하여 찾아보았다. 그러자 서비스강사, 사무 보조원, 간호조무사, 컴퓨터 관련 훈련 과정 등이 있었는데, 의외로 요양보호사 자격증이 일반과정에 개설되지는 않았다는 것을 발견하였다.

4단계: 과제 실천에 방해가 되는 요인을 극복하기

새로운 학습 기회를 찾아보고, 자신을 발견하며, 아직 갈 수 있는 일자리가 있고 남을 돕는 일도 가능하다는 것을 알게 되는 등 김순영 씨는 자신에게 최근에 일어나는 진로 관련 학습으로 인해 만족스러워했다. 상담에 성실히 참여할 뿐 아니라 과제도 상담자가 제시한 수준 이상으로 해 오는 등 열정을 보여 상담자에게 칭찬도 많이 받았다.

그러나 상담에 열심히 참여하는 것이 쉬운 일은 아니었다. 우선, 요즘 들어 아이가 엄마를 유난히 찾고 있었다. 또한 예전에는 시부모님에게 세 끼 식사를 차려 드리는 것을 거르지 않는 편이었는데 요즘 들어 그것마저 쉽지 않게 느껴졌으며, 취업 준비를 하고 있는 시동생을 위한 상차림이나 빨래 등도 상당히 부담이 되었다. 바로 취업이 되지 않고 직업훈련을 받게 될 경우, 국가보조금을 받는다 해도 당장 경제적인 소득이 나오거나 취업이 보장되지 않는 상태에서 집안일만 게을리 한다는 자책감이 생길 것 같았다. 또한 시부모님이나 시동생의 불만 어린 표정도 예상되었고, 주말에만 집에 오는 남편이 그런 상황을 어떻게 평가할지에 대해서도 고민이 되었다.

상담자는 김순영 씨의 그러한 고민을 상세히 탐색한 후, 진로 설계를 좀 더 구체화하여 명시적으로 표현하는 작업을 하도록 요청하였다. 그리하여 김순영 씨는 취업하고 싶은 마음, 취업의 현실적 필요성, 얼마간의 준비 기간, 보장되지 않는 일을 시작하고 추진해 가는 과정에서 긍정적으로 지켜봐 주실 것, 아이를 어린이집에서 데려 오는 일을 다른 가족이 해야 할 경우에 대한 부탁, 집안일을 덜 하는 것에 대한 양해 등에 대하여 가족에게 솔직히 이야기하기로 하였다. 그래서 상담자는 가족 한 사람 한 사람을 대상으로 하는 역할 연습을 김순영 씨와 함께해 보았고, 특히 자녀가 아프거나 떼를 쓸 경우 어떻게 할지에 대한 불안과 대응 방법을 점검하였다. 현재 상담은 김순영 씨의 과제접근 기술을 점검하고 높이는 단계에 있다.

참고문헌

곽다은(2012). 한국 대학생의 진로신념 요인에 관한 연구. 서울: 서울대학교 대학원 석사학위논문

김미희(2002). 대학생의 진로계획과 진로신념에 관한 연구. 부산: 동아대학교 대학원 석사학위논문.

김봉환, 이제경, 유현실, 황매향, 공윤정, 손진희, 강혜영, 김지현, 유정이, 임은미, 손은령(2010). 진로상담이론. 서울: 학지사.

이경희(2001). 진로신념검사의 번안과 문항분석. 서울: 서울대학교 대학원 석사학위논문.

이형국(2009). 한국대학생용 진로신념척도 개발. 상담학연구, 10(2), 989-1011.

Krumboltz, J. D. (1975). A social learning theory of career decision making. In A. M. Mitchell, G. B. Jones, & J. D. Krumboltz (Eds.), *A social learning theory of career decision making* (pp. 13-39). Palo Alto, CA: American Institutes for Research.

Krumboltz, J. D. (1991). *Manual for the Career Beliefs Inventory*. Palo Alto, CA: Consulting Psychologists Press.

Krumboltz, J. D. (1993). Integrating career and personal counseling. *Career Development Quarterly, 42*, 154-160.

Krumboltz, J. D. (1994). The career beliefs inventory. *Journal of Counseling & Development, 72*, 424-428.

Krumboltz, J. D. (1996). A learning theory of career counseling. In M. L. Savickas & W. B. Walsh (Eds.), *Handbook of career counselling theory and practice* (pp. 55-80). Palo Alto, CA: Davies-Black.

Krumboltz, J. D. (2008). The happenstance learning theory. *Journal of Career Assessment, 17*(2), 135-154.

Krumboltz, J. D., & Henderson, S. (2002). A learning theory for career counselors. In S. G. Niles (Ed.), *Adult career development: Concepts, issues and practices* (3rd ed., pp. 41-57). Tulsa, OK: National Career Development Association.

Krumboltz, J. D., & Jackson, M. A. (1993). Career assessment as a learning tool. *Journal of Career Assessment, 1*, 393-409.

Krumboltz, J. D., & Levin, A. S. (2004). *Luck is no accident: Making the most of happenstance*. Ataseadero, CA: Impact.

McAdams, D. P. (1995). What do we know when we know a person? *Journal of Personality, 63*, 365-396.

Mitchell, L. K., & Krumboltz, J. D. (1984). Social learning approach to career decision making: Krumboltz theory. In D. Brown, & L. Brooks (Eds.), *Career choice and development: Applying contemporary theories to practice* (pp. 235-280). San Francisco, CA: Jossey-Bass.

Mitchell, L. K., & Krumboltz, J. D. (1990). Social learning approach to career decision making: Krumboltz's theory. In D. Brown, L. Brooks, & Associates (Eds.), *Career choice and development: Applying contemporary theories to practice* (2nd ed., pp. 145-196). San Francisco, CA: Jossey-Bass.

Mitchell, L. K., & Krumboltz, J. D. (1996). Krumboltz's learning theory of career choice and counseling. In D. Brown, L. Brooks, & Associates (Eds.), *Career choice and development* (3rd ed., pp. 233-280). San Francisco, CA: Jossey-Bass.

Mitchell, K. E., Levin, A. S., & Krumboltz, J. D. (1999). Planned happenstance:

Construction unexpected career opportunities. *Journal of Counseling and Development, 77*(2), 115-124.

Super, D. E. (1951). Vocational adjustment: Implementing a self-concept. *Occupations, 30*, 88-92.

제9장

사회인지진로 이론

employment
counseling

제9장
사회인지진로 이론

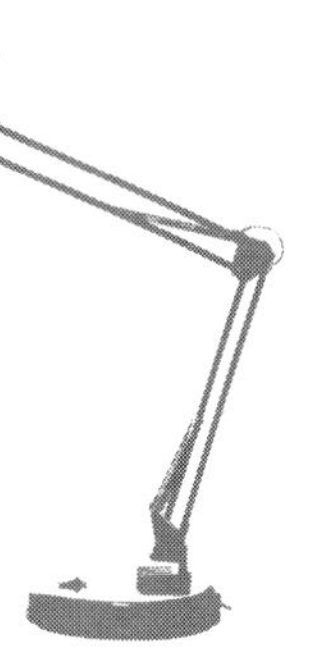

사회인지진로 이론은 진로선택과 준비 행동 과정을 가장 폭넓게 보여 주는 복합적인 진로발달 모형이다. 이 모형은 타고난 능력, 환경적 상황과 사건, 학습경험 등의 객관적인 요소와 더불어 이에 대한 개인의 인지적 해석을 진로발달 과정에서 중요하게 여긴다. 사회인지진로 이론이 제시하는 진로선택 모형은 타고난 개인적 특징과 환경의 영향을 간파하면서도 그것에 적극적으로 대응할 수 있는 요소를 포함하고 있다. 예를 들어, 자기효능감과 결과기대라는 인지적인 해석이 직업흥미의 발달과 진로 목표의 설정에 관여하며, 이들 요인이 학습경험의 영향을 받아 변화할 수 있다는 점을 명시화함으로써 사회인지진로 이론은 직업흥미의 개발 가능성을 열어 주었다. 또한 이 이론은 목표를 수행해 가는 과정에서 당면하는 지속적인 장애나 장벽의 영향까지도 고려함으로써, 여성이나 다문화 소수민족 등 진로발달에 있어 상대적으로 많은 제한점을 가지는 내담자의 진로선택과 발달을 이해하고 설명하는 데도 유익하게 활용될 수 있다.

사회인지진로 이론 개관

사회인지진로 이론의 발전은 여성이 왜 진로를 폭넓게 선택하지 못하는가에 대한 연구자들의 관심에서 비롯되었다. 베츠와 해켓(Betz & Hackett, 1981; Hackett, 1985)은 수학 능력에 대한 여성의 자기효능감을 연구하였다. 즉, 그들은 여성이 수학과 관련된 직업에 진출할 것인지를 결정하는 데 자기효능감이 영향을 미친다고 생각하였다. 다시 말해, 여성이 수학 관련 진로를 선택하는지 여부는 수학 능력에서의 결함 여부를 나타내는 객관적인 능력보다 스스로 자신의 수학 능력을 어떻게 보는지, 즉 수학 과목에 대한 자기효능감의 영향을 더 크게 받는다고 보았다. 그러한 관찰을 토대로 그들은 여성의 진로발달에 자기효능감 개념을 도입하였고(Betz & Hackett, 1981) 그러한 기초 작업을 토대로 사회인지진로 이론(SCCT)(Lent, Brown, & Hackett, 1994)이 생성되었다.

사회인지진로 이론의 초점은 신념을 이끌어 내는 학습 과정, 신념이 진로의사결정 과정과 진로준비 행동을 이끌어 내는 데 미치는 영향을 밝히는 데 있다. 이 이론은 또한 이론적으로 반두라(1986)의 인지적 사회학습 이론에 근거하고 있다. 인지적 사회학습 이론은 개인이 행동과 그에 따르는 결과에 효능감 기대를 가지고 있으며 효능감 기대는 개인이 그 행동을 얼마나 열심히 하느냐에 영향을 미친다고 제안한다.

포괄적인 진로발달 모형 수립

렌트, 브라운, 해켓 등은 1993년에 직업흥미, 선택 그리고 수행을 통합하여 진로발달 모형을 수립한 후, 그것을 '진로선택 과정'으로 명명하였다(Liptak, 2000). 사회인지진로 이론의 모형을 보면([그림 9-1]), 진로선택 과정은 개인적 배경, 환경적 배경, 학습경험, 자기효능감, 결과기대가 흥미 발달, 목표의 수립과 선택, 활동의 선택 그리고 실행 영역 및 성취 결과를 포함한다.

이 모형에서 내담자는 각자 특정한 개인적이고 맥락적인 상황에서 성장하고, 그러한 변인들은 내담자의 진로발달 과정에 영향을 미친다. 개인적 변인에는 성별, 인종/민족, 신체적 건강, 장애 유무, 유전적 재능 등이 속하며, 맥락적 변인에는 사회경제적 지위, 가족 역동, 생활 형편, 대인관계 상황 그리고 현재의 지원 체제 등이 포함된다. 이 요인들은 내담자를 진로발달과 관련한 다양한 일과 여가 활동에 노출시킨다. 즉, 내담자의 개인적이고 맥락적인 변인이 그 자신의 진로 관련 학습경험을 결정한다. 이러한 활동을 하는 동안 내담자는 긍정적이거나 부정

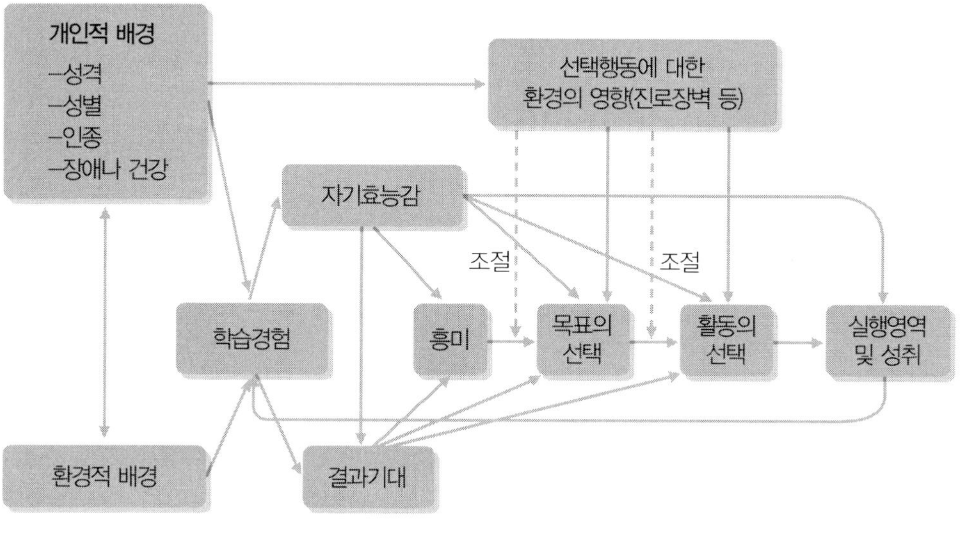

[그림 9-1] **진로선택 과정**(Lent, Brown, & Hackett, 1994)

적인 강화를 받는데, 활동을 하면서 받는 그러한 강화는 내담자의 자기효능감과 결과기대를 결정한다. 또한 그렇게 결정된 자기효능감과 결과기대는 내담자의 진로 흥미를 결정한다. 그리고 흥미는 내담자의 목표에 영향을 미치고, 목표는 내담자에게 행동계획을 하도록 자극하며, 그러한 행동계획을 실행하는 것이 수행 경험으로 이어진다. 이들 수행 경험은 내담자의 자기효능감, 결과기대 그리고 목표를 정당화해 준다. 그렇지 않을 경우, 이 과정은 학습경험의 단계에서 다시 시작된다.

진로발달과 선택에서의 인지적 요인의 영향 강조

사회인지진로 이론의 가장 큰 차별성은 환경과 경험에 대한 개인의 인지적 결정이 진로발달과 선택에 중요한 역할을 한다는 주장에서 찾을 수 있다. 이때 진로발달과 선택에 큰 영향을 미치는 인지적 요인으로는 자기효능감, 결과기대, 목표가 있다.

자기효능감

자기효능감은 계획한 일을 해내기 위해 요구되는 여러 가지 행동을 조직하고 실행하는 능력에 대한 사람들의 신념을 말한다(Bandura, 1986). 그것은 신념들의 역동적인 조직이며, 학습을 통해 획득되고, 영역 특수적인 것으로서, “내가 이것을 할 수 있을까?”에 대한 대답이다. 특정 영역에 대한 자기효능감이 높으면 그 영역에 계속적으로 몰두할 가능성이 높아진다. 그러한 자기효능감의 정도는 해당 영역에서의 성공 경험, 대리 학습, 언어적 설득, 정서-생리적 경험에 의해 영향을 받는다.

사회인지진로 이론은 진로선택이 개인과 환경 변인 간의 단순한 조합의 결과가 아니라고 생각하고, 자기효능감이라는 인지적인 개념을 도입하여 개인의 진로선택 요인을 보다 충분하게 탐색하는 데 공헌하였다.

결과기대

결과기대는 특정한 행동을 수행하는 데서 얻어질 성과에 대한 개인적인 예측을 말한다(Bandura, 1986). 그것은 "내가 이것을 해내면 어떤 일이 생기지?"라는 물음에 대한 대답이기도 하다. 그러한 신념은 다양한 학습경험을 통해서 얻어진다. 결과기대는 인지적인 요인으로서, 내담자는 진로 관련 행동을 하면서 직접 경험, 주변 사람들이 거두는 성과 관찰, 매스컴이나 사회적인 인식 등을 참고하여 특정 진로에 대한 성과를 예측하며, 그러한 성과 예측의 결과를 진로선택에 반영한다.

개인적 목표

개인적 목표는 어떤 활동에 몰두하려는 결심 또는 미래의 성과에 영향을 미치려는 결심을 말한다(Bandura, 1986). 즉, 내담자는 미래의 행동을 조직하고 방향을 잡기 위해 목표를 활용한다. 목표가 분명하고 확고하게 설정되어 있으면 진로발달 및 선택과 같은 복합적이고 장기적인 과제에 지속적으로 몰입하는 데 큰 도움이 된다.

자기효능감, 결과기대, 목표는 서로 상호작용하면서 내담자의 진로 의사결정에 영향을 미친다. 이때 자기효능감이 높고 긍정적인 성과를 기대할 수 있는 목표를 설정하면, 목표에 대한 확신성이 높아지고 그만큼 그 목표를 이루기 위한 행동에 적극적으로 임할 수 있다. 그러면 그러한 내담자의 노력은 그 목표에서 성공을 거둘 가능성을 높이고, 특정 영역에서 성공을 거둔 내담자는 그와 관련된 영역에 대한 자기효능감과 결과기대를 높일 수 있다.

진로발달에서의 환경적 요인의 영향 강조

사회인지진로 이론은 개인이 선택하거나 통제할 수 없는 환경적 요인이 개인의 진로발달과 선택에 미치는 영향에 주목했다. 즉, 성별, 인종, 사회적 계층과 같이 개인이 선택할 수 없는 인구학적 특성을 포함하는 개인 특성과 그러한 인구학적 특성에 의해 개인에게 이익과 불이익을 주는 환경적 배경 등이 개인의 진로발달 및 선택에 어떤 영향을 미치는지를 설명하기 위해 이론적 범위를 확장하였다.

사회인지진로 이론에서 진로발달과 선택에 관여하는 환경적 요인은 '근접맥락변인'과 '배경맥락변인'으로 구성된다. 이 두 변인의 개념은 상대적인 것이어서 분명히 구분하기는 어렵지만, 배경맥락변인은 보다 거시적이며 역사적인 변인을 말하고, 근접맥락변인은 좀 더 내담자에게 가까운 곳에서 내담자와 직접 상호작용하는 변인을 말한다고 할 수 있다. 배경맥락변인은 근접맥락변인을 통해서 개인에게 영향력을 행사한다. 예를 들어서, 청년 실업률의 증가(배경맥락변인)는 가난한 가정 형편(근접맥락변인)을 통해서 내담자로 하여금 더 적극적으로 취업을 준비하도록 영향을 미칠 수 있다. 또한, 자동화 시스템의 발달이라는 배경맥락변인은 근무하는 회사의 경영주가 자동화 기계를 구입하기로 결정한 근접맥락변인에 의해서 내담자에게 실직이라는 영향을 미칠 수 있다.

이러한 환경적 요인은 진로선택 사회학습 이론에서도 진로선택에 영향을 미치는 주요 요인으로 간주되는데, 사회인지진로 이론에서는 특히 환경적 요인 중에서도 어떤 요인이 어떤 단계에서 작용하는가를 보다 분명하게 보여 준다. [그림 9-1]의 진로선택 모형에 나타난 것과 같이, 환경적 배경은 학습경험을 결정하기도 하고, 개인이 선택한 목표를 이루기 위한 행동을 실행할 때 지속적으로 영향을 미치기도 한다. 개인이 배우고 싶은 것이 있어도 환경이 도와주지 않으면 학습하기 어려우며, 열악한 환경에서 성장하다 보면 다양한 학습 주제를 접하지 못해 진로선택에 도움이 되는 학습을 충분히 하지 못하게 될 수도 있기 때문이다.

또한 목표를 이루기 위해 필요하다고 생각하여 선택한 활동이지만 환경이 허락하지 않아 실천에 옮기지 못하거나 의욕적으로 실천하다가도 환경적 어려움이 계속되어 얼마 후 포기하게 되기도 한다. 예를 들어, 경력 단절 여성이 제2의 직업을 갖기 위해 새로 개발된 기술을 배우려고 직업학원에 등록하고자 하지만 육아를 대신해 줄 사람이 없어서 실행에 옮기지 못하거나 단호한 결심으로 실행에 옮겼다 할지라도 아이가 자주 앓게 되어 중도에 포기하는 경우도 있다.

진로장벽에 대한 주목

사회인지진로 이론에서 개인이 통제할 수 없는 환경에 주의를 기울인 결과 중 하나는 진로장벽의 발견이었다. 특히 이론의 출발점이 여성의 제한적인 진로선택을 발견한 것에 있다 보니 이 모형의 이론가들이 찾아낸 중요한 진로장벽은 여성의 성역할이었다. 그들은 그 중에서도 사회가 부과하는 성역할 자체보다는 여성 자신의 인지적 판단에 의해 형성되는 성역할 또는 성 고정관념이 그들의 진로발달과 선택에 장벽이 된다는 점을 발견하였다. 하지만 시간이 지남에 따라 이론의 적용 대상이 남성에게까지 확대되면서, 진로장벽의 종류에는 성, 지역, 능력, 인종, 민족, 연령 등 여러 가지 변인이 포함되었다.

진로장벽은 진로와 관련된 여러 경험, 예를 들어 개인이 취업, 진학, 승진, 직업의 지속, 가사와 직장 생활의 병행, 직무 행동 등을 수행해 나가는 과정에서 나타내는 진로선택, 목표, 포부, 동기 등이 있을 때, 그것에 영향을 미치거나 역할 행동을 방해할 것으로 지각되는 여러 부정적인 사건 또는 사태를 말한다(손은령, 2004).

진로장벽을 높게 지각하는 학생은 진로준비행동을 적게 하며, 희망과 진로결정 자기효능감이 높을수록 진로준비행동 수준도 높아졌다. 극복할 수 있는 진로장벽은 진로준비행동에 긍정적인 영향을 미치지만, 좌절만 시키는 진로장벽은 진로준비 행동에 부정적인 영향을 미친다. 진로장벽은 희망과 진로결정 자기효능감을 매개로 하는 간접 효과도 갖는 것으로 나타났다. 한편, 여학생은 지각된 좌절 진로장벽의 수준이 높을지라도 진로결정 자기효능감이 높으면 진로준비행동이 촉진되었다(김선중, 2005).

사회인지진로 이론의 상담 과정

사회인지진로 이론을 기반으로 한 진로상담은 현실에 근거하여 자기효능감, 결과기대, 목표 설정 등의 인지적 변인을 바람직하게 변화시킬 수 있는 경험을 제공하고, 선택한 목표가 구체적인 진로준비 행동으로 연결되도록 환경적 변인을 조절해 나가는 데 초점을 맞춘다(김지현,

2010). 사회인지진로 이론을 활용하는 진로상담의 강점은 직접적인 상담 개입에 앞서서 선택모형을 통하여 개인의 현재 진로 상황을 폭넓으면서도 구체적으로 조명할 수 있다는 데서 찾을 수 있다.

사례개념화

사회인지진로 이론의 사례개념화는 진로선택 모형을 바탕으로 개인의 진로 현실을 이해하는 과정이다. 이때 상담자는 내담자가 선택모형을 적용하여 자신의 진로상황을 점검할 수 있도록 돕는다. 또한, 내담자의 개인적 배경, 환경적 배경, 학습경험, 자기효능감, 결과기대, 흥미, 목표, 활동, 실행 및 성취 등의 요소를 알아보고, 활동에 대한 환경의 영향도 분석한다.

어떤 요소부터 탐색하여 개인을 위한 진로 선택 모형을 완성해 갈지는 내담자의 상황에 따라 달라질 수 있다. 어떤 내담자에게는 모형의 첫 요소인 개인적 · 환경적 배경에서부터 탐색하는 것이 자연스러울 수 있고, 어떤 내담자에게는 실행영역 및 성취의 요소부터 탐색하는 것이 자연스러울 수 있다. 또는, 내담자는 선택모형을 의식하지 않고 자연스럽게 자신의 진로에 대한 이야기를 진행하는 동안 상담자가 내담자의 이야기를 정리하여 내담자를 위한 선택모형을 만들 수도 있다.

이와 같이 선택모형을 바탕으로 개인의 진로 현실을 이해하는 작업에는 여러 회기가 소요될 수 있으며, 상담을 진행하면서 내담자가 새로운 것을 기억하거나 발견함에 따라 내용이 첨가 또는 수정되기도 한다.

상담 목표

사회인지진로 이론의 핵심적인 상담 목표는 자기효능감을 높이는 것, 긍정적이고 현실적인 결과기대를 갖는 것, 목표를 수립하는 것을 들 수 있다. 따라서 내담자가 스스로를 특정 영역에서 무엇을 이루어 낼 수 있는 사람이라고 믿는 것, 긍정적인 결과가 기대되는 직업 영역을 탐색하는 것, 효능감이 높고 결과기대도 긍정적인 영역의 진로를 목표로 설정을 하는 것이 진로상담의 일차적인 목표가 된다.

일차적인 목표가 달성되면 진로준비행동도 활성화되겠지만, 그에 대한 환경적 조건이 장벽으로 작용할 수 있기 때문에 진로준비행동에 대한 구체적인 계획을 수립하고 그 실행과정을 저해하는 진로장벽을 인식하며 제거하는 것 또한 사회인지진로 이론의 중요한 목표가 된다.

개입 전략

자기효능감 점검 및 강화

사회인지진로 이론에서는 내담자가 처한 객관적 현실 자체보다 그러한 객관적 현실에 대한 내담자의 인지적 판단을 중요하게 고려하므로, 자기효능감은 진로상담의 과정에서 점검하고 강화해야 할 부분이다. 진로상담에서 내담자의 자기효능감을 탐색할 때는 여러 가지 측면을 고려해야 한다. 첫째는 진로결정에 대한 자기효능감이다. 이것은 내담자 자신이 다양한 진로탐색활동을 성공적으로 수행할 수 있는지에 대해 지니는 개인적 확신성의 정도를 의미하는 것이다. 따라서 높은 수준의 진로결정 자기효능감을 가진 사람은 개인적인 직업적 가치 등을 효율적으로 확인함으로써 자신의 선택이 정확하다는 믿음을 가질 수 있으므로 직업 탐색 행동을 더 잘 수행할 수 있다(조성연, 홍지영, 2010).

그러나 진로상담의 현장에서는 내담자의 진로결정에 영향을 미치는 자기효능감으로, 진로결정 자기효능감에 더하여 직무수행에 대한 자기효능감, 구직 준비 행동에 대한 자기효능감 등도 고려해야 한다. 진로결정 자기효능감이 자신의 결정에 대한 확신 정도를 높여 준다면, 직무수행과 구직 준비 행동에 대한 자기효능감은 직업 진입과 적응에 대한 확신 정도를 높여 줌으로써 내담자의 진로선택과 목표 수행 활동을 위한 동기를 더욱 높여 줄 것이다.

자기효능감을 강화하는 요인에는 성공 경험, 대리 학습, 언어적 설득, 정서-생리적 경험 등이 있다. 내담자가 관심을 가지고 있는 영역에서 과거에 다른 사람이 성공했던 경험을 탐색하고, 내담자와 비슷한 특성을 갖고 비슷한 처지에 놓인 사람들이 이뤄낸 성공적인 경험담을 찾아내는 것은 자기효능감을 높여 주는 대리 학습경험이 된다. 또한, 내담자의 강점을 찾아내어 칭찬하고 격려하는 것은 자기효능감을 강화하기 위한 상담자의 언어적 설득이라고 볼 수 있다.

결과기대의 탐색과 현실성 강화

결과기대는 자신이 어떤 일을 수행해 냈을 때, 그에 따르는 결과가 스스로에게 얼마나 만족스러울지에 대한 예측이다. 자기효능감이 수행 부분에 대한 내담자의 자신감을 나타낸다면, 결과기대는 성공적인 수행 이후에 자신에게 찾아 올 보상에 대한 기대다. 취업할 나이가 가까워 올수록, 직업선택에 대한 결과기대는 현실적이고 구체적으로 설정되어야 한다. 결과에 대해 현실적으로 기대하기 위해서는 내담자가 관심 있어

하는 직업의 최근 구인 동향, 근무 조건, 생활양식, 연봉, 안정성, 주요 직무 내용 등 여러 가지 조건을 구체적으로 파악해야 한다.

환경의 영향 검토

사회인지진로 이론에서 환경은 내담자가 할 수 있는 학습경험을 결정하며, 내담자가 설정한 목표를 이루기 위해 진로준비행동을 수행해 나가는 과정에도 지속적인 영향력을 행사한다. 상담자는 내담자가 환경적 요인에 의해 제한된 학습경험을 하였는지 알아보고, 제한된 학습경험 중 현재 시점에서 보완할 수 있는 것은 없는지 검토할 필요가 있다. 예를 들어서, 내담자가 다양한 직업을 접해 볼 수 없는 환경에서 성장했다면 그 내담자의 학습경험은 제한을 받고, 그에 따라 직업흥미의 개발에도 제한을 받았을 수 있다. 이런 내담자에게 상담자는 적합한 직업에 대한 추가적인 정보를 제공하여 내담자의 선택 범위를 확대시킬 수 있다.

내담자의 환경적 요인과 환경적 요인에 대한 지각이 내담자의 진로준비행동에 어떤 영향을 미치고 있는지에 대해서도 탐색해야 한다. 환경적 요인과 그에 대한 내담자의 지각이 진로준비행동을 저해한다면, 그에 대한 대응책을 상담자와 함께 마련해야 한다.

진로준비행동 촉진

내담자가 자신이 설정한 목표를 이루기 위해 알맞은 활동을 선택하였는지, 충분하게 적극적으로 활동을 하고 있는지를 점검하고 진로준비행동을 촉진한다. 내담자가 현재대로 진로를 준비하면 목표에 다다를 수 있는지를 점검하여 목표 달성에 도움이 되는 진로준비행동을 계획하도록 도울 수도 있고, 현재 하고 있는 행동을 보다 적극적이고 체계적으로 진행하도록 격려할 수도 있다. 상담자는 내담자가 무엇을 하면서 하루를 보내는지, 시간을 보내는 방식은 어떠한지를 구체적으로 탐색하여 진로 목표 달성에 도움이 되는 준비행동을 해 나가도록 돕는다.

진로장벽의 탐색 및 제거

내담자의 자기효능감 부족, 부정적이고 비현실적인 결과기대, 낮은 진로 및 학습 흥미, 불분명한 목표, 비효과적인 활동 선택, 실행 과정의 비능률성, 저조한 성취 등의 저변에는 여러 가지 원인에 의한 진로장벽이 있을 수 있다. 예를 들어, 어린 시절부터 특정 영역에 무능하다는 피드백을 많이 받았기 때문에 자신은 그 일을 해낼 수 없을 것이라는 편견에 의한 장벽이 있을 수 있고, 어떤 일에 흥미를 갖는 것은 수치스러운 것이라는 가족의 가치관에 의한 고정관념이 장벽으로 작용할 수 있으며, 목표를 분명히 말하는 것은 집단의 융화에 위협이 된다는 집단주의적인 관념이 장벽이 될 수 있다. 또한, 일을 너무 잘하면 사랑받기 어렵다는 성공 공포증이 장벽으로 작용할 수도 있다. 이 외에도 빈곤, 가정 불화, 상실 경험 등이 진로장벽이 되어 진로준비 행동을 방해할 수 있다.

상담자는 어떤 것이든 내담자의 진로발달과 선택 과정의 무능력 및 비능률을 초래하는 진로장벽을 민감하게 인식하고 명확히 정의하여 진로장벽을 감소시키기 위한 방안을 찾아야 한다. 즉, 정확한 정보의 제공, 탐색과 재평가, 객관화, 논박, 현실 검증, 격려 등 여러 가지 상담 기법을 동원하여 내담자 스스로 자기를 가두는 장벽으로부터 벗어나도록 도와야 한다.

사회인지진로 이론을 정지혜 씨 사례에 적용하기

사례개념화

정지혜 씨의 진로발달 및 선택 상황을 사회인지진로 이론에 맞추어 개념화하기 위해 진로선택 모형의 요소별로 상황을 정리하면 다음과 같다.

개인적 특징

정지혜 씨는 경제적으로 안정된 소규모 사업가의 가정에서 성장한 20대 초반의 여성이다. 맏이인 그녀 아래로는 고등학생 남동생이 하나 있다. 전문대학 금속공예과 졸업이 그녀의 최종 학력이다. 상담자가 그녀에게서 받은 첫인상은 예쁜 얼굴, 거만해 보이는 이미지, 유행에 맞는 패션 감각이었다.

그녀는 인정받고 싶은 마음과 남을 기쁘게 하는 일을 하고 싶은 마음이 강하고 정서적으로 안정되어 있으며, 털털하고 독립심이 높고, 대인관계를 잘 맺는 편이다. 또한 성취와 삶의 여유를 동시에 추구한다. 어린 시절의 꿈은 가수였고, 중학교 때는 포스터 그리기나 만들기를 잘하여 미술 선생님의 칭찬을 받았다.

공부도 곧잘 했고, 리더십과 책임감도 있어서 학급 반장도 했으나 고등학교 때 성적이 낮아져 원했던 의상학과에 진학하지 못하고 전문대학 금속공예과에 진학하였다. 금속공예과를 졸업했지만 그 분야로 취직할 생각은 없으며, 의상학과에 대한 미련을 가지고 있다.

특별한 장애나 건강상의 이상은 없다.

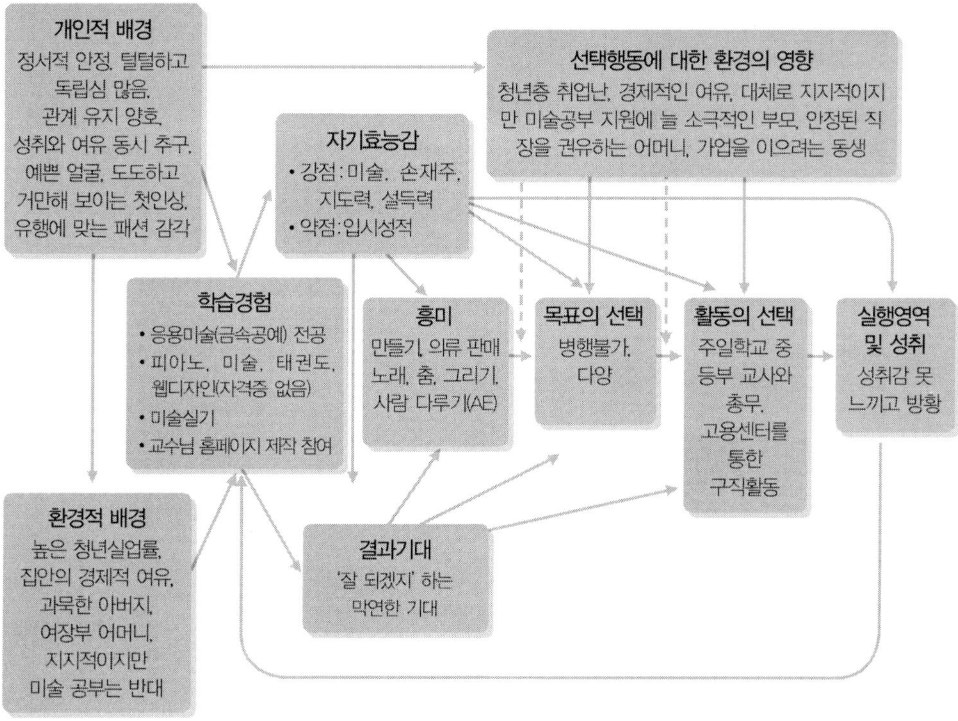

[그림 9-2] **진로선택 모형에 따른 정지혜 씨 사례개념화**

환경적 배경

정지혜 씨는 청년 실업률이 높아 대학 졸업자의 취업이 어려운 시대에 특별한 기술이나 자격증 등 취업을 위한 구체적인 준비를 하지 않은 채 전문대학 금속공예과를 졸업하였다.

집안은 경제적으로 넉넉한 편이고, 부모님은 정지혜 씨에게 빨리 취업하라는 압력을 주지 않는다. 그러나 그녀가 사업을 하면서 마음고생을 하는 것보다는 안정된 직장 생활을 하기를 원하신다. 딸이 남들에게 그럴싸해 보이면서도 안정된 직장에 취업하기를 원하는 부모님이 가

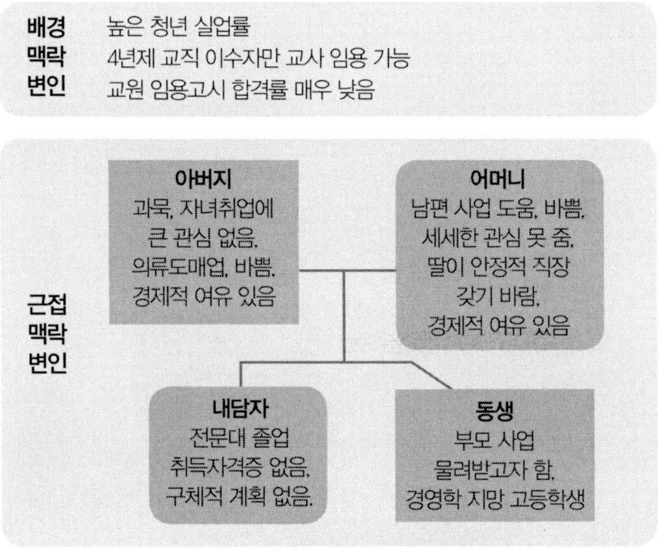

[그림 9-3] 정지혜 씨의 진로선택 환경

장 선호하는 직업은 교사다.

어린 시절부터 부모님이 많은 시간 돌봐 주지 못하는 대신, 정지혜 씨를 위해 여러 가지 교육을 받게 해 주었고, 그 결과 피아노, 미술, 태권도 등 각종 학원을 다니며 다양한 경험을 할 수 있었다. 부모님은 자녀가 원하는 것은 웬만하면 들어주는 편이셨다.

남동생은 가업을 잇고 싶어하고 경영학과를 지원하고자 한다. 누나가 취업하지 못하는 것에 대하여 남동생이 비판할 때, 기분은 상하지만 그로 인해 취업에 대한 동기 유발이 되기도 한다.

부모님은 자녀가 원하는 것은 거의 다 들어주시는 편이었는데도 그녀가 디자이너의 꿈을 이루기 위해 미술대학을 목표로 미술 공부를 하고자 했을 때는 선뜻 지원해 주지 않으셨다. 정지혜 씨는 의상디자이너가 되고자 하였으나, 의상디자인학과를 진학하는 데 요구되는 성적을 맞추지 못하여 전문대학에서 금속공예를 전공하였다.

중학교 때 남자 친구를 만나 신앙생활을 시작하였고, 대학 졸업반 시절에는 남자 친구가 다니는 학원에서 웹디자인을 공부하였다.

학습경험

정지혜 씨는 어린 시절 부모님이 바빠서 자유로운 시간을 가졌고, 일상생활에서의 크고 작은 선택은 스스로 해내는 경험을 많이 축적하였다. 손위 누나로서 동생과 함께 생활하면서 리더십을 배울 기회도 많았고 의사결정을 통해 그 결과를 경험해야 하는 일도 많았다.

어린 시절에는 예체능 학원을 두루 다닐 수 있었고, 성장하면서는 부모님이 하시는 의류 도매업을 어깨 너머로 관찰하면서 의상이나 색채, 형태에 대한 감각을 키울 수 있었다. 이런 점은 정지혜 씨가 부모님의 가게에서 직업 체험을 해 보면서 더욱 강화되었을 것이다. 직업 체험으로는 부모님 가게 일을 도우면서 의류 판매를 해 본 적이 있고, 꽤 잘 해 낸 기억이 있다.

그 외에도 대학에서는 전공을 통해 소품과 액세서리 제작을 배웠으며, 과외로 웹디자인을 배웠다. 자신이 만든 액세서리를 부모님 가게에 진열하기도 했고, 교수님의 홈페이지를 만들어 드리기도 했다.

자기효능감

학교에서 미술 시간에 칭찬받은 경험, 홈페이지를 제작한 경험, 액세서리나 소품을 만들어서 선물하여 남을 기쁘게 한 경험 등이 정지혜 씨에게 예능에 대해 학습할 기회를 많이 제공했고, 그런 일을 해 내는 데서 큰 좌절을 겪은 경험은 없기 때문에 스스로 해 낼 수 있을 것이라는 효능감은 높은 편이다.

부모님의 의류 도매업을 잠깐씩 도우면서 남을 설득할 수 있는 능력을 스스로 발견하기도 하였고, 교회를 다니면서 친구 및 후배를 관리하고 총무 업무와 주일학교 교사 일을 잘해 내어 사람과 사귀거나 지도할 수 있는 능력에 대해 자기효능감을 느낄 기회도 많았다.

결과기대

지금까지는 경제적인 소득과 상관없이 남에게 선물을 하거나 무료 봉사만을 해 왔기 때문에, 그러한 것을 직업과 연결시켰을 때 어떤 결과를 얻을 수 있을지에 대해서 불안감을 가지고 있다. 다만 지금까지의 경험이 직업과 연결되면 그것이 성공적인 성과에 대한 기대를 가져다 줄 단서가 될 것임은 확실하다.

하지만 판매, 액세서리 만들기, 홈페이지 제작 등과 관련된 직업이 안정된 사무직이나 교사와는 거리가 있는 것이어서, 부모님의 기대를 채워드리지 못할 수도 있기 때문에, 스스로가 그 일에 얼마나 만족할 수 있을지는 의문시된다.

흥미의 발달

정제혜 씨의 직업흥미검사 결과를 보면, 다른 여성에 비해 정지혜 씨는 예술형(창의적인 자기표현)과 진취형(사업 또는 판매)에서 높은 흥미를 가지고 있다. 반면, 사회형(다른 사람을 돕는 것)과 관습형(조직과 구조)에서는 중간 정도의 흥미를, 탐구형(과학과 분석)과 현실형(사물을 대상으로 하는 일)에서는 낮은 흥미를 보이고 있다. 따라서 정지혜 씨의 흥미 유형은 AE유형으로, 이것은 '예술적 창조와 표현, 변화와 다양성을 선호하고,

틀에 박힌 것을 싫어하며, 모호하고 자유롭고 상징적인 활동에 흥미가 있고, 동시에 경제적인 이익을 얻기 위해 타인을 지도 · 계획 · 통제 · 관리하는 일과 그 결과로 얻어지는 명예, 인정, 권위에 흥미가 있음'을 반영한다. 그러나 전반적으로 육각형의 크기가 작고, 예술형 및 진취형과 다른 유형들의 원점수차가 적어 흥미에 대한 정지혜 씨의 변별도는 다소 낮은 것으로 보인다.

정지혜 씨의 흥미 발달에는 환경적 요인이 영향을 미쳤을 것이다. 즉, 부모님이 바빠서 세세한 사항까지 신경 써 주지는 못했지만 초등학생에게 할 수 있는 물질적인 투자는 아끼지 않았을 만큼 넉넉했다는 점, 그렇지만 딸이 안정된 직장을 갖기를 원했기 때문에 정지혜 씨가 정작 본격적인 미술 입시를 준비할 때는 지지적이지 않았던 점 등의 영향을 받았을 것이다. 작은 육각형은 A, E의 직업 영역에 흥미가 있었지만, 흥미를 강화할 만큼의 적극적인 학습 기회를 충분히 제공받지는 못했기 때문이라고 볼 수도 있다.

목표 설정

사회인지진로 이론에서 진로 목표를 분명히 설정하는 것은 길고 복잡한 진로선택과 준비의 과정에서 동기를 유지시켜 주는 역할을 한다. 그러나 정지혜 씨의 경우, 현재 목표가 동기를 유발하기보다는 오히려 진로준비행동에 착수하는 데 방해가 되고 있다. 이는 그녀의 진로 목표가 다음과 같이 불분명한데다 병행할 수 없는 여러 가지 목표를 가지고 있기 때문이다. 그녀는 커리어우먼이 되고 싶고, 깨끗하고 쾌적한 근무환경을 선호하며, 정시 출퇴근이 가능한 근거리 직장을 선호한다. 특히 일반 사무직과 비서직에 관심이 있으며, 다른 사람을 돕고 싶어한다. 본인의 전공을 통해 직업을 얻는 것에는 관심이 없고, 4년제 대학교의 의상디자인학과와 경영학과, 전문대학 유아교육과로의 편입을 고려하고 있다. 그녀가 현재 가지고 있는 것은 '목표'라기 보다는 '욕구'에 가까울 만큼 모호하고, 한 명이 동시에 이뤄내기 어려운 것들이다.

활동의 선택

정지혜 씨가 현재 하고 있는 진로준비행동은 고용지원센터를 방문하여 구직 활동을 하고 있는 것 외에 뚜렷한 것이 없는데, 그 직접적인 원인은 정지혜 씨의 진로 목표가 불분명하기 때문이다. 즉, 병행 불가능하면서도 우선순위가 정해져 있지 않은 여러 가지 막연한 목표를 가지고 있어서 어떤 목표를 이루어야 할지 결정하기 어려운 것이다.

진로 목표가 불분명한 데는 자신이 좋아하는 일인 예술-진취의 흥미 영역을 자신 있게 추구하지 못한 것, 자신이 진출하고 싶은 분야로의 대학 진학에 실패한 것, 미술 공부에 대한 부모님의 지지가 부족했던 것 등 선택 모형의 많은 요인이 영향을 미쳤을 것으로 예상된다.

실행영역 및 성취

부모님의 요구 및 자신의 흥미와 가치를 충족하는 직장에 진입하기 위해 정지혜 씨가 갖춘 뚜렷한 자격이나 경력은 현재 드러나지 않는다. 그래서 뚜렷한 직업적인 성취를 이루지 못하고 방황하고 있는 편이다. 그러나 미술에 대한 소질, 액세서리와 홈페이지 제작 기술, 밝고 적극적인 대인관계, 보기 좋은 외모, 리더십 등의 잠재력은 가지고 있다.

선택행동에 대한 환경의 영향

정지혜 씨가 진로준비행동을 수행할 때, 환경은 그에 어떤 영향을 미치고 있는가? 전문대학 금속공예 전공을 직업으로 연결시키지 않으려는 정지혜 씨에게 우리 사회의 청년층 취업난은 취업에 대한 불안 유발 요인으로 작용하고 있다.

가정은 정지혜 씨에게 취업에 대한 큰 부담을 주지 않고 있지만, 경제적인 여유와 부모님이 요구하는 안정된 직장, 특히 교직에의 진입은 정지혜 씨의 직장에 대한 눈높이를 높여서 취직에 성공하는 데 걸림돌로 작용할 수 있다.

딸이 안정된 직업을 갖기 원하기 때문에 정지혜 씨의 흥미 영역인 의상디자인, 미술 등의 공부에 대해서는 소극적인 지원만을 해 왔던 부모님의 행동은 정지혜 씨로 하여금 자신이 흥미를 느끼는 직업 분야를 용기 있게 학습하지 못하도록 막는 장애 요인이 될 우려가 있다.

상담 절차

자기효능감 점검 및 강화

이미 여러 가지 활동에서 높은 자기효능감을 가지고 있는 정지혜 씨에게 현재 시점에서 필요한 자기효능감은 그것들을 직업 활동으로 삼았을 때도 여전히 잘 해낼 수 있을 것이라는 믿음이다.

예를 들어, 액세서리나 소품을 만들어서 남에게 선물하고 의류 매장에 전시하는 정도까지는 성공하였으나, 그것을 상품화하여 경제적인 이익을 남기고자 했을 때도 소비자의 구매욕을 자극할 수 있을 것인지에 대한 자기효능감을 들 수 있다. 이 점에서 정지혜 씨는 자신이 지금까지 한 활동을 바탕으로 직업인으로서의 효능감을 강화하기 위해 조금 다른 측면에서의 경험을 필요로 한다.

웹디자인에 대한 직업인으로서의 효능감을 느끼기 위해서는 자신의 작품과 웹 표준 디자인 경진대회에 출품된 작품을 비교해 보고, 경진대회에 직접 참가해 보고, 직업훈련을 더 받으면서 전문가의 평가를 들을 기회를 가져 볼 필요가 있다. 그와 관련된 직업 체험으로는 부모님의 의류 도매업체를 위한 홈페이지를 실험적으로 제작하면서 홈페이지가 매출에 미치는 영향을 분석해 볼 수도 있을 것이다.

결과에 대한 현실적인 기대 수립

현재 상황에서 긍정적인 결과기대를 가능하게 하는 영역도 있지만, 정지혜 씨가 포기하지 못하고 있는 의상디자이너의 꿈, 경영학과 진학, 유치원 교사로의 진출 등에 대해서는 그 결과를 현실적으로 예측해 봄으로써 대안 목록에 지속적으로 포함할 것인지를 결정할 시점이 되었다. 이제 대학도 졸업한 정지혜 씨에게 직업은 꿈이 아니라 현실이기 때문이다. 따라서 현실화 될 수 없는 진로대안은 목록에서 삭제해 나가는 것이 남아있는 실현 가능한 진로대안에 집중할 수 있는 힘이 될 것이다.

환경적 영향으로 인한 진로장벽 극복

진로를 결정하거나 준비 행동을 추진할 때, 정지혜 씨를 망설이게 하는 것은 미술 전공을 지지해 주지 않았으며 현재도 사업보다는 안정된 교사라는 직업을 권하는 부모님이다.

정지혜 씨가 아직 부모님과 직접 대화를 나눠 보지는 않았지만, 부모님이 고등학교 때 왜 미술 전공을 지지하지 않았는지에 대해서는 정말 궁금했다고 한다. 웬만한 일은 승인해 주시던 부모님이 유독 그 일은 승인해 주지 않아서 정지혜 씨가 추진력 있게 미술 공부를 계속하기 어려웠다고 한다. 그것이 현재 자신의 진로의사결정에 영향을 미치는 사건임이 분명하기 때문에, 부모님과 그 부분에 대하여 직접적인 대화를 나눠 보고 현재도 그런 생각을 가지고 계신지, 그동안 생각에 변화는 없었는지 등에 대해서도 대화를 나눠 보기로 하였다.

또한 교사라는 직업으로 표상되는 정지혜 씨에 대한 부모님의 희망도 점검하기로 하였다. 정지혜 씨 자신도 교사라는 직업이 싫은 것은 아니지만 공교육 교사직은 워낙 진입장벽이 높아서 낮은 성적으로 의상학과 진학도 포기해야 했던 그녀로서는 벅찬 일이다. 그러나 부모님에게 교사가 되었으면 좋겠다는 말을 들은 이후로는 자신이 다른 어떤 직업을 선택해도 그들을 만족시키지 못할 것이며, 그들을 만족시키지 못하는 직업을 꾸준히 준비하기도 어려울 것 같다는 두려움이 생겼다. 지금까지 스스로를 독립적이라고 생각해 왔던 정지혜 씨는 자신이 얼마나 부모님의 인정을 받고 싶어하는지 새삼 깨달았다. 따라서 정말 교사 이외의 직업을 가지면 부모님을 만족시키지 못하는 딸이 될 것인지에 대해서도 부모님과 직접 대화를 나눠 보기로 하였다.

남동생이 부모님의 가업을 잇고 싶어 한다는 사실이 아직은 아들을 우선시하는 우리나라 가정의 상속 문화에서 정지혜 씨의 진로선택에 어떤 영향을 미쳤는지 탐색한 결과, 정지혜 씨는 동생이 부모님의 가게를 선택한다면 우선순위는 당연히 자신보다 동생이 아니겠는가라고 반문하였다.

그 외에도 청년 실업률이 높은 현실과 힘들고 지저분하고 어려운, 소위 3D 업종을 피하려는 경향 등이 정지혜 씨의 진로 목표 설정과 진로준비 행동을 막는 장벽 요인이 되고 있다는 것도 알게 되었다. 정지혜 씨는 현재 상태로는 남이 보기에 그럴싸하고 안정적이며 편안하고 집과 근거리에 있는 사무직 정도를 얻고자 하는데, 그런 직업은 정지혜 씨가 아니더라도 대부분의 청년이 선호하는 직업이라는 사실을 깨달았다. 게다가 정지혜 씨는 전문 사무원으로서의 특별한 자격증을 취득했거나 경력을 쌓지도 않았다.

목표 우선순위 설정

마음속에 있는 것을 행동으로 옮기기 위해서는 우선순위를 정하는 것이 중요하다. 우리의 몸은 하나이기 때문에, 병행할 수 없는 막연한 계획을 많이 가지고 있으면 어느 것 하나도 실행할 수 없다.

우선, 전공 분야로 진출할 의사가 없는 것은 차치하고라도 금속공예 계통에서 사무직 일을 구하려면 관리자 급에 속해야 한다. 하지만 주로 남성으로 이루어진 생산직을 관리하며, 회사가 목표로 하는 실적을 내야 하는 그 일에 미혼 여성이 취업할 수 있을지에 대해서는 상담자가 예상하기에도 그 가능성이 커 보이지 않았다. 그래서 당초의 생각대로 금속공예 관련 직업은 후보 목록에서 삭제하기로 하였다.

정지혜 씨가 현재 갖고 있는 목표를 정리하면, 깨끗하고 쾌적한 근무 환경에, 정시 출퇴근이 가능하고, 근거리 직장에 다니는 커리어 우먼이 되는 것이다. 직종은 일반 사무직이나 비서직이며, 다른 사람을 돕는 일에도 관심이 있다. 현재 자신이 전공한 금속공예와는 관련이 없는 4년제 경영학과, 의상디자인학과, 전문대 유아교육과로의 편입을 고려하고 있다.

여전히 양립할 수 없는 많은 목표 목록이 남아서 어떤 행동도 추진하기 어려운 형편이다. 정지혜 씨가 관심을 가지고 있는 서울 소재 6개 대학교의 대학원 행정실에 연락하여 편입 조건을 확인하였으나 높은 영어인증점수, 학점, 전공 시험 등을 요구하였다. 동일 계열이 아니어서 편입 공부를 해내기가 만만치 않다는 것도 알게 되었다. 지방에 소재한 대학은 가기 싫고, 서울에 있는 대학에 편입할 수 있을 만큼 공부를 해낼 자신도 없으며, 편입에 성공한다 해도 준비부터 졸업할 때까지 4년의 기간은 족히 걸린다. 게다가 대졸 청년의 취업난 뉴스를 자주 접하다 보니 취업에 대한 결과기대 역시 매우 낮다. 이러한 낮은 기대는 정지혜 씨에게 어떤 활동도 추진하지 못하게 하는 장애 요인으로 작용하고 있다. 유치원 교사의 경우, 전문대 유아교육과 또한 경쟁이 치열한 편인데다, 유치원 교사에 대한 처우가 본인이 원하는 정시 퇴근, 쾌적함, 안정감과는 거리가 있다는 것도 알게 되었다.

자신에게 적합한 직업이라는 확신이 없는 여러 가지 일을 막연하게 생각만 하다 보니 성취감을 느끼지 못하고 방황하며, 취업을 해야 한다는 막연한 압박감만 점점 세게 다가온다. 그러나 압박감에 쫓겨서 잘못된 선택을 하는 것보다 다소 시간이 걸리더라도 적절한 선택을 하는 편이 낫다고 생각하여 진로대안들을 검토한 후 목표 우선순위를 결정하기로 하였다.

진로대안 검토

상담자는 정지혜 씨의 막연한 생각을 명료화하기 위해 그녀가 가진 여러 대안에 대해 함께 대차대조표를 작성해 보기로 하였다. 우선, 상담자는 대안 내용에 정지혜 씨가 현재 고려하고 있는 직업의 목록을 적도록 안내하였고, 각 대안에 대해 무엇을 고려하고 싶은지 함께 의논한 결과 흥미, 성격, 가치, 취업 가능성, 평판, 부모님 의견을 5점 척도(매우 일치 5, 전혀 일치하지 않음 1)로 답하도록 하였다(〈표 9-1〉). 이 항목들 중 취업

가능성, 평판, 부모님 의견의 세 항목은 다른 사람과 달리 정지혜 씨에게만 독특하게 나타난 항목이다. 이러한 항목을 포함한 이유는, 취업 가능성 항목의 경우 정지혜 씨가 취업을 해야 하는 연령이므로 취업 가능성을 고려할 필요가 있다는 생각에서였고, 평판의 경우 정지혜 씨가 남이 보기에 그럴싸한 직업을 갖고 싶다고 하였기 때문이며, 부모님 의견의 경우 진로에 관한 부모님의 의견에 영향을 깊이 받은 경험 때문이었다.

대차대조표를 실시한 결과 정지혜 씨가 선택할 가능성이 가장 높은 직업은 의상디자이너였고, 가장 낮은 직업은 부모님의 의류업을 돕는 것이었다. 그러나 각 대안 사이의 점수 차가 크지 않은 데다, 가장 높은 점수를 차지한 의상디자이너가 사실은 대학 졸업장이라는 큰 진입장벽을 포함한 대안이어서 대차대조표 작업으로 인해 정지혜 씨는 오히려 더 막막해졌다고 하였다.

상담자는 정지혜 씨가 각 직업대안에 대한 평가를 계속해 나갈 수 있도록 용기를 부여하면서, 이번에는 각 평가 항목에 대한 가중치를 부

〈표 9-1〉 진로대안별 대차대조표

대안 내용	흥미	적성	성격	가치	취업 가능성	평판	부모님 의견	계
의상디자이너	5	3	5	5	2	5	2	27
웹디자이너	4	4	4	5	3	4	2	26
유치원 교사	3	4	4	5	4	3	3	26
사무(보조)원	4	4	2	4	4	4	3	25
부모님 의류업 도움	4	4	4	3	4	2	3	24

여해 보도록 안내하였다. 흥미, 적성, 성격, 가치, 취업 가능성, 평판, 부모님 의견에 대하여 정지혜 씨는 각각 얼마나 중요하게 생각하는지 상대적 서열을 정하도록 하였다. 총 7개 항목이므로 가장 중요한 항목에는 7점을 부여하고, 가장 덜 중요한 항목에는 1점을 부여하도록 하였다.

고민하던 정지혜 씨는 여러 차례 생각한 끝에 취업 가능성(7), 적성(6), 평판(5), 흥미(4), 가치(3), 부모님 의견(2), 성격(1)으로 가중치를 부여하였다. 그 결과 정지혜 씨의 대차대조표는 〈표 9-2〉와 같이 변하였지만, 여러 가지 대안 중 무엇을 택할 것인지를 결정하기는 여전히 힘들었다. 그러나 이러한 대차대조표 활동을 통해 정지혜 씨는 자신의 상황을 종합적으로 고려해 볼 때 무엇을 가장 중요하게 여기면서 선택해야 할지에 대한 나름의 기준을 얻었다고 하며 평가 항목 간 우선순위를 더 깊이 생각하기로 하였다.

〈표 9-2〉 가중치를 부여한 진로대안별 대차대조표

대안 내용	흥미 ×4	적성 ×6	성격 ×1	가치 ×3	취업 가능성 ×7	평판 ×5	부모님 의견 ×2	계
의상디자이너	5×4 =20	3×6 =18	5×1 =5	5×3 =15	2×7 =14	5×5 =25	2×2 =4	101
웹디자이너	4×4 =16	4×6 =24	4×1 =4	5×3 =15	3×7 =21	4×5 =20	2×2 =4	104
유치원 교사	3×4 =12	4×6 =24	4×1 =4	5×3 =15	4×7 =28	3×5 =15	3×2 =6	104
사무(보조)원	4×4 =16	4×6 =24	2×1 =2	4×3 =12	4×7 =28	4×5 =20	3×2 =6	108
부모님 의류업 도움	4×4 =16	4×6 =24	4×1 =4	3× 3=9	4×7 =28	2×5 =10	3×2 =6	97

새로운 학습계획 수립

상담을 2회기 더 진행한 후에 정지혜 씨는 항목들 중 자신에게 가장 중요한 것이 취업 가능성, 흥미, 가치라는 결론을 얻었다면서, 각 대안의 점수를 다시 조정하는 작업을 함께 하자고 상담자에게 제안하였다. 대차대조표를 다시 작성해 본 다음, 정지혜 씨는 우선 부모님의 의류 도매업을 도우면서 사무원이 되기 위한 컴퓨터 관련 자격증과 웹디자이너 자격증에 도전하겠다고 하였다. 정보처리 관련 자격증을 먼저 취득한 후 사무원 일자리를 알아보고, 회사를 다니면서 웹디자이너 자격증을 함께 따서 보다 좋은 처우와 쾌적한 환경의 직장으로 전환할 가능성을 높이겠다고 하였다. 정지혜 씨는 상담을 마치고 집으로 가는 길에 학원에 들러 정보처리사 자격 취득 과정에 등록하겠다며 가벼운 발걸음으로 상담실을 떠났다.

참고문헌

강원덕, 안귀여루(2010). 경험논문: 성취동기, 내재적 직업가치, 진로장벽이 고등학생의 진로성숙 및 진로준비행동에 미치는 영향. 한국심리학회지 건강, 15, 161-175.

김선중(2005). 진로장벽, 희망, 진로결정 자기효능감이 진로준비행동에 미치는 영향. 서울: 홍익대학교 대학원 박사학위논문.

김은희, 김봉환(2009). 진로장벽 깨뜨리기 집단상담 프로그램이 여대생의 진로장벽 인식과 진로결정 자기효능감에 미치는 효과. 상담학연구, 10(4), 2255-2239.

손은령(2001). 여자대학생이 지각한 진로장벽과 진로결정. 상담학연구, 2(2), 251-262.

손은령(2004). 진로선택과정에서 지각된 진로장벽의 역할. 상담학연구, 5(3), 623-635.

이동혁(2011). 진로의사결정에서의 진로장벽의 역할: 예측변인 또는 조절변인. 상담학연구, 23(1), 59-80.
이희정, 김금미(2010). 경력 단절 여성의 진로장벽지각이 진로준비행동에 미치는 영향. 상담학연구, 11(2), 623-640.
정미예, 조남근(2012). 사회인지진로 이론을 적용한 대학생의 주관적 안녕 예측 모형. 상담학연구, 13(2), 401-415.
조성연, 홍지영(2010). 성인 학습자의 인구학적 변인, 진로결정 자기효능감, 진로 적응성의 관계연구. 상담학연구, 11(3), 1099-1115.

Bandura, A. (1986). *Social foundations of thought and action: A social-cognitive theory*. Englewood Cliffs, NJ: Prentice-Hall.
Betz, N. E., & Hackette, G. (1981). The relationship of career-related self-efficacy expectations to perceived career options in college women and men. *Journal of Counseling Psychology, 28*(5), 339-410.
Hackett, R. D. (1985). The role of mathematics self-efficacy in choice of math-related majors of college men and women: A path analysis. *Journal of Counseling Psychology, 32*, 47-56.
Hackett, R. D., & Betz, N. E. (1981). A self-efficacy approach to the career development of women. *Journal of Vocational Behavior, 18*, 326-329.
Lent, R. W., Brown, S. D., & Hackett, G. (1994). Toward a unifying social cognitive theory of career and academic interest, choice, and performance. *Journal of Vocational Behavior, 45*, 79-122.
Lent, R. W., Brown, S. D., & Hackett, G. (2002). Social cognitive career theory. In D. Brown & Associates, *Career choice and deevlopment* (4th ed., pp. 255-311). San Francisco, CA: Jossey-Bass.
Liptak, J. J. (2000). *Treatment planning in career counseling*. Pacific Grove, CA: Brooks/Cole.
Mcshirter, E. H., Torres, D., & Rasheed, S. (1998). Assessing barriers to women's career adjustment. *Journal of Career Assessment, 6*(4), 449-479.

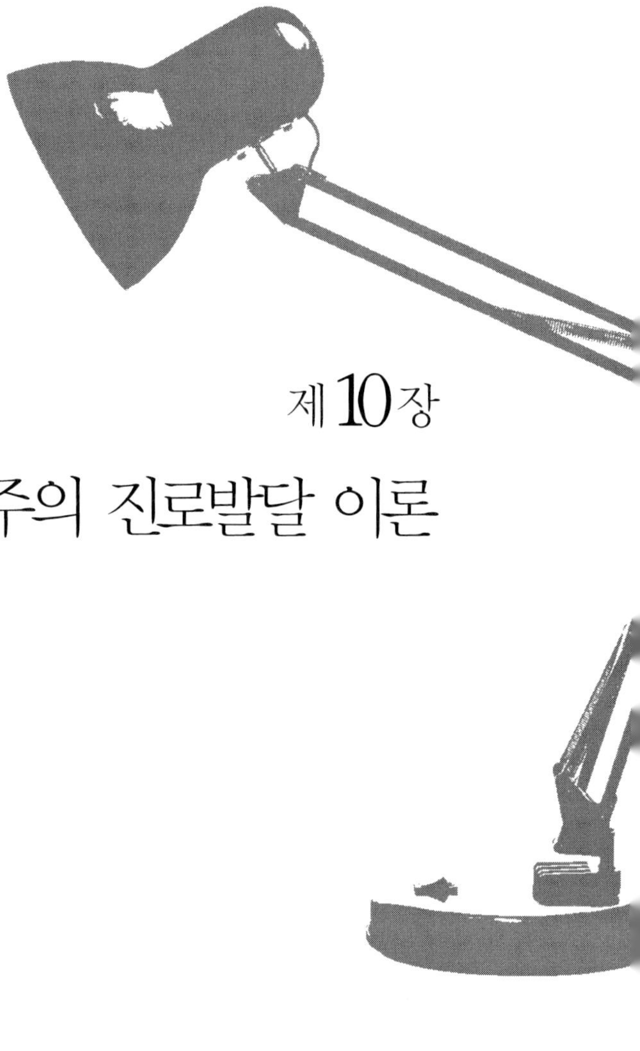

제 10 장

구성주의 진로발달 이론

employment counseling

제 10 장 구성주의 진로발달 이론

구성주의 진로발달 이론 개관

구성주의 진로발달 이론(theory of career construction)은 수퍼의 진로발달 이론을 현대적으로 확장한 것으로, 2000년대에 들면서 소개되어 2005년에 완성된 이론적 모습을 갖추게 되었다(Savickas, 2002, 2005). 또한 최근에는 다양한 세계적 논의를 통합하여 생애설계(life designing)라는 새로운 패러다임으로 제시되었다(Savickas et al., 2009). 최근 제안된 이 생애설계 패러다임은 보다 분명하게 이론의 구성 요소와 진로상담의 개입 전략을 정리하고 있긴 하지만 아직 그 타당성에 대한 학문적 논의를 거치지 못한 상태이기 때문에 여기에서는 2005년에 소개된 구성주의 진로발달 이론의 내용을 중심으로 살펴볼 것이다.

상담의 기본 가정

이 이론의 주창자인 사비카스(Mark L. Savickas)는 구성주의 진로발달 이론이 수퍼의 진로발달 이론(Super, 1957)을 바탕으로 하고 있다고 밝히고 있다. 그리고 사회구성주의를 메타이론으로 삼아 진로발달 이론의 주요 개념을 재개념화하였고, 수퍼의 아이디어를 현대적 시각으로 바라보고자 하였다고 기술하고 있다(Savickas, 2005, p. 42). 또한 맥 아담스(McAdams, 1995)의 성격이론을 활용하여 진로발달 이론을 구성하는 중요한 요인들을 하나로 통합하여 설명할 수 있었다고 하였다.

구성주의 진로발달 이론은 '개인적 구성주의(personal constructivism)'와 '사회적 구성주의(social constructivism)'를 통해서 한 개인의 진로가 어떻게 형성되는가를 설명해 주는 이론이다. 개인적 구성주의의 관점에서 보면, 개인이 실재(reality)에 대한 표상(representation)을 만드는 것이지 개인 스스로 실재 자체를 만들어 내는 것은 아니라고 본다. 따라서 진로 역시 그것과 관련된 경험에 개인적인 의미를 부여함으로써 형성되는 것이지 진로와 관련된 실재 자체를 만들어 냄으로써 형성해 가는 것은 아니다. 다시 말해서, 개인이 자신의 경험이나 기억 또는 미래에 대한 희망 등에 개인적인 의미를 부여하면서 진로가 형성되고 그렇게 형성된 주관적인 진로는 그와 관련된 행동을 이끌어 간다는 것이다. 그러므로 기존에 실재하는 사실을 탐색함으로써 진로를 결정할 수 있는 것이 아니라 경험에 대한 의미를 만들어 감으로써 진로를 결정할 수 있게 된다.

한편, 사회적 구성주의 관점에서 보면, 진로발달은 환경에 적응하는 과정을 통해 이루어지는 것이지 개인 내적인 요인이 성숙함으로써 이루어지는 것이 아니다. 따라서 진로는 시간이 지나면서 저절로 발달해 가는 것이 아니라 개인이 구성해 가는 것이라고 볼 수 있다. 이러한 구성주의 진로발달 이론의 속성은 16가지 가정을 통해 보다 구체적으로 표현되는데, 다음은 이 16가지 가정을 요약하여 정리한 것이다.

구성주의 진로발달 이론에서는 개인이 자신의 진로 관련 행동과 직

구성주의 진로발달 이론의 16가지 가정

- 사회는 사회적 역할을 통해 개인의 삶의 과정을 구성한다.
- 직업은 핵심적인 역할을 부여하고 성격 조직의 중심이 된다.
- 개인의 진로유형(직업 지위, 직업의 순서, 지속 기간, 변경 빈도 등)은 부모의 사회경제적 지위와 교육 수준, 능력, 성격, 자아개념, 기회에 대한 적응 능력에 달려 있다.
- 능력, 성격, 자아개념 등 직업 관련 특성에서 개인차가 존재한다.
- 각 직업이 요구하는 직업 관련 특성은 서로 다르다.
- 사람들은 다양한 직업을 가질 자질을 가지고 있다.
- 일에서의 역할이 자신의 탁월한 직업 관련 특성과 맞는 정도가 직업적 성공을 좌우한다.
- 만족감은 직업적 자아개념의 실현 가능성에 비례한다.
- 진로 구성 과정이란 직업적 자아개념의 발달 및 실현의 과정이다.
- 자아개념과 직업적 선호는 계속 변한다.
- 진로는 성장, 탐색, 확립, 유지, 쇠퇴의 과정을 순환한다.
- 전환기에는 성장, 탐색, 확립, 유지, 쇠퇴의 5단계가 반복된다.
- 진로성숙도란 발달과업의 수행 정도로 정의할 수 있다.
- 진로적응도란 발달과업을 수행할 수 있는 준비도와 자원(태도, 신념, 능력)이다.
- 진로 구성은 진로의 발달과업에 의해 시작되고 그 발달과업에 대한 반응으로 완성된다.
- 발달과업은 그것을 설명하는 대화, 적응력 훈련, 자아개념을 명료화하는 활동으로 촉진할 수 있다.

업적 경험에 의미를 부여하면서 스스로의 진로를 구성해 간다고 본다. 그러므로 여기서 개인은 이미 존재하는 어떤 사실을 발견하는 것이 아니라 적극적으로 의미화하는 과정을 통해 진로행동을 이끌고 조절하며 유지할 수 있는 것이다. 따라서 상담자는 내담자가 그 자신에게 의미 있는 경험을 찾아내도록 촉진하고, 그것을 통해 그 자신만의 진로이야기(career theory)를 만들어 갈 수 있도록 돕는다. 그리고 그 진로이야기 속에서 내담자는 자신의 직업적 성격, 진로적응도, 생애 주제를 찾아간다. 여기에서는 이 3가지 중심 요소의 내용을 통해 구성주의 진로발달 이론의 내용과 그 상담의 실제에 대해 알아보고자 한다.

주요 개념

직업적 성격

직업적 성격(vocational personality)이란 진로와 관련된 각 개인의 능력, 욕구, 가치, 흥미 등을 의미한다. 그리고 그러한 특성은 직업에서 나타나기 전에 일상적인 생활, 예를 들면 독서, 취미, 공부 등에서 이미 반복적으로 경험된다. 구성주의 진로발달 이론은 개인차를 반영한 진로선택의 전통을 부인하지 않는다. 또한, 진로와 관련된 개인의 특성은 서로 다르며 그러한 개인의 특성에 맞는 진로를 선택할 수 있도록 내담자를 돕는 과정이 진로상담의 과정이 된다는 것에 동일한 입장을 가지고 있다. 그러나 개인차를 바라보는 관점과 그 개인차에 맞는 진로대안을 찾아가는 과정에서 차이를 보인다.

구성주의 진로발달 이론에서는 개인의 직업적 성격을 이해하는 데 있어서도 경험에 대한 개인의 관점을 중요시한다. 따라서 자기 자신과 직업 세계에 대해서 내담자가 가지고 있는 주관적인 해석을 탐색함으로써 내담자의 직업적 성격을 이해할 수 있게 된다. 그리고 그러한 주관적인 해석은 개인의 생애 주제나 자기개념을 구성하고 진로 행동을 통제한다. 또한, 구성주의 진로발달 이론의 관점을 취하는 상담자도 표준화된 직업흥미검사를 사용하는데, 그 결과를 내담자의 '진짜' 흥미라고 해석하지는 않고, 하나의 가능성으로서 가설을 만드는 데 활용한다(Savickas, 2005). 그리고 그 과정에서 홀랜드의 육각형 모형([그림 3-1] 참조)이 내담자의 특성과 직업 세계의 특성을 간결하게 표현하는 어휘로서의 역할을 한다.

생애 주제

생애 주제(life theme)는 진로를 선택하고 유지하는 것이 자신의 자기개념과 잠재력을 실현 및 구현하고 자기존중감을 유지하기 위해 노력하는 것이라는 수퍼(1951)의 가정을 근거로 한다(Savickas, 2005). 즉, 직업을 선택함으로써 자아개념을 구체화하고, 일을 통하여 자신을 드러내는 진로 관련 행동의 이유가 바로 생애 주제인 것이다. 각 개인은 저마다의 생애 주제를 가지고 있고, 자신만의 고유한 생애 주제를 활용하여 의미 있는 선택을 하며 직업인으로서의 역할에도 적응해 나간다. 이와 같은 생애 주제를 담은 개인의 진로 경험담을 '진로이야기(career stories)'라고 명명하는데, 내담자의 여러 진로이야기를 통합하여 생애 주제를 찾아나가는 과정이 바로 상담의 과정이 된다. 생애 주제에 대해 이해하는 것은 자신이 하고 있는 일의 개인적인 의미뿐 아니라 사회적인 의미도 발견하게 하고 일에서 자기개념을 더 잘 실현할 수 있는 방법도 찾을 수 있게 도와준다.

진로적응도

진로적응도(career adaptability)는 특정한 일이 자신에게 맞는 일일 수 있도록 자신을 그 일에 맞추어 나가는 과정에서 동원되는 개인의 태도, 능력, 행동을 말한다. '변화'를 중요한 키워드로 하는 21세기는 직업 세계에도 많은 변화를 가져오고 있어서 누구나 고용상태의 변화, 직업의 종류와 구조의 변화, 직무의 내용 및 요구되는 직업능력의 변화 등을 경험하고 있다. 따라서 자신의 진로에서 성공하고 만족하기 위해서는 그러한 직업 세계의 변화에 잘 적응할 수 있어야 한다. 그러한 변화에 대한 개인의 적응력을 구성주의 진로발달 이론에서는 진로적응도라고 명명하면서, 그것으로 진로성숙도의 개념을 대체해 나가고 있다. 즉, 앞서 살펴본 직업적 성격이 구체적인 진로의 내용을 강조한다면, 진로적응도는 자신의 진로를 구성해 나가는 과정에서의 극복 과정을 강조하는 것이다(Savickas, 2005).

구성주의 진로발달 이론에서는 발달 과정을 내부 구조의 성숙으로 보기보다는 환경에의 적응 과정으로 개념화한다. 따라서 진로적응도란 현재 당면한 진로발달과업, 직업 전환, 마음의 상처 등을 극복하는 데 필요한 개인의 준비도와 자원을 의미하는 심리적 구인이다(Savickas, 2005, p. 51). 이때의 적응력은 개인이 사회와 접촉하고 그 사회가 부과하는 과제들을 처리하기 위해 스스로의 진로 관련 행동을 조절하는 데 필요한 능력이면서 동시에 이렇게 자신을 환경으로 확장해 나가는 과정에서 형성되는 것이기도 하다. 즉, 진로적응도를 통해 개인은 자신의 자아개념을 직업적 역할 속에서 실현해 내고(수퍼 발달 이론의 핵심 요소), 그것이 바로 자신의 진로를 새롭게 만드는 과정이 된다.

사비카스는 진로적응도가 발휘되는 장면에서 필요한 진로적응도의 자원과 전략에 따라 4가지 차원을 구분하고, 이를 각각 관심(concern), 통제(control), 호기심(curiosity), 자신감(confidence)이라고 명명하여 〈표 10-1〉과 같은 내용을 제시하고 있다. 즉, 적응적인 개인은 일하는 사람으로서 자신의 미래에 관심을 두고 직업적 미래에 대한 통제력을 높이며, 자신의 가능한 모습과 미래의 일에 호기심을 갖고, 자신의 포부를 추구함에 있어 자신감을 키워나가는 사람이다. 〈표 10-1〉에서 '질문'은 사회가 개인에게 촉진하는 질문이고, '진로문제'는 그 질문에 잘 대처하지 못했을 때의 반응이며, '적응 차원'은 그 질문에 잘 대처했을 때의 반응을 나타낸다. 그리고 진로적응도를 구성하는 요소로 태도(attitudes), 신념(beliefs), 역량(competencies)을 제시하고 있는데, 이것은 '진로적응도의 ABC'라고도 부르기도 한다. 이 ABC가 바로 발달과업의 성취, 직업 전환의 수행, 마음의 상처 해결 등을 위한 구체적 대처 행동을 생산해 내는 것이다. 여기에서 태도는 대처 행동을 할 때 느끼는 감정(정서)적 측

〈표 10-1〉 **진로적응도의 4가지 차원**(Savickas, 2005)

질문	진로 문제	적응 차원	태도와 신념	역량	대처 행동	관계 측면	개입
미래가 있는가?	무관심	관심	계획적인	계획하기	• 알아차리는 • 관여하는 • 준비하는	의존적	방향성을 잡는 활동
누가 나의 미래의 주인인가?	미결정	통제	결정적인	결정하기	• 주장적인 • 훈육된 • 의도적인	독립적	의사결정 연습
미래에 대해 원하는 것이 무엇인가?	비현실성	호기심	궁금해 하는	탐색하기	• 실험적인 • 위험을 • 감수하는 • 질문하는	의존적	정보 탐색 활동
할 수 있을까?	억제	자신감	효과 있는	문제해결	• 지속하는 • 노력하는 • 근면한	동등한	자기 존중감 향상

면을, 신념은 행동을 이끌어 가는 능동적 측면을, 역량은 이해력과 문제 해결력을 포함하는 인지적 능력으로서 진로 관련 선택과 그 수행에 필요한 자원을 의미한다.

상담 전략

구성주의 진로발달 이론에서 대표적으로 활용하는 상담 전략은 바로 '이야기하기(storytelling)'로, 이것은 진로상담에서 주로 사용하는 표준화 검사의 사용이나 검사 결과의 해석을 최소화한다. 2005년에 제안된 구성주의 진로발달 이론의 실제에서는 직업적 성격의 파악, 진로적응도 프로파일의 확인 및 개입 전략의 수립, 생애 주제 확인, 성격 유형과 생애 주제의 비교 등의 측면에서 어떤 전략을 활용할 것인지 소개하고 있고, 사례를 통해 구체적인 활용 지침까지 제공하고 있다. 하지만 여기에서 그 내용을 모두 정리하지는 못하고, 이 모든 전략을 아우를 수 있는 진로양식면접을 소개하고자 한다.

구성주의 진로발달 이론에서 제안하는 상담 과정은 내담자의 진로이야기를 이끌어 내는 방법으로 '진로양식면접(career style interview)(Savickas, 1989; Taber et al., 2011)'을 주로 활용한다. 진로양식면접에서 얻은 자료를 통해 상담자는 내담자의 생애 주제를 이끌어 낼 수 있고, 그와 함께 직업적 성격과 진로적응도도 파악할 수 있다. 또한, 내담자는 진로양식면접의 질문에 답하면서 자신의 진로이야기를 만들어 나가게 되고, 그 이야기를 통해 진로나 교육과 관련된 당면한 선택을 하면서 더욱 자신의 삶의 의미를 더하게 된다. 즉, 이야기하기는 내담자로 하여금 자신에 대해 가지고 있던 생각을 보다 명확하게 알아차리도록 돕는데,

이때 상담자는 내담자가 그 자신의 이야기를 할 때 발견한 시사점을 그가 이해할 수 있도록 조력해야 한다. 또한, 이 과정에서 내담자의 이야기에 드러난 생애 주제를 호소문제에 연결시키는 노력이 상담자에게 필요하다.

진로양식면접은 일종의 구조화된 면접으로, 상담자는 내담자에게 8개의 질문을 하게 된다. 첫 번째 질문은 상담에 대한 내담자의 준비도를 파악하고 상담의 목표를 설정하기 위한 질문(opening question)이며, 나머지 7개의 질문은 역할 모형, 잡지/텔레비전 프로그램, 책/영화, 여가와 취미, 명언, 교과목, 생애 초기 기억 등으로 그 주제가 구성된다. 각 영역의 의미와 전형적인 질문 형태를 정리하면 〈표 10-2〉와 같다.

〈표 10-2〉 진로양식면접을 구성하는 질문(Taber et al., 2011)

영역	질문	의미
준비도	• ○○씨의 진로를 만들어 나가는 데 있어 저와 만나는 시간을 어떻게 활용할 수 있을까요?	• 상담의 출발점을 제시한다.
역할 모형	• 자라면서 가장 존경했던 사람은 누구인가요? • 어떤 사람의 삶을 따라서 살고 싶은가요? • 세 사람의 역할 모형을 얘기해 보세요. • 이 사람들의 어떤 면을 특히 존경하나요? • 이 사람들을 각각 얼마나 좋아하나요? • ○○씨는 이 사람들과 어떻게 다른가요?	• 이상적 자아를 나타낸다. • 질문의 초점은 누구를 존경했는가가 아니라 어떤 점을 존경했는가다.

(계속)

영역	질문	의미
잡지/ 텔레비전 프로그램	• 정기적으로 구독하는 잡지가 있나요? 그 잡지의 어떤 점이 좋은가요? • 정말 좋아하는 텔레비전 프로그램은 무엇인가요? 그 이유는 무엇인가요?	• 개인의 생활양식에 맞는 환경에 대한 선호를 나타낸다.
책/영화	• 좋아하는 책이나 영화에 대해 얘기해 주세요.	• 동일한 문제에 당면해 있는 주인공을 드러내고, 그 주인공이 어떻게 문제를 다루어 나가는지를 보여 준다.
여가와 취미	• 여가 시간을 어떻게 보내고 싶은가요? • 취미는 무엇인가요? • 취미 생활의 어떤 점이 좋은가요?	• 자기표현(self-expression)을 다루고 겉으로 드러난 흥미가 무엇인지 나타낸다.
명언	• 좋아하는 명언이나 좌우명이 있나요? • 기억하고 있는 명언이 있으면 얘기해 주세요.	• 생애사(life story)의 제목을 제공한다.
교과목	• 중학교 때와 고등학교 때 좋아하는 과목이 무엇이었나요? • 그 이유는 무엇인가요? • 싫어했던 과목은 무엇이었나요? • 그 이유는 무엇인가요?	• 선호하는 직무와 근로 환경을 나타낸다.
생애 초기 기억	• 가장 어릴 적 기억은 어떤 것인가요? 3~6세 시기에 ○○씨에게 일어났던 일 중 기억에 남는 일 3가지를 듣고 싶습니다.	• 무엇에 몰두하여 노력을 기울이고 있는지를 드러낸다.

구성주의 진로발달 이론을 김순영 씨 사례에 적용하기

사례개념화

생애 주제

먼저 김순영 씨 사례에 나타나고 있는 생애 주제를 탐색해 보면 다음과 같다. 첫째, 생애 주제는 '하고 싶은 일과 하기 싫은 일 간의 갈등'으로, 김순영 씨가 가지고 있는 현재 진로문제의 특성을 보여 주고 있다. 생애 초기 기억을 살펴보면 모든 기억에서 갈등의 요소가 나타나고 있다. 첫 번째 기억에서는 노래하기 싫었지만 해야만 했고, 두 번째 기억에서는 하고 싶은 것이 있었지만 어머니에 의해서 저지되었다. 그리고 세 번째 기억에서는 이사하고 싶지 않았지만 이사를 해야만 했다. 이러한 내용은 지금 현재 김순영 씨가 경험하고 있는 문제 상황을 보여 준다. 현재 김순영 씨에게는 하고 싶은 일이 있지만 환경적인 이유로 할 수 없는 안타까움이 있고 반대로, 하고 싶지 않지만 어쩔 수 없이 해야만 하는 상황이 있다. 김순영 씨의 보고에 따르면, 김순영 씨는 오랜 주말부부 생활을 끝내고 남편과 함께하고 싶은 생각이 있지만 가정 형편상 그럴 수 없는 상황에 있다. 다시 말해서 남편과 함께 사는 가정을 생각해 보지만 환경의 어려움이 그러한 소망을 좌절시키고 있는 것이다. 이러한 상황의 이면을 들여다보면, 김순영 씨는 어쩔 수 없이 직장을 가져야 하는 상황에 대해 답답해하고 있는 것이다. 그리고 김순영 씨는 자신의 노력을 지지해 주지 않는 남편에게 속이 상했다고 보고하였다. 이러한 것으로 볼 때, 자신은 좀 더 적극적으로 진로를 선택하고 싶은 마음이 있지만 환경이 그처럼 적극적으로 도와주지 않아서 다소 좌절하고 있을 가능성도 있다. 혹은 반대로, 자신이 선택해서 하기보다는 남편의 사업 문제로 어쩔 수 없이 직업 세계에 나가야 하는 상황에 답답한 마음이 있을 수도 있을 것이다. 따라서 이러한 생애 주제로 볼 때 상담자는 김순영 씨의 내적인 갈등이나 환경과의 갈등을 보다 자세하게 탐색할 필요가 있어 보인다. 또한 김순영 씨의 정서 부분을 탐색해 봄으로써 직업을 선택해야 하는 상황에 대한 김순영 씨 자신의 감정을 이해할 수 있을 것으로 보인다.

둘째, 김순영 씨는 어려움이 있지만 그것을 극복하는 것에서 삶의 만족을 얻고 있는 것으로 보인다. 이는 김순영 씨의 문제 해결 방식을 보여 준다. 실제 삶의 경험에서도 다양한 어려움(예: 대입을 포기하고 상업고등학교에 진학해야 했던 점, 아버지의 무능력으로 인한 경제적 어려움, 남편의 사업 부진으로 인한 경제적 어려움 등)을 경험하였지만 지금까지 성공적으로 그것을 잘 극복해 왔을 뿐 아니라 그러한 어려움을 긍정적으로 해석하고 받아들여 왔다. 이러한 점들은 구조화 면접에서 보다 분명하게 드러나고 있다. 예를 들어, 생애 초기 기억을 살펴보면, 김순영 씨는 어머니의 꾸중에도 불구하고 강아지를 훈련하였다. 비록 결과는 만족스럽지 못했지만 포기하지 않고 계속해서 훈련해 나갔다. 세 번째 기억에서는 자신도 이사하는 것이 싫었지만 동생을 달래며 자신을 위로했다. 그러한 기억은 어려움을 극복해 가고 긍정적인 것으로 바꾸어 가는 김순영 씨의 생애 주제를 보여 준다. 이러한 생애 주제는 김순영 씨의 역할 모형 이야기에서도 보이고 있다. 김순영 씨는 자신의 역할 모델로 삼고 있는 설리번 선생님을 자기 의지를 가지고 씩씩하게 그리고 꿋꿋하게 살아가는 사람이라고 이해하였으며, 그의 삶의 모습 중에서 특히 긍정적이고 적극적인 면을 좋아한다고 하였다. 그리고 좋아하는 책이나 영화에서도 어려움을 겪지만 이를 극복해 가는 주인공의 모습을 좋아하고 특히 긍정적이고 적극적으로 자신의 어려움을 대처해 가는 주인공의 모습에서 감동을 받고 있다. 이러한 생애 주제는 김순영 씨가 진로문제를 해결하는 전략으로 사용될 것으로 보인다. 즉, 현재 남편의 사업 문제로 인하여 경제적인 어려움이 있지만, 김순영 씨는 그러한 진로문제의 어려움을 적극적이고 긍정적인 자세로 해결해 나갈 것으로 보인다. 그러므로 김순영 씨가 이처럼 긍정적이고 적극적인 자세를 잘 발휘할 수 있도록 상담자가 잘 격려해 주고 이끌어 준다면 김순영 씨는 자신의 진로문제를 성공적으로 해결해 나갈 수 있을 것이다.

셋째, 김순영 씨의 생애 주제는 다른 사람을 도와주거나 기쁘게 하는 것이다. 이러한 주제는 김순영 씨의 실제 진로 경험에서는 잘 드러나지 않고 있지만, 김순영 씨가 무의식적으로 항상 추구하고자 하였던 삶의 방향이자 자기개념으로 보인다. 김순영 씨의 경력에 따르면 다른 사람을 도와주거나 영향을 주는 일을 하지는 않았다. 주로 사무직 업무가 대부분이었는데, 이는 가정의 경제적 어려움으로 인하여 어쩔 수 없이 선택할 수밖에 없었던 것으로 보인다. 그러나 이러한 사무직을 할 수밖에 없었던 김순영 씨의 과거 사정을 보면, 다른 사람과 가족을 먼저 배려하고 기쁘게 하려는 마음이 그 바탕에 있었음을 볼 수 있다. 그리고 구조화된 면접 자료를 보면, 여러 곳에서 다른 사람에 대한 배려와 도움의 마음을 볼 수 있다. 역할 모델로 삼고 있는 설리번 선생님과 중학교 2학년 때의 국어 선생님 모두 다른 사람을 꼼꼼하게 배려하는 사람일 뿐 아니라 다른 사람이 성공할 수 있도록 돕는 사람이기도 하다. 또한 좋아하는 책이나 영화에서도 어려움에 처한 사람이 오히려 다른 사람을 돕는 것에서 감동을 받고 있다. 생애 초기 기억에서도 친척을 기쁘게 해 주고 강아지를 훈련하며 동생을 달래는 모습이 김순영 씨의 이러한 생애 주제를 잘 드러내 주고 있다. 이러한 생애 주제는 김순영 씨의 삶의 방향을 보여 주고 있을 뿐 아니라 김순영 씨의 직업적 성격 또한 보여 주고 있다. 김순영 씨는 자신의 일을 통해서 다른 사람을 배려하고 기쁘게 할 때 만족할 수 있는 사람이다. 그리고 자신의 직업을 통하여 다른 사람을 도와줄 수 있고 기쁘게 해 줄 수 있다면 직업에 대한 만족도 또한 매우 높아질 것으로 보인다. 따라서 상담자는 김순영 씨가 진로의사결정을 할 때 이러한 생애 주제를 잘 고려할 수 있도록 도와주어야 한다. 만약 자신의 직업을 통해서 다른 사람을 도울 뿐 아니라 가족의 경제에도 도움이 될 수 있다면 김순영 씨에게는 가장 만족스러운 선택이 될 것이다. 하지만 대안이 많지 않아 다른 사람을 도울 수 없는 직업을 갖게 될지라도 가족을 기쁘게 하는 것만으로 김순영 씨에게는 만족하는 선택이 될 수 있을 것으로 보인다.

진로적응도

김순영 씨의 진로적응도를 살펴보면 다음과 같다. 우선 김순영 씨는 자신의 진로문제에 대해서 충분한 관심을 가지고 있는 것으로 보인다. 현재 어떤 식으로든 직업을 선택하고 가정 경제에 보탬이 되어야 한다는 강한 욕구를 가지고 있는 것으로 볼 때 진로문제에도 강한 관심을 가지고 있다고 할 수 있다. 그리고 진로결정에 대해서 책임감도 느끼고 있는 것으로 보인다. 또한 가정의 경제적 어려움을 극복하기 위해서는 자신의 역할이 매우 중요함을 인식하고 있으며, 자신의 새로운 직장생활이 그러한 문제를 어느 정도 해결할 수 있을 것이라고 생각하고 있다. 그러나 진로에 대한 호기심은 아직 부족해 보인다. 자신의 조건(예: 보육 시설과 근거리에 위치한 직장, 보육 시설 운영 시간과 업무 시간이 일치하는 직장)에 맞는 직업이 주어지면 적극적으로 업무를 수행해 나가려는 의지는 있지만 자신의 직업적 성격이나 특성을 탐색하여 그에 맞는 직업을 찾으려는 노력은 부족해 보인다. 그리고 김순영 씨의 자기 자신에 대한 이해나 직업에 대한 이해도 제한적인 것으로 보인다. 따라서 김순영 씨가 자신에게 적합한 직업을 찾기 위해서는 체계적으로 자기 자신과 직업을 탐색해 볼 필요가 있다. 또한 김순영 씨는 진로문제 해결에 대한 자신감이 많이 저하되어 보인다. 김순영 씨의 보고에 따르면, 여러 가지 최근의 경제적 어려움으로 삶에 대한 회의와 자포자기한 심정이 생겼으며 자존감과 희망을 많이 상실하였다고 한다. 이러한 보고 내용으로 볼 때, 진로의사결정에 대한 자신감이 매우 저하되어 있는 상태라고 할 수 있다. 그렇지만 그러한 자신감 상실은 환경적인 요인으로 인한 일시적인 현상일 뿐, 김순영 씨의 특성으로 볼 때 적절한 지지가 주어지면 극복할 수 있을 것으로 보인다. 생애 주제에서도 언급하였던 것처럼 김순영 씨는 적극적이고 긍정적인 문제 해결 전략을 가지고 있으며, 어려움을 극복하는 것에 대해 긍정적인 태도를 가지고 있다. 그러한 태도와 전략으로 볼 때, 지금의 자신감 문제도 적극적으로 해결해 나갈 수 있을 것으로 예상된다. 따라서 진로상담자는 김순영 씨가 그 자신에게 적합한 진로를 선택할 수 있도록 자신과 직업에 대해 이해할 수 있게 도와주어야 하며, 김순영 씨가 잠재적으로 가지고 있는 문제에 대한 적극성과 긍정성을 회복하도록 도와주어야 할 것이다.

직업적 성격

김순영 씨의 직업적 성격은 직업 선호도 검사에서 사회 · 관습(social and conventional)형으로 나타났다. 이는 김순영 씨가 개인적인 교류를 통해서 타인을 도와주고 가르치며 상담하고 그들에게 봉사하는 활동을 선호한다는 것을 의미하며, 동시에 보수적이고 실용적이며 변화보다는 안정을 추구하는 특성을 가졌다는 것을 의미한다. 그리고 고정된 기준 내에서 일하고 관례를 정하며 유지하는 활동을 선호한다는 것을 보여 준다. 그런데 이러한 객관적 검사 결과와는 달리 김순영 씨의 구조화된 면접에서는 다소 다른 측면도 보이고 있다. 구조화된 면접 내용을 통하여 살펴보면, 김순영 씨는 객관적 검사에서와 마찬가지로 사회형이 가장 주된 성격임을 보인다. 생애 주제에서 살펴보았던 것처럼 다른 사람을 도와주고 가르치는 일을 매우 선호하고 있는 것이다. 그리고 사람들과의 관계를 중요시하며 사람들로부터 영향을 받거나 사람들에게 영향을 주는 일을 통해 만족감을 얻는 것으로 보인다. 그런데 이러한 성격 외에 김순영 씨에게는 예술형(Artistic)도 함께 있는 것으로 보인다. 어려서 좋아했던 교과 활동을 보면, 창작하는 활동을 매우 좋아했으며, 창의적으로 무엇인가를 생각해 내고 만들어 내는 것을 선호하였다. 뿐만 아니라 음악을 통하여 자신의 감정을 드러내는 활동을 좋아했던 것으로 보아 김순영 씨는 창의적 활동 역시 선호하고 있는 것으로 보인다. 이러한 결과로 볼 때 김순영 씨는 틀에 박혀 있기보다는 창의적인 활동을 할 때 더 만족할 수 있을 것으로 보인다. 그런데 이러한 결과는 직업 선호도 검사에서와는 다른 검사 결과다. 직업 선호도 검사에서 예술형의 점수는 중간 정도인 것으로 나오기는 하였지만 관습형보다는 낮았다. 다시 말해서, 예술형보다는 관습형의 업무를 더 선호한다는 것을 의미한다.

그러나 구조화된 면접 내용에서는 관습형이 잘 나타나지 않고 있다. 이러한 불일치는 김순영 씨의 직업 경력과 관련이 있어 보인다. 경제적인 이유로 상업고등학교에 진학할 수밖에 없었던 김순영 씨는 졸업 후에도 은행이나 사무직에서 일하면서 틀에 짜여 있는 일을 할 수밖에 없었다. 그러한 경험은 김순영 씨로 하여금 사무직에 대한 유능감을 높였을 것이고, 그 유능감이 비록 김순영 씨에게는 예술형의 성격이 잠재해 있음에도 직업 선호도 검사를 통해 사회 · 관습형이라는 결과를 낳게 한 것으로 보인다. 실제로 김순영 씨는 상업고등학교에서도 미화부장이나 합창단 활동을 통하여 예술형으로서의 자신의 모습을 실현해 왔으며, 그러한 활동을 가장 즐거웠던 활동으로 기억하고 있는 것으로 보아 예술형 성격에 대한 가설은 충분히 근거가 있어 보인다. 따라서 진로의사결정을 하는 과정에서 김순영 씨의 예술형 성격을 간과해서는 안 될 것으로 보인다. 즉, 김순영 씨가 일할 수 있는 직업의 업무나 환경이 예술형 성격을 만족시킬 수 있다면 더 만족할 수 있는 직업이 될 수 있을 것이다. 물론 김순영 씨의 사무직에서의 유능감 또한 진로를 선택하는 데 있어서 매우 중요한 기준으로 작용할 것이다.

상담 절차

구성주의 진로발달 이론을 바탕으로 한 진로상담은 진로상담을 받고자 하는 내담자의 목적을 확인하는 것에서 시작한다. 따라서 상담자는 "당신에게 제가 어떤 도움이 될 수 있을까요?"라고 질문함으로써 상담을 시작한다. 이러한 질문은 내담자가 상담을 통해서 얻고자 하는 것이 무엇인지를 구체적으로 답할 수 있도록 돕는다. 김순영 씨의 사례에서는 김순영 씨가 구체적으로 상담을 통해 얻고자 하는 것이 무엇인지 분명하게 나타나지 않았지만 전체적인 사례를 바탕으로 추측해 보면 자신의 조건에 맞는 직업을 찾고 싶었을 뿐 아니라 현재의 상황에서 경험하고 있는 좌절감이나 상실감과 같은 정서 문제에 대해서도 상담을 받고 싶었을 것 같다. 이렇게 내담자의 상담에 대한 욕구를 확인하면 사비카스(2005)가 제시한 구조화된 질문을 제시한다. 구조화된 질문을 통해 내담자가 자신의 이야기를 해 나가면 상담자는 내담자의 이야기 속에서 생애 주제와 진로적응도, 직업적 성격 등을 찾아갈 수 있다. 생애 주제에서는 내담자가 가지고 있는 태도나 신념, 문제 해결력 등을 탐색하고, 진로적응도에서는 내담자의 진로에 대한 관심, 흥미, 통제, 자신감 등을 탐색한다. 그리고 마지막으로 홀랜드의 이론을 바탕으로 내담자의 직업적 성격을 파악한다.

구조화된 면접이 마무리되면, 상담자는 내담자의 호소문제에 대한 결론을 설명한다. 이때 상담자는 2가지 활동을 할 수 있다. 첫째는 성공공식(sucess formula)을 작성하는 것이다. 성공공식은 내담자가 어떻게 할 때 또는 무엇을 할 때 만족할 수 있는지를 보여 주는 간단한 문장이다. 이 성공공식은 상담자가 먼저 구성하지만 내담자와 함께 논의하면서 공식이 내담자의 특성을 정확히 반영할 때까지 수정해 나갈 수 있다. 김순영 씨의 성공공식은 다음과 같을 수 있다.

> '김순영 씨는 다른 사람을 도와주거나 다른 사람에게 긍정적인 영향을 주는 일을 창의적인 방식으로 해 나갈 때 만족하거나 행복해할 수 있다.'

성공공식에서는 보이는 것처럼 주로 내담자의 직업적 성격 유형을 활용한다. 두 번째는 내담자에 대한 전체적인 그림(comprehensive portrait of the client)을 그려 보는 것이다. 실제 그림을 그리는 것이 아니라 내담자의 이야기에서 탐색된 정보를 종합하여 내담자에 대해 설명하는 것이다. 이러한 설명은 내담자에게 자신의 현재 문제를 이해하게 하고 그가 무엇을 해야 하는지 보여 줌으로써 내담자의 진로의사결정 능력을 향상시킨다. 김순영 씨에 대한 그림을 간단히 설명해 보면 다음과 같다.

> '(생애 주제) 김순영 씨는 현재 하고 싶은 일과 하기 싫은 일 사이에서 갈등을 경험하고 있는 것으로 보입니다. 하고 싶지만 할 수 없는 상황, 하지 말아야 하는 상황에 있기 때문에 좌절감도 느끼고 상실감도 느끼고 있을 것입니다. 현재의 진로문제 상황이 이와 비슷해 보입니다. 남편과 함께 하고 싶지만 할 수 없고, 경제적인 상황으로 인해 어쩔 수 없이 직장을 찾아봐야만 하는 상황이 김순영 씨에게는 좌절감과 상실감으로 다가오는 것 같습니다. 그런데 다행인 것은 김순영 씨가 이러한 어려움에 머물기만 하는 사람은 아니라는 것입니다. 김순영 씨는 어려움을 적극적이고 긍정적으로 극복하려고 노력하려는 경향이 있고, 또한 그렇게 하고 싶은 강한 욕구도 가지고 있습니다. 그렇기 때문에 진로문제는 충분히 극복할 수 있을 것이라 생각합니다. (진로적응도) 그런데 이렇게 문제가 해결되기 위해서는 몇 가지 필요한 부분이 있습니다. 즉, 자신과 직업에 대해서 보다 체계적으로 이해할 필요가 있으며 진로문제 해결에

대한 자신감을 회복하는 일이 필요해 보입니다. (직업적 성격) 마지막으로 김순영 씨는 다른 사람을 도울 수 있고, 다른 사람에게 긍정적인 영향을 줄 수 있는 직업을 찾을 수 있다면 더욱 행복한 생활을 할 수 있을 것으로 보입니다."

이러한 설명은 성공공식과 마찬가지로 내담자와 함께 논의하면서 보다 정확한 설명으로 수정될 수 있다. 상담자가 설명을 했다고 해서 그것이 내담자에 대한 최종 결론이라고 할 수는 없다. 따라서 질문을 통해 내담자와 확인하는 과정이 필요하며, 빠진 부분이 있다면 추가하면서 보다 정확한 그림을 그려 가야 한다. 내담자에 대한 그림을 설명할 때는 내담자의 문제로부터 시작하여 장점이나 해결로 전환하면서 설명하는 것이 좋다. 그렇게 설명을 전개하는 것은 내담자에게 나아가야 할 방향을 보여 줄 뿐 아니라 변화에 대한 동기도 갖게 한다. 또한 그러한 활동은 내담자로 하여금 진로문제가 왜 생겼는지 이해하게 할 뿐 아니라, 어떻게 해결해야 하는지, 그리고 어떤 내용의 진로를 추구해야 하는지도 학습할 수 있도록 한다.

이러한 모든 과정을 완료하면 상담자는 김순영 씨에게 이제 보다 구체적으로 진로의사결정을 위한 정보를 제공할 수 있다. 즉, 김순영 씨의 홀랜드 코드에 적합한 직업 정보를 탐색할 뿐 아니라 가능한 대안을 성취할 수 있는 방안이나 계획을 세워 보고 실천할 수 있도록 돕는다. 김순영 씨의 경우에는 SC뿐 아니라 SA와 관련된 직업 정보를 모두 탐색해 보아야 하며, 김순영 씨가 제시한 조건(예: 보육시설과 근거리에 위치한 직장, 보육시설 운영 시간과 업무 시간이 일치하는 직장)도 함께 고려하면서 직업 정보를 탐색해야 한다. 직업 정보를 탐색한 후에는 가능한 대안을 선택해 보아야 한다. 이때, 모든 것을 만족할 수 있는 대안이 없다 할지라도 최대한 자신의 성격과 환경에 부합할 수 있는 대안을 찾아보고 그러한 대안을 선택하도록 해야 한다. 선택된 대안은 평가를 통해 우선순위를 결정하게 한 후 우선순위에 따라 시행해 보게 한다.

참고문헌

Savickas, M. L. (1989). Career-style assessment and counseling. In T. Sweeney (Ed.), *Adlerian counseling: A practical approach for a new decade* (3rd., pp. 289-320). Muncie, IN: Accelerated Development Press.

Savickas, M. L. (2002). Career construction: A developmental theory of vocational behavior. In D. Brown & Associates (Eds.), *Career choice and development* (4th ed., pp. 149-205). San Francisco, CA: Jossey-Bass.

Savickas, M. L. (2005). The theory and practice of career construction. In S. D. Brown & R. W. Lent (Eds.), *Career development and counseling: Putting theory and research to work* (pp. 42-70). Hoboken, NJ: Wiley.

Savickas, M. L. (2009). Pioneers of the vocational guidance movement: A centennial celebration. *The Career Development Quarterly, 57*, 195-198.

Savickas, M. L., Nota, L., Rossier, J., Dauwalder, J.-P., Duarte, M. E., Guichard, J., Soresi, S., Esbroeck, R. V., & van Vianen, A. E. M. (2009). Life designing: A paradigm for career construction in the 21st century. *Journal of Vocational Behavior, 75*, 239-250.

Super, D. E. (1957). *The psychology of careers*. New York: Harper & Row.

Taber, B. J., Hartung, P. J., Briddick, H., Briddick, W. C., & Rehfuss, M. C. (2011). Career style interview: A contextualized approach to career counseling. *The Career Development Quarterly, 59*, 274-287.

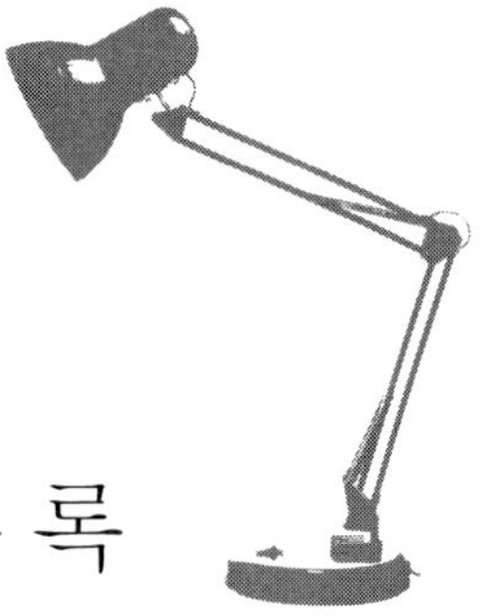

부 록

사례 • 1
졸업 후 방황하는 청년 구직자 정지혜 씨 사례

호소문제

올해 ○○전문대학 응용미술과(금속공예)를 졸업한 21세의 미혼 여성인 정지혜 씨는 나이보다 어려 보이는 예쁘장한 외모의 소유자로, 유행하는 검은색 정장을 입고 센터에 방문했다. 예의에 어긋날 정도는 아니지만 다소 도도해 보이고 거만한 태도를 보이기도 하는 정지혜 씨는 고용센터에서 채용을 대행하는 업체에 최근 이력서를 제출하였다가 센터를 알게 되어 구직에 도움을 받고자 찾아왔다.

전문대학에서 금속공예를 전공하여 무난하게 졸업하였지만 정지혜 씨는 전공 자체에 큰 미련이 없다. 최근 이력서를 제출한 회사에도 일반 사무직을 지원했던 것은 취업이 굳이 전공과 연관되지 않아도 된다고 생각했기 때문이다. 아는 사람들에게 액세서리를 손수 만들어 선물할 때를 제외하고는 금속공예를 전공했다는 사실이 살아가는 데 별로 도움이 되지 않는다는 생각까지 들기도 한다.

대학에 다니던 작년까지만 해도 그다지 취업에 대해 걱정하지 않았다. '어떻게든 되겠지.'하는 생각으로 즐겁게 학교를 다녔던 것 같다. 전문대학에 다니다보니 대학 시절이 다른 친구들에 비해 짧은 편이라는 것이 아쉬운 정도였다. 게다가 집안 형편도 그다지 어렵지 않고 부모님도 아직 한참 경제활동을 하실 수 있어 크게 채근하지 않고 계셔서 취업에 대한 부담이 크지 않았다.

하지만 막상 대학을 졸업하고 몇 개월 집에만 있자니 막막한 마음에 어디든지 자리를 잡아 일을 시작해야겠다는 생각이 들면서 진로에 대해 본격적으로 고민하기 시작했다. 청년층 취업이 어렵다는 뉴스를 들을 때마다 과연 취업할 수 있을까 불안한 생각이 들기도 해서 짧았던 대학 시절을 조금 연장하는 셈치고 취업이 잘된다는 학과로 편입해 볼까도 생각 중이다. 4년제 대학의 경영학과도 생각해 본 적이 있고, 유치원 교사를 하고 있는 사촌 언니의 조언에 따라 전문대 유아교육과도 생각해 본 적이 있지만 모두 생각뿐이었다.

취업을 고려하지 않는다면 4년제 의상디자인학과를 다시 도전해 보고 싶기도 하다. 고등학교 3학년 때 성적이 원하는 만큼 나오지 않아 의상디자이너의 꿈을 접었지만 옷가게를 운영하고 있는 부모님의 일을 도와 의류 판매를 하면서 느꼈던 희열은 아마 아직 버리지 못한 정지혜 씨의 꿈을 반영하고 있었기 때문일 것이다. 하지만 이런 저런 고민을 하다가도 다시 공부를 하는 것에 대한 부담과 빨리 취업을 해서 커리어우먼으로서의 모습을 갖추고 싶다는 생각 때문에 취업 쪽으로 마음이 기울 때가 더 많다.

고등학교 때부터 성실히 다니고 있는 교회에서 중등부 교사와 총무 업무를 맡고 있을 만큼 삶에 열정적인 정지혜 씨는 대학 졸업 후 별다른 도전과 성취감을 느끼지 못하면서 자신감이 없어지고 방황하고 있지만 언젠가는 자신에게 맞는 일이 생길 것이라는 막연한 희망은 갖고 있는 상태다. 몇 번의 구직 실패 후 무슨 일이든지 생기면 열정적으로 해 보리라 생각하지만 사실상 '깨끗하고 쾌적한 근무 환경'과 '정시 출퇴근이 가능'하고, 집에서 '근거리에 있는' 회사에서 채용하는 '일반 사무직 혹은 비서직' 같은 직종에만 관심을 보인다. 즉, 남들에게 '그럴싸하게 보이는 일'이 중요하다고 생각한다. 더불어 오랜 신앙생활을 바탕으로 다른 사람을 돕는 일이면 더욱 좋겠다고 생각한다.

진로 및 직업 경력

정지혜 씨는 서울에서 태어나 서울에서 자랐다. 유치원 때부터 노래하고 춤추는 것을 좋아해 가수가 되고 싶다는 이야기를 가끔 하기도 했던 정지혜 씨는 생일이 빨라서 7살에 초등학교에 입학했다. 중학교에 올라가면서 포스터 그리기나 만들기를 잘해서 미술 선생님에게 칭찬을 자주 들었다. 성격이 털털하고 독립심도 많은 정지혜 씨는 중학교 때 제법 공부를 잘했으며 지도력도 있어서 학급 회장을 하기도 했다.

고등학교 때 처음 사귄 남자 친구의 권유로 교회를 다니기 시작했는데 남자친구와 헤어진 후에도 현재까지 꾸준히 같은 교회에서 성실히 신앙생활을 하고 있다. 일도 다부지게 하는 편이고 친구나 후배들에게도 잘하는 편이어서 교회에서 총무 업무와 주일학교 교사 일을 3년째 해 오고 있다.

고등학교에 들어가면서부터 자신이 잘하는 것이 무엇인지를 생각해 보았는데 미술을 하면서 재미있고 즐거웠던 기억과 옷가게를 하는 부모님의 영향인지 사람들을 예쁘게 입히고 싶다는 마음에서 의상디자인학과를 줄곧 꿈꿨다. 유명한 디자이너가 되어 부모님 가게도 확장하고 자신의 가게도 운영하고 싶다는 생각에 미술 실기 공부를 시작하여 그 어느 시절보다 열심히 공부했지만 성적이 기대에 못 미쳤다. 하지만 지방으로 내려가거나 재수를 하기는 싫어서 결국 성적에 맞추어 서울 근교의 전문대학 금속공예과에 입학했다.

대학에 들어와서는 의상디자인에 대한 미련으로 본인의 전공에 크게 매력을 느끼지는 못했으나 어느 정도 무난하게 생활해 나갔다. 일 년 정도 대학 생활에 적응하면서 전공 성적도 좋아져 교수에게 인정도 받았고 종종 교수의 작업 과정에 보조 학생으로 일하기도 했다. 또한 대학 졸업반 시절, 컴퓨터학과에 다니던 남자 친구와 함께 같은 학원에서 웹디자인과정을 수강한 적이 있다. 취업을 위해 뭐라도 배워 놓아야 한다는 남자 친구의 권유도 있었고 웹디자인은 자신의 미술 적성을 살려볼 수 있는 분야가 아닐까 생각하기도 해서 과정을 수강했지만 관련 자격증을 취득하지는 않았다. 다만 이때 이수했던 과정 덕분에 학과 교수님의 홈페이지 제작에 참여하기도 했으나 보수를 받는 작업은 아니었다.

금속공예를 공부하면서 정지혜 씨가 주로 관심을 둔 부분은 작은 소품이나 액세서리를 만드는 일이었다. 작업 시간이 짧고 작품을 주변 친구들에게 선물할 때마다 기뻐하는 모습을 보는 것도 기분 좋은 일이었으며 더불어 다른 사람들을 예쁘게 꾸며 주고 싶은 정지혜 씨의 꿈과도 어느 정도 일치하는 부분이었기 때문이다. 그래서 대학 시절에는 작은 소품을 만들어 부모님의 가게에서 전시용으로 활용하기도 했지만 판매를 해 본 적은 없다.

정지혜 씨는 취업을 결정하는 데 있어서 전공 분야의 취업은 거부하고 있는데 이는 금속공예를 배경으로 하는 취업 분야의 입지가 좁고 보수 및 조건이 열악하기 때문이다. 그래서 전공과는 무관한 직종에 취업하거나 편입을 고려하고 있는 중이다.

가족 정보

정지혜 씨는 40대 후반의 부모님과 고등학교 3학년인 남동생과 함께 살고 있는 중산층의 미혼 여성이다. 부모님은 정지혜 씨가 아주 어렸을 때부터 맞벌이를 하셨기 때문에 정지혜 씨와 남동생과 늘 같이 지냈고 둘만 집에 있는 경우가 많아 어린 나이에 남동생을 돌봐 주어야 하는 입장이었다.

정지혜 씨의 아버지는 고등학교를 졸업하고 의류 관련 중소기업의 판매직에서 10여 년 간 근무하다가 경험과 경제적 기반을 마련하여 현재 중저가 브랜드의 의류 가게를 경영한지 20여 년 되어 간다. 성실하고 소신 있는 경영으로 자수성가한 아버지는 친구들도 많고 술자리도 좋아하는 편이어서 정지혜 씨에게는 '시간을 함께하는 자상하신' 아버지라기보다는 주말까지도 항상 만나기 어려운 '바쁘고 과묵하신' 아버지로 기억된다. 그래서 아버지는 정지혜 씨의 진로나 취업에 대해서도 별 말씀이 없으시다. '놀지 말고 일하라.'는 말씀은 가끔 하시지만 구체적인 조언이나 관심의 말씀을 하신 적도 없고 취업을 채근하시지도 않는 분이다.

정지혜 씨의 어머니는 상업고등학교를 졸업한 후 작은 회사의 경리 사무직으로 일하다 친구의 소개로 동갑내기 아버지를 만나서 1년간 연애 끝에 결혼 후, 4년 정도 일하던 직장을 그만두었다. 워낙 붙임성이 좋고 여장부 스타일인 어머니는 결혼 후 아이 둘을 낳았고 정지혜 씨가

5살 되던 무렵 아버지가 시작한 작은 옷가게를 함께 경영하기 시작했다. 아버지가 유통이나 참신한 아이디어로 가게를 이끌었다면 손님들을 끌고 장부를 관리하는 것은 어머니의 몫으로 실제 가게 경영에 많은 부분을 관여하시는 편이어서 집안 살림이나 자녀 교육에 크게 신경을 쓰지는 못하셨다.

그래서 정지혜 씨는 초등학교 시절부터 동생과 함께 피아노, 미술, 태권도 등 각종 학원을 다니면서 다양한 경험을 해 볼 수 있었다. 하지만 이 시절 부모님께 많은 관심과 돌봄을 받지 못했던 일을 아쉬워하고 있다. 새로 배우고 싶은 것이 있다거나 해 보고 싶은 것이 있다고 하면 어머니는 적극적으로 지지해 주시는 편이셨지만 막상 고등학교 때 미술 공부를 하겠다고 했을 때는 흔쾌히 승낙하지 않으셨다. 정지혜 씨가 워낙 자기주장이 확고한 편이라 어머니도 크게 반대하지는 않고 곧 승낙해 주셨지만 최근 취업에 대해 고민할 때마다 어머니가 반대하셨던 것이 자꾸 생각나면서 진로에 대한 자신의 결정에 더욱 회의가 든다.

진로나 취업 문제로 고민하는 정지혜 씨에게 어머니는 너무 성급하게 결정해서 여러 직장을 옮겨 다니지 말고 신중히 결정하되, 취업이 잘 될 수 있는 대학으로 편입하는 것도 좋을 것 같다고 조언하시기도 한다. 어머니는 정지혜 씨가 부모님처럼 사업을 하면서 마음 고생하기보다는 교사가 되었으면 하고 내심 바라시는 것 같다. 강력하게 표현하지는 않으시지만 정지혜 씨도 어머니의 그런 마음을 어느 정도 눈치 채고 있다. 하지만 교사가 되기 위해서 준비해야 할 것을 생각해 보면 엄두가 나지 않아 모르는 체하고 있다.

아직 고등학생인 남동생은 또래와 비슷하게 컴퓨터 게임을 좋아하고 농구를 좋아하는 평범한 남학생이다. 조용하고 성실한 편이지만 정지혜 씨에 비해 붙임성이 좋고 종종 '부모님 가업을 이어야겠다.'는 말을 하면서 대학의 경영학과에 지원할 꿈을 갖고 있다. 누나와는 오랜 시간 함께 지내면서 다른 남매에 비해 사이가 좋은 편이지만 대학을 졸업한 후 집에서 쉬고 있는 누나에게 '비싼 돈 들여 공부했으면 전공 살려서 취업하라.'고 종종 이야기하고는 하여 정지혜 씨의 기분을 상하게 할 때가 있다. 하지만 한편으로 이런 동생의 직언이 취업을 해야겠다는 생각이 들게끔 하는 동기가 되고 있다.

심리검사 결과

상담을 시작하면서 직업선호도검사(L형), 직업가치관 검사, 창업진단검사 등의 심리검사를 실시하였다. 이 3가지 검사는 진로선택 영역과 관련된 흥미, 가치, 성격, 관심 있는 창업 분야 등에 대한 정보를 제공해 준다.

직업선호도 검사(L형)

직업선호도검사는 한국고용정보원에서 제작한 검사로 개인의 좋아하는 활동, 관심 있는 직업, 선호하는 분야를 탐색하여 내담자에게 직업흥미를 진지하게 탐색해 볼 수 있는 기회를 제공하고 흥미유형에 적합한 직업 목록을 제시해 줌으로써 내담자의 직업선택과 자기 이해에 도움을 주기 위해 개발되었다. 18세 이상의 성인을 대상으로 실시하는 이 검사는 60분 정도가 소요되는 L형과 25분 정도가 소요되는 S형(간편형)의 2가지 형태가 있는데 둘 다 인터넷 혹은 지필검사를 통해 실시 · 채점된다.

정지혜 씨에게 실시한 직업선호도검사 L형은 성인의 직업흥미, 일반성격, 생활경험을 측정하여 구직자가 자신의 모습을 진지하게 탐색해 볼 수 있는 기회를 제공하고 구직자의 심리적 특성에 적합한 직업을 제공해 주는 검사다. 또한, 다양한 분야에 대한 선호도를 측정하는 직업흥미검사, 일상생활 속에서 나타나는 개인의 성향을 측정하는 성격검사, 과거와 현재의 개인의 생활특성을 측정하는 생활사검사 등 3가지 검사를 동시에 실시하도록 구성되어 있다.

그중 직업흥미검사는 홀랜드의 6가지 직업적 성격유형에 해당하는 6가지 직업영역에서의 흥미를 성별 표준점수로 나타낸다. 구직자가 평소에 어떤 일이나 활동을 좋아하고 또 하고 싶어하는지(활동), 자신에게 어떤 능력이 있다고 생각하고 있는지(유능성), 어떤 직업을 평소에 더 마음에 들어 하고 또 좋아하는지(직업), 현재나 과거에 어떤 과목이나 학문

흥미유형별 점수

당신의 흥미코드: AE (예술형/진취형)						
구분	현실형(R)	탐구형(I)	예술형(A)	사회형(S)	진취형(E)	관습형(C)
원점수	9	10	19	15	18	12
표준점수	64	61	63	46	68	48

흥미의 육각형 모형

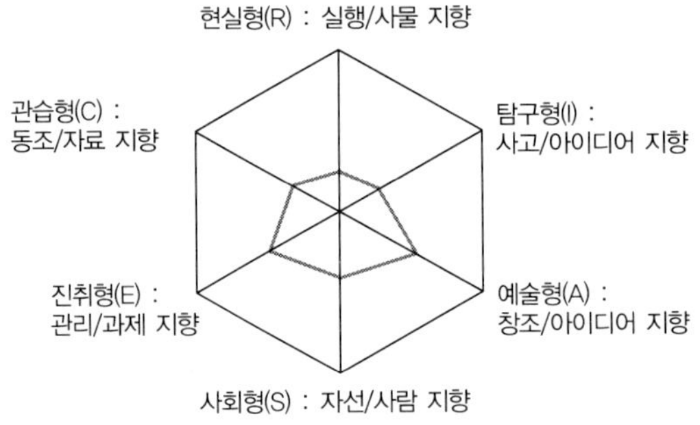

[그림 1] **정지혜 씨의 직업선호도검사(L형) 중 직업흥미검사 결과**

분야를 좋아했는지(선호분야), 자신의 일반적인 성향이 어떻다고 생각하는지(일반성향) 등 5개 부분으로 나뉘어 있다. 정지혜 씨의 직업선호도검사(L형) 중 직업흥미검사 결과는 [그림 1]과 같다.

다른 여성들에 비해 정지혜 씨는 예술형(창의적인 자기표현)과 진취형(사업 또는 판매)에서 높은 흥미를 가지고 있다. 한편, 사회형(다른 사람을 돕는 것)과 관습형(조직과 구조)에서는 중간 정도의 흥미를, 탐구형(과학과 분석)과 현실형(사물을 대상으로 하는 일)에서는 낮은 흥미를 보이고 있다. 따라서 정지혜 씨의 흥미유형은 AE유형으로, '예술적 창조와 표현, 변화와 다양성을 선호하고 틀에 박힌 것을 싫어하며 모호하고, 자유롭고, 상징적인 활동에 흥미가 있고, 동시에 경제적인 이익을 얻기 위해 타인을 지도, 계획, 통제, 관리하는 일과 그 결과로 얻어지는 명예, 인정, 권위에 흥미가 있음'을 반영하고 있다. 그러나 전반적으로 육각형의 크기가 작고 A, E를 제외한 다른 유형의 원점수차가 적어 흥미에 대한 정지혜 씨의 변별도는 다소 낮은 것으로 보인다.

다음으로 성격검사는 성격의 5요인 모델에 기초하여 개발된 것으로, 이는 외향성, 호감성, 성실성, 정서적 안정성, 경험에 대한 개방성 등 5가지 요인이 정상인의 성격을 기술하기에 필요충분한 기본적인 차원이라고 생각하는 학자들의 견해를 반영한다. 성격의 5요인 중 첫 번째 요인인 외향성은 타인과의 상호작용을 원하고 타인의 관심을 끌고자 하는 정도를 나타낸다. 두 번째 요인은 일반적으로 호감성으로 불리며, 타인과 편안하고 조화로운 관계를 유지하는 정도를 나타낸다. 세 번째 요인인 성실성은 사회적 규칙, 규범, 원칙을 기꺼이 지키려는 정도를 나타낸다. 네 번째 요인인 정서적 안정성은 자신이 정서적으로 얼마나 안정되어 있고 세상을 얼마나 통제할 수 있으며 세상을 얼마나 위협적이

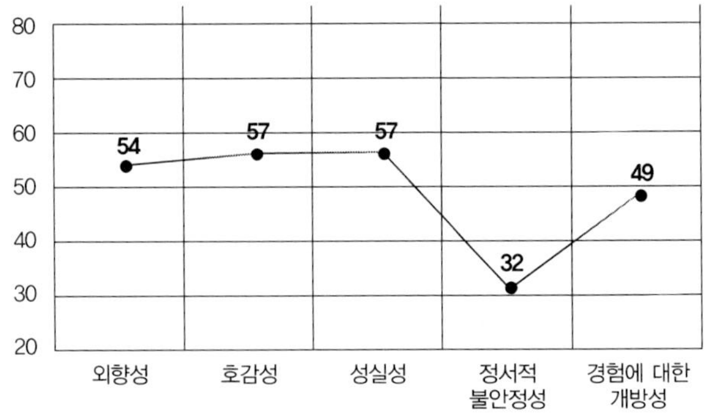

[그림 2] **정지혜 씨의 직업선호도검사(L형) 중 성격검사 결과**

지 않게 지각하는지의 정도를 나타낸다. 마지막 요인인 경험에 대한 개방성은 다양한 일을 경험하기 좋아하고 관습에 얽매이지 않는 태도를 나타낸다. 직업선호도검사 중 성격검사는 이 5개 성격요인 내의 28개 하위 요인으로 구성되어 있고, 사회적 바람직성 척도와 부주의 척도도 포함하고 있다.

정지혜 씨의 성격검사 결과([그림 2])를 살펴보면, 정지혜 씨는 정서적으로 안정되어 있는 편이고, 적절한 수준으로 타인과의 상호작용과 조화로운 관계를 유지하고 있으며, 사회적 규칙도 어느 정도 지키면서 다양한 경험을 추구하려는 경향이 있는 것으로 나타났다.

마지막으로 생활사검사는 구직자의 비인지적인 특성을 평가할 수 있다는 특징을 가지고 있으며 과거의 행동으로부터 미래의 행동을 직접적으로 예측할 수 있다는 장점을 갖는다. 직업선호도검사 L형에 포함된 생활사검사의 구성 요인은 대인관계지향, 자존감, 독립심, 양육환경, 야망, 학업성취, 예술성, 운동선호, 종교성, 직무만족 등 10가지다.

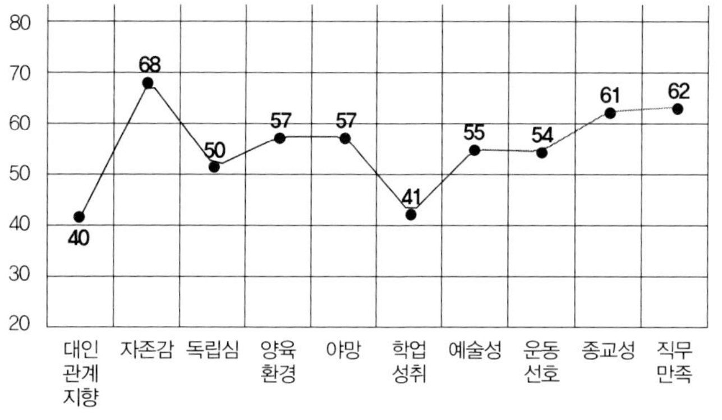

[그림 3] **정지혜 씨의 직업선호도검사(L형) 중 생활사검사 결과**

정지혜 씨의 생활사검사 결과([그림 3])를 보면, 성격검사 결과와는 다른 한편으로 다른 사람들과 어울려 지냈던 경험이 많지 않아 어울려 지내는 것에 약간의 불편함을 느끼고 있으며 학창시절 학업성취가 낮았다고 지각하고 있음을 알 수 있다. 반면, 자신의 외모와 인격이 나름대로 훌륭하며 인생 전반을 돌이켜볼 때 성공적인 편이라고 생각하면서 일상생활을 하는 데 있어 종교에 많이 의지하는 편인 것으로 나타났다.

직업가치관검사

직업가치관검사는 한국고용정보원에서 제작, 표준화하여 상용화 단계에 있는 검사로서 직업안내 또는 상담 과정에서 직업에 적합한 개인의 특성을 파악하려 할 때 중요한 요인인 직업가치를 측정하려는 목적에서 개발된 검사다. 총 78문항으로 구성된 직업가치관검사는 '전혀 중요하지 않음(1점)'부터 '매우 중요함(5점)'까지의 5점 리커트 형식으로 구성되어 있고, '성취, 봉사, 개별활동, 직업안정, 변화지향, 몸과 마음의 여유, 영향력 발휘, 지식추구, 애국, 자율, 금전적 보상, 인정, 실내활동'의 총 13가지 가치요인을 포함한다. 이 13개 가치요인을 토대로 직업가치관검사는 개인이 직업을 선택할 때 중시하는 가치가 무엇인지 파악하고, 이를 통해 개인의 가치관에 적합한 직업분야에 대한 정보를 제공해 준다.

정지혜 씨의 직업가치관검사 결과 중 13개 가치요소에 대한 점수는 〈표 1〉과 같은데, 즉 정지혜 씨가 중요시하는 가치는 '성취, 금전적 보상, 몸과 마음의 여유'이며 중요시하지 않는 가치는 '애국, 개별활동, 실내활동'이다. 따라서 정지혜 씨가 중시하는 가치를 추구할 수 있는 직업으로는 '메이크업 아티스트, 제품디자이너, 패션디자이너, 인테리어디자이너, 신문기자, 방송기자, 출판물기획전문가' 등을 추천할 수 있다.

〈표 1〉 정지혜 씨의 직업가치관검사 결과

성취	봉사	개별활동	직업안정	변화지향	몸과 마음의 여유	영향력 발휘	지식추구	애국	자율	금전적 보상	인정	실내활동
3.95	3.76	3.45	3.88	3.71	3.94	3.55	3.67	3.44	3.72	3.95	3.65	3.54

창업진단검사

창업진단검사는 창업을 희망하는 사람들에게 사업가적 적성이 있는지를 진단하고 어떤 업종으로의 창업이 적합한지를 판정해 주려는 목적에서 한국고용정보원이 개발한 검사다. 창업진단검사는 창업을 희망하는 만 18세 이상 성인을 대상으로 인터넷이나 지필검사의 형식으로 실시할 수 있으며 대략 20분 정도가 소요된다. 이 검사는 12가지 성격차원 내에서 137개 성격 문항과 12개 생활사 문항을 포함하여 총 150개

문항으로 구성되어 있으며, 창업했을 때 성공할 확률이 어느 정도인지(창업소질진단)와 창업하기에 가장 적합한 업종이 무엇인지(창업업종진단)에 대한 정보를 제공해 준다. 정지혜 씨의 창업진단검사 결과는 [그림 2]와 같다.

창업소질진단 결과

최종 창업소질 점수 = 58.85

현재 창업하여 사업을 하고 있는 분들을 기준으로 판단할 때 귀하가 창업하여 성공 할 확률은 B집단(보통 이상)에 속합니다. 아래에 제시된 귀하에게 적합한 창업 업종에서 성공하기 위해서는 부족하다고 지적된 역량 차원을 향상시키기 위해서 많은 노력을 기울여야 할 것 같습니다.

A집단(매우 적합)	창업소질점수가 69점 ~ 100점인 경우
B집단 (보통 이상)	창업소질점수가 56점 ~ 68점인 경우
C집단 (보통 이하)	창업소질점수가 44점 ~ 55점인 경우
D집단 (노력 필요)	창업소질점수가 44점 미만인 경우

창업업종진단 결과

귀하가 창업하기에 가장 적합한 업종: '의류 및 잡화 판매 업종'

[그림 4] 정지혜 씨의 창업진단검사 결과

사례 • 2

10여 년의 경력단절로 구직에 어려움을 겪는 김순영 씨 사례

호소문제

김순영 씨는 35세의 기혼 여성으로 현재 광역시에 살고 있는 가정주부다. 김순영 씨는 10년 전에 결혼했고 5년 전쯤 출산하여 현재 5세 된 아들과 시부모, 시동생과 살고 있다. 김순영 씨는 대가족을 이끌며 살림을 꾸려 온 알뜰한 주부였으나, 몇 년 전부터 남편이 지방에서 운영하는 가게가 잘 되지 않아 생활에 어려움을 겪으면서 구직을 생각하게 되었다.

경제적으로 어려운 가정에 보탬이 되고자 구직을 생각해 온 김순영 씨는 아이에게 비교적 손이 덜 가기 시작한 작년부터 본격적으로 구직 활동을 시작하였다. 각종 구인구직 전단지, 주변 이웃의 이야기 등과 같은 몇 가지 경로를 통해 직장을 알아보았으나 마땅한 곳을 찾기가 매우 어려웠다. 비록 길지는 않지만 결혼 전 몇 번의 직장 경험과 몇 개의 자격증이 있어 취업을 수월하게만 생각하고 있던 김순영 씨에게 이 구직 기간은 경력단절 여성이 직면하는 사회의 두터운 장벽을 느끼게 한 매우 힘든 시기였다.

김순영 씨가 구직을 하기 어려운 이유 중 하나는 이제 5살이 된 아들의 보육과 관련이 있다. 김순영 씨는 자신이 출근하면서 아이를 어린이집에 맡기고 퇴근하면서 데려 올 수 있는 직장을 구하고 있다. 따라서 보육시설과 근거리에 위치하고 근무 시간도 보육시설 운영 시간과 일치하는 직장을 구하고 있는데, 이러한 직장을 구하는 것이 쉽지 않았다. 조금 더 욕심을 내자면 결혼 전 사무직에 근무한 경력을 살려 경리 업무 등의 사무직을 희망하지만 현재로서는 육아를 병행할 수 있는 직장이라면 어떤 곳도 괜찮을 것 같다는 생각을 하고 있다.

5년 이상의 경력단절이 있는 주부로서 구직의 길은 순탄치 못했지만 다행히도 구직 과정 중 고용센터를 알게 되어 구직에 대한 작은 희망을 갖고 센터를 찾아오게 되었다. 비록 김순영 씨가 자활대상자이거나 현재 당장 직장을 구하지 못하면 생계에 큰 위협을 느끼게 되는 구직자는 아니었지만, 시부모, 시동생을 포함하여 5살 난 아들까지 모든 가족의 생계를 책임지고 있는 남편이 운영하는 가게가 재정적으로 어려워져서 더 이상 전업 주부로서만 생활하기는 어려운 형편이었다.

5년간의 힘든 주말부부 생활 속에서도 타고난 밝고 적극적인 성격으로 알뜰하게 성실히 살아온 김순영 씨지만 최근의 이런 자신의 삶에 회의와 자포자기하는 마음이 들기 시작했다. 주말부부 생활을 끝내고 남편과 함께 살고 싶은 마음도 있지만 가정 형편상 어렵고, 새로운 직장인로서의 삶을 모색하는 데에도 어려움이 많아 자존감과 희망을 많이 상실한 상태로, 구직 활동을 하기는 하지만 이전만큼 힘이 나지 않는다. 오랜 경력단절 구직자로서 과연 직장을 얻을 수 있을지, 직장을 얻고 나서도 엄마나 며느리로서의 기존 역할을 해낼 수 있을지에 대해 확신이 없다. 또한 구직을 위해 자신이 무엇을 어떻게 더 준비해야 할지도 몰라 막막한 심정이다.

진로 및 직업 경력

김순영 씨는 현재 살고 있는 광역시의 토박이다. 또래의 다른 친구들과 특별히 다를 것 없이 집에서 가까운 초등학교와 중학교를 다녔다. 중학교 때에는 노래를 잘하고 글을 잘 쓴다는 이야기를 종종 들어서 음악시간과 국어시간을 가장 좋아했다. 또한 전체 성적이 좋은 편은 아니었지만 중학교 2학년 때 자신에게 따뜻하게 대해 준 선생님의 담당 과목이 수학이서 수학 과목만큼은 재미를 붙여 평균 이상의 점수를 받았다고 한다.

김순영 씨가 고등학교에 진학할 무렵 아버지께서 몸이 안 좋아지셔서 집안 형편상 빨리 취업할 수 있는 상업계 고등학교를 가야겠다고 결심하였다. 대학에 대한 관심이나 공부를 계속하고 싶은 마음도 없었기 때문에 인문계 고등학교를 가는 것보다는 상업계 고등학교가 전망이 있다고 생각했고, 수학에도 어느 정도 자신이 있는 편이어서 졸업 후 은행에 취업하는 것이 가장 좋을 것 같다는 생각 끝에 내린 결정이었다.

고등학교 생활은 여느 상업계 고등학생과 비슷했으나 성실하고 적극적인 김순영 씨는 학급에서 미화부장으로 활동하기도 했고 합창단에 가입하여 합창단원으로도 3년 동안 열심히 생활하였다. 김순영 씨는 상업에 관한 공부를 하고 관련 자격증을 따는 것도 게을리하지 않았지만, 그보다도 동아리 활동이 고등학교 시절에서 가장 즐거웠던 기억이라고 회상한다.

고등학교 졸업 후에는 취업에 크게 어려움을 겪지 않고 친한 친구들과 함께 응시한 은행에 입사하였다. 은행에서 근무하는 동안에도 성실함이나 업무에서의 꼼꼼함을 인정받아 은행 일이 자신의 천직이라고 생각하였다. 김순영 씨는 승진이나 성취에 대한 야망이 아주 없는 사람은 아니었지만 치열하게 경쟁하느니보다 성실히 주어진 일을 하고 주변 사람들과 두루 친하게 지내는 것이 더 중요하다고 생각했다. 입사 후 3년 정도 일을 하면서 일에도 어느 정도 익숙해지고 있을 무렵, 새로운 지점장이 부임했는데 그의 경영관이나 일을 하는 방식, 더불어 여직원을 대하는 태도 등이 이전 지점장과는 달라 힘든 부분이 많았다. 업무량과 업무 시간이 늘고 스트레스를 받던 중 지병이었던 위장염이 심해져서 결국 수술을 하였고, 회사 사정상 휴직이 어려워 결국 퇴직하게 되었다.

치료와 요양을 위해 1년여간 집에 있다가 조금씩 상태가 나아지면서 집에서 가까운 몇 군데 작은 회사에서 각종 사무직 관련 아르바이트를 하였고 틈틈이 공부하여 워드프로세서 자격증도 취득하였다. 24세가 되던 해에 몇 개월 경리 업무를 보던 회사에서 같이 근무하던 남자와 사귀게 되어 그 다음해 결혼하였고 이후 10년간 전업주부로서 생활해 오고 있다.

전업주부로서의 삶이 지루하다거나 특별히 힘든 것은 아니었지만 젊은 나이에 시댁 식구의 뒷바라지만 하기에는 자신이 너무 뒤처지는 삶을 사는 것은 아닐까 생각한 적이 있다. 그럴 때마다 미용사나 요리사 자격증에 도전해 볼까 생각해 보았지만 마음먹은 대로 되지 않았다. 다만 주변 쇼핑센터나 문화센터에서 종종 개최하는 주부를 위한 무료 특강(꽃꽂이, 아동 독서지도 등)에는 열심히 참여하는 편이었다.

가족 정보

김순영 씨는 3남매 가운데 장녀다. 밑으로 33세의 출가한 여동생과 30세의 역시 결혼한 남동생이 있다. 여동생 또한 상업계 고등학교를 나와서 3년 전 결혼하였고 남편과 함께 서울에서 살고 있는 터라 왕래가 쉽지 않다. 여동생은 아직 아이가 없어 계속 직장을 다니고 있으며 남편도 무역회사를 다니고 있어 경제적으로 어려움 없이 잘 지내는 편이다. 남동생은 어려서부터 총명하여 부모님의 기대가 높았고 형제 중 유일하게 대학을 나와 결혼 후 지금까지 중소도시에서 경찰관으로 근무 중이다. 몇 년 전부터는 혼자되신 어머니를 모시고 살고 있으며, 결혼 전에 보육교사였던 올케는 결혼 후 곧장 아이가 생겨 현재 전업주부로 생활하고 있다.

김순영 씨의 아버지는 암으로 세상을 떠나셨고 어머니는 막 환갑이 되셨다. 아버지는 결혼 전부터 가수의 꿈을 꾸셔서 몇 번인가 도전하셨지만 번번이 실패하시면서 많은 빚을 지셨다. 그에 따라 어머니가 학교 앞에서 작은 분식점을 운영하시면서 생계를 유지해 오셨다. 어린 시절부터 김순영 씨는 자신의 집이 경제적으로 어려운 것이 그와 같은 아버지의 비현실적인 꿈 때문이라고 생각해 왔다. 어머니도 항상 '돈 없이 예술 하지 마라.'는 말을 입에 달고 사셨다. 아버지는 마흔 무렵까지 몇몇 업소에서 노래를 부르시다가 몸이 안 좋아지면서 일을 그만두시고 집에서 투병하시다 10년 전쯤 돌아가셨다.

성실하고 알뜰하신 어머니는 고향을 떠나 아들 집에서 함께 사시면서 집 근처의 작은 분식점을 운영하고 계신다. 김순영 씨와 여동생이 상업계 고등학교를 진학한 데에는 그러한 어머니의 권유가 영향을 미쳤다. 어머니는 여자는 대학보다는 시집을 잘 가야 하며, 그러기 위해서는 고등학교 졸업 후 얼른 취업 전선에 뛰어들어 돈을 벌어서 결혼 자금을 마련해야 한다고 하셨다. 김순영 씨 역시 자신이 얼른 취업을 해서 집안에 도움이 되길 바랐다. 그러나 그림에 소질이 있던 여동생은 대학에 가고 싶어 해서 고등학교 진학 무렵 어머니와 많이 다투었고 결국 어머니의 반대로 꿈을 접은 후 상업계 고등학교를 갈 수밖에 없었는데, 김순영 씨는 그 일을 아직도 마음에 두고 있었다.

현재 고향에 남아 있는 것은 김순영 씨뿐이며 동생들과는 모두 결혼과 더불어 흩어져 살고 있어 왕래가 잦지 않고 전화를 통해서만 안부를 주고받는 형편이다. 그들은 경제적으로 어려워진 김순영 씨에 대해 다소 걱정하고는 있지만 사회활동을 시작해 보라고 적극적으로 권유하고 있지는 않다.

결혼 생활

김순영 씨는 남편(39세)과 결혼한 지 올해로 10년이 되었다. 결혼 초반에는 시부모님이 작은 식료품 가게를 운영하셨고 고등학생인 시동생이 있어 김순영 씨가 전적으로 집안일을 도맡아야 했다. 그 후 1~2년 사이에 시부모님의 가게가 운영이 어려워져 정리했을 때에도 두 분이 연로하셨기 때문에 다섯 식구의 살림은 여전히 김순영 씨의 몫이었다. 한편, 결혼 초반에 아이가 생기질 않아 걱정하다가 두 번의 유산 끝에 5년 만에 임신을 하면서 정서적으로 안정을 찾게 되었다. 그러나 결혼 전부터 출판사에서 근무하던 남편이 회사의 경영난으로 일을 그만두고 친구와 동업하여 5년 전 지방에서 완구도매업을 시작하면서부터 주말부부로 지내게 되었다.

남편은 4남매 중 셋째로서 위로 두 누나는 결혼하여 전업주부로 살고 있고, 공대 컴퓨터공학과를 나와서 공무원 시험 준비를 하고 있는 미혼의 남동생이 있다. 남편은 전문대학 문예창작과를 졸업한 후 교수님의 소개로 출판사에 취직하여 십여 년간 근무하면서 독창적인 아이디어를 통해 회사에서 인정받기도 하였으나 출판업계가 전반적으로 어려워지면서 창업에 관심을 갖다가 결국 퇴직한 후 완구업계에서 일하던 고등학교 동창과 함께 퇴직금으로 창업하였다.

경제 상황이 전반적으로 좋지도 않았지만 처음으로 도전한 자영업이다 보니 어려움이 많았다. 게다가 아이를 낳은 지 얼마 되지 않은 아내와 아이를 두고 근무지를 멀리 옮겨야 하는 상황은 남편에게도 정서적으로 힘들었다. 어느 정도 정보를 갖춘 믿을 만한 친구가 전망있는 사업으로 추천한 업계에서 성공해 보리라는 각오를 갖고 시작했지만 최근에는 초반보다 더욱 상황이 힘들어져서 고심하고 있다.

이런 상황이다 보니 김순영 씨와 남편 역시 사이가 벌어지고 있다. 김순영 씨는 남편이 중요한 문제를 자신과 충분히 의논하지 않는 것에 불만이 많았고, 경제적인 부분을 걱정하면서도 자신이 구직하려는 것에는 적극적으로 지지해 주지 않는 것에 기분이 상했다. 그렇지만 남편의 사업이 어렵다는 것을 누구보다 잘 알고 있기 때문에 남편과 싸우지 않으려고 노력하며 자신이 빨리 취업하여 남편에게 힘이 될 수 있기를 기대하고 있다.

심리검사 결과

상담을 시작하면서 김순영 씨는 직업선호도검사(S형), 진로장벽검사, 직업가치검사 등의 심리검사를 실시하고, 구조적 면접을 통해 평가하였다. 사용된 심리검사들은 진로와 관련된 다양한 특성을 측정하기 위해 일반적으로 많이 사용하는 것이다. 즉, 진로선택 영역과 관련한 흥미, 가치, 성격, 진로장벽, 생애진로주제 등을 검사와 면접을 통해 확보하였다.

직업선호도검사(S형)

앞서의 정지혜 씨 사례에서도 소개된 직업선호도검사 중 간편형인 S형은 활동, 유능성, 직업, 선호 분야, 일반 성향과 같은 5개의 하위 영역을 평가하여 홀랜드의 6개 흥미유형에 대한 선호 정도를 확인해 봄으로써 내담자의 흥미유형, 흥미유형의 다양한 특성, 적합 직업에 대한 정보를 알려 주는데, 김순영 씨의 직업선호도검사 결과는 [그림 3]과 같다.

다른 여성들에 비해 김순영 씨는 사회형(다른 사람을 돕는 것), 관습형(조직과 구조)에서 높은 흥미를 가지고 있다. 한편, 예술형(창의적인 자기표현)과 진취형(사업 또는 판매)에서는 중간 정도의 흥미를, 탐구형(과학과 분석)과 현실형(사물을 대상으로 하는 일)에서는 낮은 흥미를 보인다. 따라서 김순영 씨의 흥미유형은 SC유형으로, 개인적인 교류를 통해서 타인을 도와주고 가르치고 상담해 주며 봉사하는 활동을 선호하는 것으로 나타난다. 그리고 동시에 보수적이고 실용적이며 변화보다는 안정을 추구하는 특성으로서 고정된 기준 내에서 일하고 관례를 정하며 유지하는 활동을 선호하는 것으로 보인다.

진로장벽검사

경력단절 구직 여성인 김순영 씨에게는 직업선호도검사에 덧붙여 진로장벽검사가 실시되었다. '진로장벽'이란 직업 또는 진로계획에 있어서 자신의 진로목표 실현을 방해하거나 가로막는 내 · 외적 요인을 말하는 것이다. 이러한 장벽은 진로와 관련된 여러 행동(취업, 진학, 승진, 직업의 지속, 가사와 일의 병행, 직무행동)을 수행해 나가는 과정에서 개인의 진로 선택, 목표, 포부 등에 영향을 미친다(손은령, 2001).

오랫동안 전업주부로 생활하다가 구직을 결심한 김순영 씨의 진로

흥미유형별 점수

당신의 흥미코드: SC (사회형/관습형)						
구분	현실형(R)	탐구형(I)	예술형(A)	사회형(S)	진취형(E)	관습형(C)
원점수	9	7	20	25	20	24
표준점수	45	30	52	68	53	63

흥미의 육각형 모형

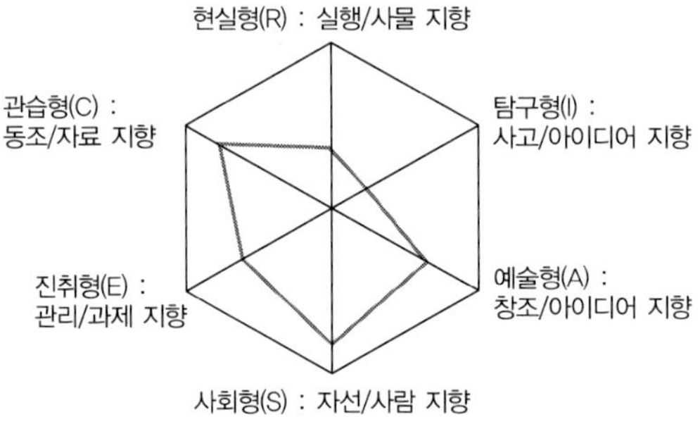

[그림 5] 김순영 씨의 직업선호도검사(S형) 결과

장벽을 측정하기 위해 스원슨과 데니얼스가 개발한 CBI-R(career barriers inventory-revised)(Swanson & Daniels, 1955)을 바탕으로 손은령(2001)이 우리나라 여성이 경험하는 진로장벽 항목을 추출하여 제작한 진로장벽 검사를 실시하였다.

이 검사는 총 57문항으로 구성된 자기보고식 검사(Cronbach α=.95, 반분신뢰도=.90)이며, '전혀 그렇지 않음(1점)'부터 '아주 그러함(4점)'까지 4점 리커트 형식으로 구성되어 있어서 이 검사에서 점수가 높을수록 진로에 대한 장벽을 많이 지각하고 있다고 볼 수 있다. 이 검사에서 측정하는 7가지 하위 요인은 '차별' '직장 생활에 필요한 개인 특성 부족' '다중 역

〈표 2〉 **진로장벽검사의 구성 요인**

하위 요인	내 용
차별	성, 기혼, 연령, 연고지나 학벌 차별 등
직장 생활에 필요한 개인 특성 부족	성격, 대인관계, 자아개념, 실패에 대한 두려움과 같은 정서적 문제 등
다중 역할로 인한 갈등	자녀 양육, 결혼 생활과 직장생활의 병행으로 인한 어려움
미결정 및 직업 준비 부족	진로목표 및 진로방향 미결정, 자격증 미취득 등
노동시장과 관습의 제약	불안정한 현재의 경제 상황과 연고를 중시하는 우리 사회의 문화적 배경에 관한 내용
기대보다 낮은 직업 전망	낮은 보수 및 지위, 승진기회, 결과기대 등
여성 취업에 대한 고정관념	성역할 고정관념, 의미있는 타인의 불인정, 신체나 외모에 대한 차별 등

할로 인한 갈등' '미결정 및 직업 준비 부족' '노동시장과 관습의 제약' '기대보다 낮은 직업 전망' '여성 취업에 대한 고정관념'으로 각 요인의 세부 내용은 〈표 2〉와 같다.

김순영 씨는 진로장벽검사에 있어서 총점 153점, 평균 2.7점을 받았는데, 즉 자신의 진로에 내·외적 장벽이 존재한다는 데 있어 '다소 그런 편임(3점)'에 가깝게 답한 것을 알 수 있다. 경력단절 여성의 진로장벽검사에 대한 최근의 연구 결과(2005)에서 총점이 132.78점이고, 평균은 2.33점이었다는 사실을 감안해 볼 때, 다른 경력단절 여성보다 김순영 씨는 진로장벽을 더 많이 지각하고 있다고 볼 수 있다.

구조화된 면접 결과

① 역할 모델

김순영 씨가 성장하면서 가장 존경했던 사람은 중학교 2학년 때 담임선생님이라고 했다. 국어를 담당하고 계셨던 담임선생님은 학생들을 꼼꼼하게 한 명 한 명 모두 챙겨 주시고 관심을 가져 주시는 선생님이었다고 한다. 학생들의 이름뿐 아니라 가정 사항에 대해서도 모두 기억하고 계셨고 가정에 어려운 일이 있으면 꼭 기억하고 계시다가 관심을 보여 주시거나 도움을 주시곤 하셨다. 그래서 학생들이 그 선생님을 잘 따랐고 좋아했다고 한다. 특히 김순영 씨의 글쓰기에 대해서 칭찬을 아끼지 않으셨다고 한다. 짧은 글이라도 잘 쓴 부분에 대해 칭찬을 많이 해 주셨으며, 어떻게 써야 하는지도 잘 가르쳐 주셨다고 한다.

김순영 씨가 존경한 또 다른 사람은 헬렌켈러를 교육한 설리번 선생님이라고 했다. 초등학생 때 헬렌켈러의 위인전을 읽으면서 설리번 선생님을 알았고, 그녀의 삶에 큰 감명을 받아 지금도 힘들 때면 설리번 선생님처럼 살면 좋겠다고 생각할 정도라고 했다. 설리번 선생님의 삶에서 특히 감명을 받은 부분은 자기 의지를 가지고 씩씩하게 그리고 꿋꿋하게 살아 간 것이라고 했다. 장애학생을 가르치면서 힘든 일이 많았겠지만 긍정적이고 적극적이었던 점은 김순영 씨의 삶에서 근간이 되고 있다고 해도 과언이 아니라고 했다. 그리고 그처럼 누군가의 삶을 변화시키고 발전시켰다는 것이 큰 매력으로 다가왔다고 했다.

② 잡지/텔레비전

좋아하는 텔레비전 프로그램은 있는 그대로를 보여 주는 다큐멘터리 종류라고 했다. 예를 들면, KBS에서 방영하는 〈인간극장〉처럼 사람들의 일상을 그린 프로그램을 보면 그들이 살아가는 솔직한 모습을 통해 슬픔과 기쁨을 있는 그대로 느낄 수 있어서 좋다고 했다. 그런 프로그램을 보면 마음도 따뜻해지고 살아갈 수 있는 힘도 생기는 것 같다고 한다.

③ 책/영화

책을 좋아하기는 하지만 여유가 별로 없어 많이 읽지는 못했다고 했다. 특별히 기억에 많이 남는 책이 있지는 않지만 일반적으로 따뜻한 감동이 있는 책을 좋아한다고 했다. 특히 자신이 어려움을 겪으면서도 다른 사람들을 도와주는 이야기, 다른 사람들을 도와주지만 어려움을 경험하다가 그것을 극복하는 이야기, 어려움 속에서도 긍정적인 삶의 태도를 유지해 가는 이야기 같은 것을 좋아한다고 했다. 이런 이야기들이 자신이 힘들 때 힘이 되고 자신도 이렇게 살아가야겠다는 생각을 하게 만든다고 했다. 주인공의 의지와 노력 그리고 노력으로 인한 결실, 그러한 것이 김순영 씨에게 힘이 되는 것이다.

④ 여가와 취미

가족을 돌보느라 여유가 별로 없지만 시간이 조금 생기면 책을 읽든지 무엇을 배우러 가려고 한다. 특히 동네 쇼핑센터나 문화센터에서 무료 강습이 있으면 친한 아주머니들과 함께 배우러 가는데, 그처럼 무엇을 배운다는 것이 즐겁고 좋다고 한다. 그동안 배움의 기회를 많이 갖지 못해서 지금이라도 조금 더 배우고 싶다는 생각이 들고, 조금이라도 배워 두면 다시 직장을 잡는 데 도움이 되지 않을까 생각해서라고 한다.

그런데 지금은 남편의 사업이 어려워지면서 이마저도 잘 못하고 있다고 하였다.

⑤ 명언

명언이라고 할 수는 없지만 김순영 씨가 신조처럼 지니고 사는 것은 '고진감래'라고 한다. 김순영 씨는 힘든 시간이 있어도 참고 나면 좋은 결과를 얻을 수 있을 것이라고 믿고 있다. 그래서 항상 자신이 원하지 않는 결과가 생겨도 실망하지 않으려고 하며, 자신이 노력하다 보면 좋은 결과가 생길 수 있을 것이라고 생각한다. 또한, 지금도 힘들기는 하지만 그렇다고 해서 포기하지 않고 조금씩 노력하고 찾아가다 보면 좋은 직장이 생길 것이라고 생각한다. 그리고 다른 사람들과 조화를 이루는 삶을 중요하게 생각해서 갈등을 일으키기보다 조화를 이루려 할 때 좋은 결과로 이어질 것이라고 생각한다. 따라서 다른 사람의 의견을 존중하고 다른 사람의 입장에 서서 더 생각하려고 한다.

⑥ 교과목

가장 좋아했던 과목은 국어 과목이었다. 특히 국어 시간에 글쓰는 것을 좋아했다고 한다. 글을 쓸 때면 다양한 상상을 할 수 있고 상상했던 내용을 글로 표현한다는 것이 신기하고 재미있었다고 했다. 그리고 자신이 쓴 글을 누군가 읽고 좋아해 준다는 것도 기분 좋은 일이었다고 했다. 그래서 국어 시간에는 다른 사람들이 쓴 글도 재미있게 읽는 편이었고 '나라면 어떻게 썼을까?'하는 생각을 하면서 재미있게 수업을 들었다고 했다. 그리고 음악 시간도 좋아했는데, 특히 노래를 하면서 자신의 감정을 표현하는 것이 좋았다고 했다. 노래 속에는 다양한 감정이 들어 있어서 자신의 감정과 일치시키면서 노래를 부를 때면 기분이 많이 좋아졌다고 했다. 또한 다른 사람들이 자신의 노래를 듣고 잘한다고 해 주는 것도 기분 좋은 일이었다고 했다.

조금 다른 것 같기는 하지만 수학 시간도 좋아했다고 한다. 수학 과목은 처음에는 선생님 때문에 좋아지기는 했지만 한번 좋아진 후에는 하나하나 문제를 천천히 풀어가는 재미가 있었다고 했다. 잘하는 것은 아니었지만 문제가 풀릴 때 기분이 좋아졌으며 꼼꼼하게 답을 확인해 보는 것도 자신과 잘 맞는다고 생각했다고 한다.

⑦ 생애 초기 기억

김순영 씨는 다섯 살 때 자신이 친척들 앞에서 노래를 불렀던 것이 기억난다고 했다. 처음에는 하기 싫었지만 꼭 해야 한다고 해서 시작했다. 그런데 노래를 하면서 점점 기분이 좋아지고 신이 났었다는 기억이다. 다른 사람들이 자신의 노래를 들어주고 좋아해 준다는 것이 기분이 좋았던 것 같다. 노래를 다 마치자 친척들이 박수를 많이 쳐 주었고 칭찬도 많이 해 주어서 그 이후로는 친척들 앞에서 노래를 많이 했다고 한다.

김순영 씨가 여섯 살 때 아버지께서 다른 집에서 가져와 키우던 강아지가 있었는데, 김순영 씨는 그 강아지가 집을 잘 지키도록 훈련하고 싶었다고 한다. 짖어야 할 사람과 짖지 말아야 할 사람을 구분하게 해 주고 싶었고, 그래서 매일 강아지를 데리고 이야기해 주었다고 한다. 그런데 어느 날 어머니께서 가능하지 않은 것은 하지 말라고 꾸중을 하셨고 김순영 씨는 화가 났다고 한다. 강아지를 잘 가르치려는 것인데 왜 못하게 하는지 이해할 수 없었고 그 후에도 여러 번 어머니께 혼나기는 했지만 계속 가르쳤다고 했다. 물론 강아지는 잘 배우지 못했고 김순영 씨는 실망스러웠다고 기억했다.

또, 몇 살 때인지 정확하지는 않지만 어렸을 때 집이 이사를 해야 했던 적이 있었다고 한다. 멀리 가는 것은 아니었지만 그래도 김순영 씨 자신은 새로운 곳으로 가고 싶지 않았다. 그런데 김순영 씨의 여동생이 김순영 씨보다 더 이사하기를 싫어하는 것 같았다고 한다. 그래서 김순영 씨 자신도 가기 싫으면서 가기 싫다고 우는 동생을 달래 주기 위해 데리고 나가 같이 놀아 주었던 기억이 난다고 했다. 아마 부모님은 짐을 옮기시느라 바쁘셨고 동생을 돌볼 수 있는 사람이 김순영 씨밖에 없었기 때문이었던 것 같다고 했다.

사례 • 3
구조조정으로 46세에 퇴사한 이병수 씨 사례

호소문제

이병수 씨는 46세로 중소도시에 거주하고 있고, 전업주부인 아내와 고등학교 3학년에 재학 중인 아들과 함께 살고 있다. 이병수 씨는 상업계 고등학교를 졸업한 후 1985년도에 ○○사(식품회사)에 영업부 사원으로 입사하였고, 회사가 ◇◇사, 다시 □□사로 체제 변화를 하는 과정에서도 꾸준히 20년이 넘게 한 사업장에서 영업 및 영업 관리 사원으로 일했으나, 결국 구조조정으로 퇴사하게 되었다. 이후 실업급여를 수령하고 새로운 일자리에 대한 알선도 받고자 하여 고용센터를 찾았다. 이병수 씨의 경우는 졸업 후 계속 한 직장에서 근무하다가 구조조정으로 퇴사한 상황으로, 무엇보다 심리적으로 불안한 상황이었고 구직에 대한 욕구도 강하게 표현하였다. 가계를 이병수 씨 혼자 전적으로 책임지고 있지만 경제적으로는 안정되어 있어서 실직 기간이 크게 부담스럽지는 않은 상황이었다.

이병수 씨는 무엇보다 자기 자신에 대한 실망감이 컸다. 출근하지 않은지 벌써 3주가 되었지만 아직도 실감이 나지 않는다고 했다. 고등학교 졸업 학력이었지만 자신이 누구보다 유능하다고 생각했으며 인정받고 있다고 생각했는데 이제는 회사에서 쫓겨났다는 억울함과 수치심으로 힘들어하고 있었다. 직업상담원과의 대화에서도 과거의 유능한 경력에 대해 자주 언급하며 인정받고 싶어 했다. 회사에서 인정받고 있었기 때문에 자신이 구조조정 대상이 될 것이라는 걸 생각해 보지 않았고, 그동안 그에 대한 대비 역시 해 두지 못했다고 했다.

아직 일을 그만두기에는 너무 이를 뿐 아니라 아직도 20년은 넘게 일할 수 있는 나이이기 때문에 가능한 장기간 근무가 가능한 일이 무엇인가에 대해 고민하고 탐색하고자 했다. 현실적으로 경력과 관련된 직업으로의 재취업이 어려운 상황이었기 때문에 지금까지 쌓아 온 경력을 인정받지 못할지라도 보다 오랫동안 고용을 보장받을 수 있는 직업으로의 전환을 고려하기로 했다.

또한 이병수 씨는 가족의 기대도 중요하다고 했다. 실직했을 당시에는 가족에게 실직 사실을 알리지도 못한 채 한 주를 보냈다고 한다. 결혼 후 한 번도 일을 해 보지 않은 아내가 어떤 반응을 보일 것인지도 걱정되었고, 공부에만 열중하기에도 힘든 고3 아들에게 불안감을 줄 것 같아 걱정되었기 때문이다. 지금은 가족에게도 실직에 대해 알렸고, 가족은 곧 좋은 직장에 취직할 수 있을 것이라고 지지해 주고 있다고 했다. 무엇보다 입시 공부에 열중하는 중인 고3 아들에게 능력 있고 의지가 강한 아버지의 모습을 보여 주고 싶다고 했다.

진로 및 직업 경력

이병수 씨는 농촌 지역에서 태어나 평범한 어린 시절을 보냈다. 초등학교는 집에서 가까운 곳에서 다녔고, 중학교 때부터는 학교를 다니기 위해 읍내로 나와야 했다. 거리가 꽤 멀긴 했지만 버스가 있어서 집에서 통학을 했다. 부모님이 공부를 강요하지는 않았지만 매우 성실한 학생이었고, 초등학교와 중학교 때는 결석을 한 적이 한 번도 없었다. 성적이 상위권은 아니었지만 열심히 노력하는 학생이었고, 친구들과 아주 잘 어울리는 밝은 성격이었다. 학교에서 인기가 많아 초등학교 때와 중학교 때 한 번씩 반장을 하기도 했다. 모든 과목 중에서 체육을 가장 좋아했고 운동에 소질이 있어 어떤 운동을 해도 자신을 따를 학생이 없었다고 한다. 수업을 꼬박꼬박 들으면서 취미로 운동을 했지만 중학교 때는 도 대표 육상선수로 선발되어 전국대회에서 은메달을 따기도 했다.

고등학교에 진학할 때는 인근 고등학교 육상부에서 특기생으로 입학할 것을 권하여 고민을 했다. 하지만 부모님도 운동을 계속하기를 원하지 않으셨고 스스로 역시 뛰어난 재능을 가진 것은 아니라고 생각했기 때문에 육상선수로서의 비전이 밝아 보이지 않는다고 판단하여 그 고등학교로의 진학을 포기했다. 이윽고 인문계 고등학교와 실업계 고등학교 진학의 갈림길에서 실업계를 선택했다. 공부를 잘했던 형이 이미 인문계 고등학교에 진학하여 대학 진학을 준비하고 있었고, 집안이 경제적으로 넉넉한 편이 아니어서 자신은 실업계로 진학하여 빨리 취직을 하는 것이 좋겠다고 생각했기 때문이다. 따라서 이병수 씨는 자신이 향후 취업하게 될 상황을 고려하여 당시 취업률이 높았던 가까운 대도시의 상업계 고등학교에 지원하였다.

집을 처음으로 떠나서 경험해 보는 고등학교 생활은 적응하기가 쉽지 않았다. 가족과 떨어져서 지내는 것도 어려웠고, 아는 친구가 하나도 없는 학교생활도 만만치 않았다. 사람들과 쉽게 친해지는 성격이었지만 이미 서로 같은 중학교에서 온 학생들끼리 모인 무리에 들어가기는 쉽지 않았다. 게다가 농촌 지역 출신이라 도시 아이들이 왠지 모르게 거리를 두는 것 같기도 했다. 운동에 대한 미련도 남아서 자신을 스카우트했던 코치를 찾아가 다시 들어가겠다고 말해 볼까도 생각했다고 한다. 그러던 중, 고등학교 1학년 2학기 때부터 시작된 특별활동으로 이병수 씨의 고등학교 생활은 달라지기 시작했다. 키가 커서 담임선생님의 권유로 농구부에 들어가게 되었는데, 농구를 처음 해 보았지만 금방 배워 나갔다. 무엇보다 농구부를 통해 친구도 사귀고 선배도 사귀는 기회가 된 것이 이병수 씨에게는 큰 힘이 되었다. 원래 특별활동은 일주일에 한 번 정해진 시간에 하는 것이었지만 농구부 활동은 거의 매일 방과 후에 운동장에서 이루어졌다. 1학년 겨울방학이 다가올 무렵, 농구부에서는 연말을 맞이하여 불우이웃 돕기에 참여해 보자는 데에 의견을 모았다. 일주일 동안 찹쌀떡을 팔아 그 수익금으로 인근의 고아원을 방문하기로 했고, 두 사람씩 짝을 지어 지역을 나눠서 방과 후 매일 찹쌀떡을 들고 가가호호 방문 판매를 시작했다고 한다. 이때 이병수 씨는 가장 많은 찹쌀떡을 팔아 친구들 사이에서 부러움을 샀고 농구부 전체를 이끄는 리더가 될 수 있었다.

농구부 활동으로 즐겁게 고등학교 생활을 하던 이병수 씨에게도 졸업이라는 현실이 다가왔다. 졸업을 하고 바로 군대에 가겠다는 친구도 많았지만 자신은 군대를 가기 전에 1년 정도 사회생활을 경험해 보고 싶었다. 그래서 졸업을 3개월 앞둔 11월 중순 쯤에 한 중소기업의 경리과에 지원했고 어렵지 않게 취업할 수 있었다. 경리과로 취업하기는 했지만 회사 규모가 작아서 거래처에 수금도 가고 배달도 가는 등 여러 가지 일을 동시에 배워 나갔다. 이병수 씨는 새로운 일을 배워 나가는 것도 재미있었고 무엇보다 돈을 번다는 것이 좋았지만 처음의 다짐대로 취업 후 1년 2개월 정도 지났을 무렵에 군에 입대했다.

제대를 하고 막상 다시 취직을 하려고 하니 어디에서부터 시작해야 할지 몰랐다. 그때 마침 고등학교 선배로부터 전화가 걸려와 자신이 다니고 있는 회사에서 영업 사원을 뽑는데 지원해 보지 않겠냐고 물었다. 영업 사원이 어떤 일을 하는지 잘 몰라서 자신은 없었지만 꽤 큰 회사였기에 경험이라도 쌓겠다는 생각으로 ○○사 영업부에 지원했고, 이전 직장에서의 경험과 군대에서 배운 운전이 도움이 되어 취업할 수 있었다. 이후 이 회사에서 지금까지 한 번도 직장을 옮기지 않고 20년 넘게 근속하다가 퇴사하게 된 것이었다.

이병수 씨가 한 직장에 꾸준히 몸담고 일하는 동안 회사와 사회는 많이 변화했고, 따라서 이병수 씨가 하는 일에서도 많은 변화가 있었다. 처음에 식품회사였던 ○○사는 생필품을 생산하는 다국적 기업이 한국으로 진출하기 위한 발판으로 삼아 ◇◇사, 다시 □□사로 체제 변화를 하면서 더욱 큰 회사가 되었다. 그에 따라 각 동네마다 위치한 작은 가게를 중심으로 이루어졌던 영업은 조금 더 규모가 큰 슈퍼마켓을 대상으로, 그리고 지금은 대형 할인점을 대상으로 하는 변화의 과정을 겪었다. 그 과정에서 이병수 씨는 영업에 대한 남다른 능력과 동료 및 후배를 잘 이끄는 대인관계 능력을 인정받아 20년을 꾸준히 한 직장에 머물 수 있었다. 그 후에는 영업뿐만 아니라 영업 관리까지 맡게 되었지만 이병수 씨의 연봉은 회사가 감당하기에 점점 높아졌다. 이러한 고임금자에 대한 기업의 부담은 결국 구조조정으로 이어졌고, 이병수 씨도 그 대상에 포함되었다.

가족 정보

이병수 씨는 4남매 가운데 둘째로, 형과 두 명의 여동생이 있다. 형은 대학을 나와 대기업에 취직했는데 이병수 씨와 마찬가지의 이유로 5년 전 회사를 그만두었고 지금은 친구들과 회계컨설팅 회사를 차려 운영하고 있다고 한다. 이병수 씨의 형은 예전에 비해 일도 고달프고 수입도 줄었지만 일거리가 계속 있어 다행이라고 말한다고 했다. 큰 여동생은 결혼 전까지 회사를 다녔지만 지금은 두 자녀를 돌보느라 전업주부로 있다. 막내 여동생은 뒤늦게 간호학과를 나와 병원에서 일하고 있는데 결혼을 늦게 하여 아직 아이들이 어리다. 남편이 대학에서 강의를 하고 있어 비교적 시간 여유가 많기 때문에 집안일을 자주 도와준다고 한다.

이병수 씨의 부모님은 60대 후반으로, 할아버지 때부터 살던 고향에서 계속 살고 계신다. 재작년에 아버지께서 고혈압으로 쓰러지신 후 농사를 그만두시고 텃밭 하나만 남긴 채 땅을 모두 처분하셨다. 현재는 이병수 씨와 형제들이 조금씩 생활비를 보태 드리고 있는 상황이다. 이병수 씨의 아버지는 결혼 전부터 할아버지의 농사일을 도왔고, 결혼 이후에도 농사로 계속 가족의 생계를 책임져 오셨다. 어머니도 옆 동네의 농가에서 계속 자랐고 결혼 이후에도 아버지 일을 도우면서 자녀들을 뒷바라지하셨다.

두 분 모두 농가에서 자라 평생 농사만 지어 오셨기 때문에 다른 일에 대해서는 잘 모르시지만, 더 이상 농사는 비전이 없다는 데는 의견을 같이 하고 계셔서 자식들에게 항상 도시로 나가 공부도 하고 일을 해야 한다고 이야기해 오셨다. 경제적 어려움으로 장남만 대학에 보낼 수 있었지만 4남매가 모두 부모의 기대에 어긋나지 않게 도시에서 자리를 잡고 잘 살아가고 있는 것에 뿌듯함과 고마움을 느끼고 계신다. 특히 이병수 씨를 대학에 진학하도록 돕지 못한 것에 대해 항상 미안한 마음이셨는데 대학을 나온 다른 집 자식들보다 더 좋은 회사에서 더 높은 연봉을 받으며 오랫동안 다니고 있어 더욱 대견해 하셨다.

이병수 씨 형제들은 서로 우애가 깊고 모두 수도권에 거주하고 있어서 한 달에 한 번 정도씩 시골 부모님 댁이나 각자의 집에서 모임을 갖고 있다. 사촌끼리도 친해서 서로 만나는 걸 좋아하는데, 이병수 씨의 아들이 고3이라 요즘 그 모임에 가지 못하는 때가 많았다. 퇴사 직후에는 이병수 씨 부부 역시 그러한 아들을 핑계로 몇 번 모임에 빠졌으나 형제들한테 퇴사 사실을 털어놓은 후에는 마음이 편해지고 오히려 힘도 얻었다고 한다.

결혼 생활

이병수 씨는 결혼한 지 19년이 되었다. 이병수 씨와 아내는 직장에서 만나 3년 정도 사귀다가 결혼했다. 아내도 상업계 고등학교를 나와 영업 관리부 사무직으로 입사했고, 결혼과 동시에 회사를 그만두었다. 두 사람 모두 경제적으로 어려운 가정에서 태어나 실업계 고등학교를 졸업한 후 바로 취업해야 했다는 공통점이 있었다. 결혼 당시에는 각자 저축한 돈을 모아 자그마한 전세방을 하나 얻어 신혼살림을 시작했다. 이병수 씨의 아내는 집안의 장녀로서, 결혼하기 전부터 자신이 동생들을 돌보고 있었고, 결혼 후에도 막내가 대학을 갈 때까지 데리고 살았다.

경제적인 어려움이 없진 않았지만 부부 모두 성실하고 알뜰해서 큰 어려움 없이 지내 오고 있다. 이제는 세 식구가 살기에 넉넉한 아파트도 마련했고 어느 정도 여유도 생겨서 부모님 생활비를 보태며 처가도 조금씩 돕고 있다. 아내는 결혼과 동시에 직장을 그만 둔 뒤부터 한 번도 일을 했던 적이 없고, 당연히 생활비는 이병수 씨가 책임져야 한다고 생각하고 있다. 지금까지 돈 관리도 이병수 씨가 전적으로 맡아서 하고 있었고 아내는 매달 일정한 생활비를 받아 생활해 왔다. 실직 이후에도 아내에게 예전과 똑같이 생활비를 주고 있기 때문에 아내는 이병수 씨의 실직 상태를 잘 실감하지 못하고 있다고 한다. 남편이 곧 취직하게 될 것이라고 낙관하고 있을 뿐이다.

이병수 씨 부부는 결혼 후 바로 아이를 가져 지금의 아들이 결혼기념일 다음날 태어났다고 한다. 하나만 낳아 잘 키우겠다는 생각으로 둘째를 갖지 않았고, 이병수 씨는 자신이 지금까지 아들의 교육을 위해 최선을 다해 왔다고 생각한다. 아들은 어릴 때부터 순하고 밖에 나가서 놀기보다 독서를 좋아했는데, 학교에 들어가서도 공부를 잘하는 편이었다. 이병수 씨가 사는 곳은 아직 고교 비평준화 지역이어서 아들이 고등학교에 들어가면서부터는 학원도 보내지 않고 있다. 이병수 씨의 아들은 인근의 한의대를 목표로 공부하고 있는데, 재작년에 사촌 누나가 한의대에 진학하는 것을 보고 그런 결정을 한 것 같다고 한다.

심리검사 결과

구직표를 작성하게 한 후, 직업선호도검사 L형, 구직효율성검사, 직업가치관검사 등 3가지 심리검사를 실시하였다.

직업선호도검사(L형)

이병수 씨도 앞의 두 사례에서와 마찬가지로 직업선호도검사(L형)를 받았다. 이병수 씨의 직업흥미검사 결과([그림 6])를 보면, 사회형(다른 사람을 돕는 것), 진취형(사업과 판매), 관습형(조직과 구조)에서 높은 흥미를 가지고 있음을 알 수 있다. 반면, 현실형(사물을 대상으로 하는 일), 탐구형(과학과 분석), 예술형(창의적인 자기표현)에서는 상대적으로 낮은 흥미를 보인

흥미유형별 점수

당신의 흥미코드: SE (사회형/진취형)						
구분	현실형(R)	탐구형(I)	예술형(A)	사회형(S)	진취형(E)	관습형(C)
원점수	6	7	7	22	17	15
표준점수	41	48	47	61	56	54

흥미의 육각형 모형

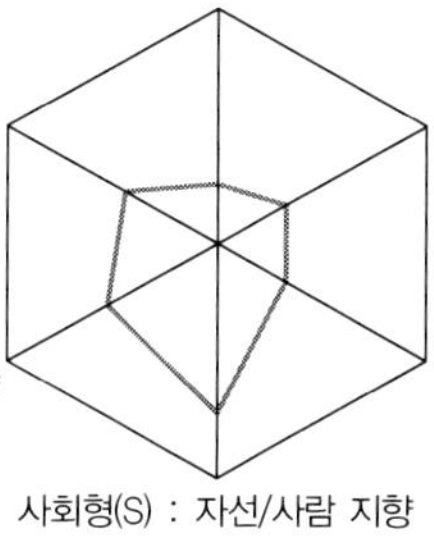

[그림 6] **이병수 씨의 직업선호도검사(L형) 중 직업흥미검사 결과**

다. 따라서 이병수 씨의 흥미유형은 SEC 유형(또는 SE 유형)이라고 볼 수 있다.

이병수 씨의 성격검사 결과는 [그림 7]에 나타난 것과 같이 정서적 불안정성이 매우 높은 것으로 나타났다. 각 하위 영역별 결과를 보면, 호감성 중 휴머니즘과 경험에 대한 개방성 중 경험추구 점수가 동일한 연령의 남성들과 비교할 때 수준이 낮은 편이었다. 반면, 온정성, 타인에 대한 믿음, 상상력, 정서, 지적 호기심이 높아서 대인관계에 유리한 특성을 가지고 있다. 정서적 불안정성의 경우 모든 하위 영역(불안, 분노, 우울, 자의식, 충동성, 스트레스 취약성)에서 매우 높은 점수를 보이고 있었는

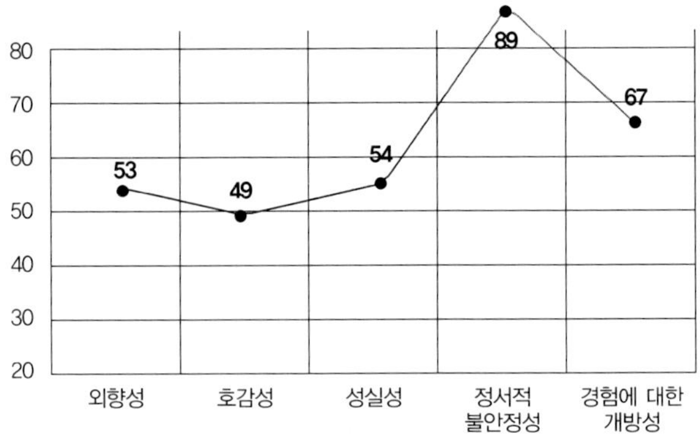

성격 하위요인 점수

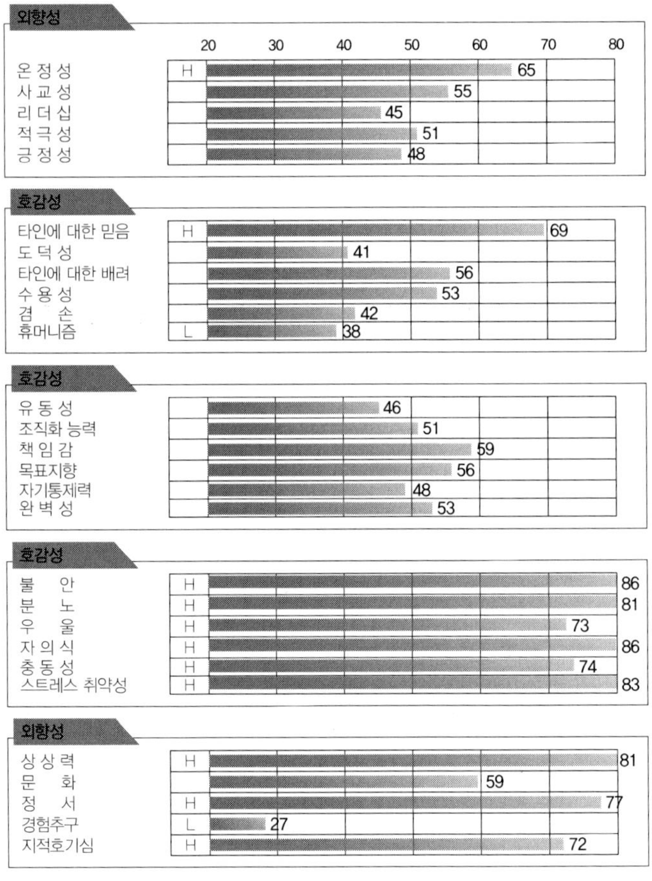

[그림 7] **이병수 씨의 직업선호도검사(L형) 중 성격검사 결과**

데, 이는 이병수 씨가 갑작스러운 실직으로 인해 정서적 어려움을 겪고 있기 때문인 것으로 추측할 수 있다.

마지막으로 이병수 씨의 생활사검사 결과([그림 8])를 보면, 대인관계지향, 자존감, 독립심, 양육환경에서 특히 낮은 점수를 보이고 있었고, 운동선호에서도 비교적 낮은 점수를 보였다. 야망이나 직무만족이 상대적으로 높은 편이긴 하나 다른 사람들과 비교할 경우 중간에 조금 못 미치는 수준이었다.

구직효율성검사

구직효율성검사는 실직자의 구직 활동에 영향을 미치는 개인의 심리적 특성을 측정하여 실직자에게 구직 활동 효율성 정보를 제공함으로

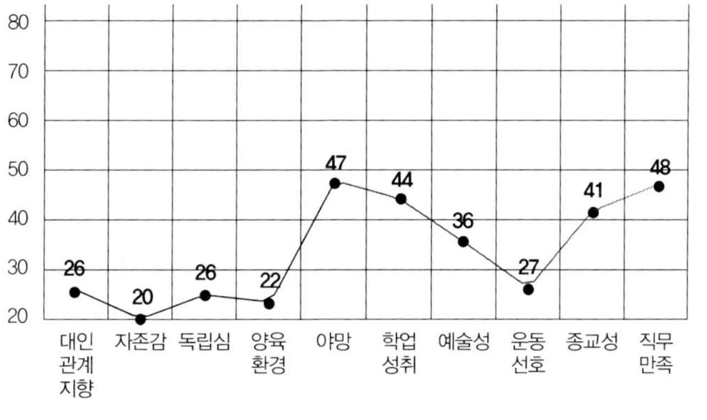

[그림 8] 이병수 씨의 직업선호도검사(L형) 중 생활사검사 결과

써 장기 실직의 위험을 예측하고 동시에 효과적인 구직 활동에 유용한 정보를 제공하기 위해 실시하는 검사다. 이 검사는 실직충격 및 취약성,

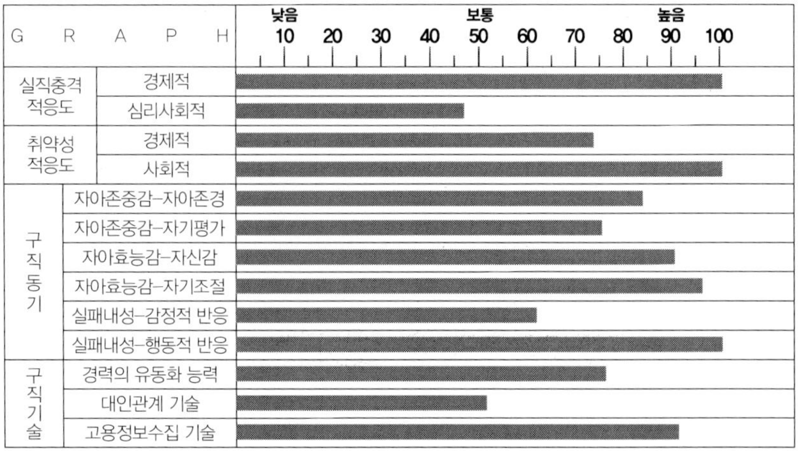

[그림 9] 이병수 씨의 구직효율성검사 결과

구직동기, 구직기술 등 3가지 하위검사로 구성되어 있고, 각 하위검사를 구성하는 전체 13개의 척도가 있다.

이병수 씨는 구직효율성검사에서 [그림 9]와 같은 결과를 보였다. 먼저 실직충격 적응도에서 보면, 경제적으로는 어려움이 없지만 심리사회적으로는 심각한 정도는 아닐지라도 잘 적응하지 못하고 있는 것으로 나타났다. 취약성 적응도에서 볼 때는 경제적 · 사회적으로 크게 부족하거나 어렵다고 느끼지는 않는 것을 알 수 있었다. 다음으로 구직동기 면에서는 자아존중감과 자아효능감은 높게 나타나지만 좀 더 자신감을 가지고 적극적으로 대처할 필요가 있어 보였다. 실패내성은 행동적으로는 높은 편이나 감정적으로는 중간 정도 수준이었다. 마지막으로 구직기술에서는 경력의 유동화 능력, 고용정보수집 기술은 높은 편이었으나 대인관계 기술은 이병수 씨 스스로 낮게 평가하고 있었다.

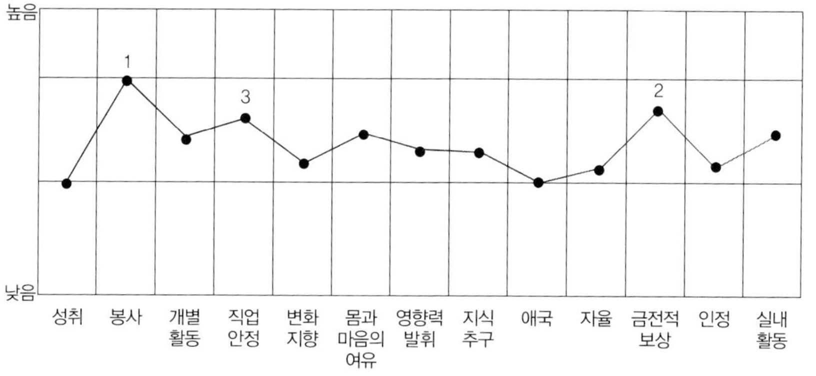

[그림 10] **이병수 씨의 직업가치관검사 결과**

직업가치관검사

이병수 씨의 직업가치관검사 결과([그림 10])를 보면, 13가지 직업가치 가운데 이병수 씨가 직업을 추구하는 과정에서 가장 중요하게 생각하는 가치는 봉사, 금전적 보상, 직업안정의 순인 것으로 나타났고, 애국, 성취, 인정 등은 상대적으로 덜 중요하게 생각하는 것으로 나타났다. 경찰관, 의사, 한의사, 약사, 간호사, 물리치료사, 방사선사, 성직자, 항공기 승무원, 접객원, 조리사, 떡 제조사, 토목공학기술자, 행정사무원, 판매 관련 관리자 등이 이병수 씨의 가치 프로파일과 점수가 잘 맞아서 만족할 가능성이 높은 직업으로 추천되고 있다.

찾아보기

: 인 명

: 내 용

저자 소개

황매향 서울대학교 교육학박사(교육상담 전공)
현 경인교육대학교 교육학과 교수

김계현 미국 오리건대학교 철학박사(상담심리 전공)
현 서울대학교 교육학과 교수

김봉환 서울대학교 교육학박사(교육상담 전공)
현 숙명여자대학교 교육학부 교수

선혜연 서울대학교 교육학박사(교육상담 전공)
현 건양대학교 심리상담치료학과 교수

이동혁 미국 플로리다 주립대학교 철학박사(상담심리 및 학교심리 전공)
현 건국대학교 교직과 교수

임은미 서울대학교 교육학박사(교육상담 전공)
현 전북대학교 교육학과 교수

심층 직업상담
-사례적용 접근-

2013년 4월 15일 1판 1쇄 발행
2024년 8월 20일 1판 8쇄 발행

지은이 • 황매향 · 김계현 · 김봉환 · 선혜연 · 이동혁 · 임은미

펴낸이 • 김 진 환
펴낸곳 • (주) 학지사
04031 서울특별시 마포구 양화로 15길 20 마인드월드빌딩 5층
대표전화 • 02) 330-5114 팩스 • 02) 324-2345
등록번호 • 제313-2006-000265호
홈페이지 • http://www.hakjisa.co.kr
인스타그램 • https://www.instagram.com/hakjisabook

ISBN 978-89-997-0098-9 93180

정가 **16,000원**